新时代小学教师教育丛书（融媒体版）

刘 慧/丛书主编

XIAOXUE YUWEN KECHENG LIJIE YU JIAOCAI FENXI

小学语文 课程理解与教材分析

孙建龙 陈 薇/主编

北京师范大学出版集团
BEIJING NORMAL UNIVERSITY PUBLISHING GROUP
北京师范大学出版社

图书在版编目（CIP）数据

小学语文课程理解与教材分析／孙建龙，陈薇主编．—北京：北京师范大学出版社，2023.10
ISBN 978-7-303-27202-0

Ⅰ．①小… Ⅱ．①孙… ②陈… Ⅲ．①小学语文课－教学研究－高等学校－教材 Ⅳ．①G623.202

中国版本图书馆 CIP 数据核字（2021）第 167617 号

教材意见反馈 gaozhifk@bnupg.com 010-58805079
营销中心电话 010-58802755 58800035
编辑部电话 010-58806368

XIAOXUE YUWEN KECHENG LIJIE YU JIAOCAI FENXI
出版发行：北京师范大学出版社 www.bnupg.com
北京市西城区新街口外大街 12-3 号
邮政编码：100088
印 刷：北京市溢漾印刷有限公司
经 销：全国新华书店
开 本：889 mm×1194 mm 1/16
印 张：17.25
字 数：355 千字
版 次：2023 年 10 月第 1 版
印 次：2023 年 10 月第 1 次印刷
定 价：40.00 元

策划编辑：林 子　　责任编辑：冯 倩
装帧设计：陈 涛 焦 丽　　美术编辑：陈 涛 焦 丽
责任校对：陈 荟　　责任印制：陈 涛

代 序

认识小学儿童　认识小学教育（节选）①

一、重新认识现代小学儿童的发展特征与教育

小学教育是为小学儿童举办的，我们不能仅仅要求小学儿童适应现有的小学制度，适应小学教师现有的教育方式。相反，小学教育和小学教师必须正确认识小学儿童，认识他们的发展规律及发展需求。

拥有不断发展和进步的儿童观是我们办好小学教育的前提。儿童观是人们对儿童的总的看法和基本观点。意大利教育家蒙台梭利早就警示人们：了解儿童，注意我们和儿童世界的关系，是一个良心的问题。被誉为“中国儿童教育之父”的陈鹤琴先生也说，只有了解儿童，才能教好儿童。

6～13 岁的小学儿童处于身心发展速度最快的一段生命时期，他们从以游戏学习为主的生活方式进入以在课堂学习各学科为主的生活方式。学校的学习生活和交往方式刺激着儿童脑突触的生长，并且有选择和有一定方向性地形成日益复杂的“互联网络”。小学儿童的学习潜能和创造力是巨大的，而且只要具备良好的、有滋养性的环境，他们就会有惊人的可塑性。同时，我们知道每个小学儿童都是一个独特的个体，他们有不同的神经活动方向和水平。

儿童的学习和发展是他们与其所处的环境互动的结果。认知学习的内容，成人世界的态度，儿童的情绪、情感表达顺畅与否等，构成对个人学习和发展不同的具体意义。所以，我们绝不应该对儿童采用同样的教育方式和评价方式。就社会生活方式和文化大环境而言，今天的儿童面对的信息量和传播方式、面对的价值观和引导方式，以及他们自身的交往方式都发生了重大的改变，因此我们不能不考虑他们对网络及媒体学习的兴趣和能力、他们受到的不健康风尚的影响和竞争的压力等。我们必须在新的历史条件下重新看待小学儿童。

二、重新认识小学教育的性质、任务和特殊的教育功能

小学教育与教育体系内其他教育阶段相区别的独特性主要表现在基础性、全民性、义务性和公益性等方面，而其中最重要的是基础性。长期以来，我们对基础性有如下两种理解：一是强

① 朱小蔓：《认识小学儿童　认识小学教育》，载《中国教育学刊》，2003（8）。引用时有改动。

调它是整个教育制度的基础，小学教育是为学生升入中学做准备的；二是强调培养目标上的“双基”，即基础知识、基本技能。近些年，有些家长把小学作为竞争的起跑线，提前演绎升学竞争。这种状况使学生过早地承受升学的压力，失去本该欢乐的童年，结果是学生的学习热情明显降低，日益厌恶和逃避学习。

小学教育不是升学教育的基础，而是素质教育的基础。在人类倡导构建学习化社会的时代，它是终身教育的奠基阶段，是为人生的发展奠定基础的。作为基础教育，而不是高等教育、职业教育，它是以提高国民素质为目标而进行的非定向、非专门的教育。它不是为某一行业，而是为社会所有行业培养人才打基础的。所以，它的知识、技能不是为了选拔、升学、择业，而是为了尽可能地给人的身心全面发展提供最有利的条件。今天，仅有传统上的“双基”是不够的，我们还要激发儿童积极的学习情感和态度，以促使他们终身保持热爱学习的欲望。从一定意义上说，这种起动力作用的情感态度比“双基”更为基本，更为重要。

三、重新认识小学教师的培养，转变传统教师的角色

小学教育是启蒙教育。在这一阶段，小学教师与可塑性极大的儿童相处，通过各类课程以及与儿童打交道的互动过程引导儿童向真、善、美的方向发展。小学教师要直接面对身心、智能、精神发展程度各异的儿童，要发现和感受他们的需要，激发他们学习知识、学习道德的兴趣。

教师要成为学生的关怀者、学生的促进者、教育的研究者。儿童的观摩、模仿和感受能力强，因此小学教师在言谈举止方面需要格外掌握分寸。小学儿童兴趣爱好的多向性、小学知识教育的综合性，对小学教师的知识面、性格、气质、敏感程度及应对能力等综合素质的要求很高。小学教师与中学、大学教师相比，在许多方面都具有鲜明的专业特殊性。对小学教师最有效且长远的培养是在小学教育的岗位上、在教育改革的活动中。为此，小学教师必须与新课程同行，从传统的角色中走出来，在新课程实施中实现自身的发展，提升我国小学教育的质量。

朱小蔓

丛书总序

本套丛书集中呈现了我们长期从事小学教师教育理论研究与实践探索的成果，体现了我们对小学儿童、小学教育、小学教师教育及其关系的认识与理解，也着重体现了国家对当代小学教育专业的认证标准、基本理念、培养目标与毕业要求。

培养好的小学教师是当代教师教育的重要使命。何谓好的小学教师？好的小学教师如何培养？这是新时代小学教师教育研究者和工作者必须回答的问题。小学教师是小学教育的实施者，小学教师的素质直接关涉小学教育的质量、小学儿童的生命健康成长状况。《国家中长期教育改革和发展规划纲要（2010—2020年）》明确提出，有好的教师，才有好的教育。因此，要加强教师教育，深化教师教育改革，创新教师培养模式，提高教师培养质量。近些年来，我国颁布了《教师教育课程标准（试行）》《小学教师专业标准（试行）》《普通高等学校师范类专业认证实施办法（暂行）》《教育部关于实施卓越教师培养计划2.0的意见》等，这些政策文件从多方面为培养好的小学教师划定了内涵边界，提供了政策保障。习近平总书记提出的“四有”好老师为培养好的小学教师指明了方向。

我国本科层次的小学教师培养开启于20世纪90年代末。经过多年的探索，中小学不分的局面被打破，小学教师的特性、小学教师与中学教师培养的差异性渐渐凸显，培养中学教师的“学科＋教育”之“双专业”模式并不适合小学教师的培养；“综合培养、分科选修”的“2＋2”培养模式，“综合培养、特色人才”的培养模式，“分方向”的培养模式，“2＋大文大理”的培养模式，随着卓越小学教师培养计划项目的推进开始逐渐升级迭代。[①] 例如，首都师范大学的小学教师培养模式正由“综合培养、发展专长、注重研究、全程实践”的1.0模式迭代为“儿童取向”的2.0模式，其核心强调的是以儿童为本，实施儿童教育，凸显儿童性、生命性、体验性、综合性。

基于人本教育理念的理性审视，小学教育的实质是儿童教育，而非学科教学。儿童教育意味着以儿童为本，回归儿童的生活，助力儿童的健康成长，为儿童的幸福人生奠基。卓越小学教师之“卓越”的核心在于突破学科本位，回归儿童教育本位。卓越小学教师是能以儿童为本、研究儿童、理解儿童、读懂儿童、实施儿童教育的好教师，是儿童健康成长的指导者和引路人。

促进儿童健康成长，是落实立德树人根本任务的重要体现，是小学教师全部工作的出发点和归宿。儿童的健康成长离不开教师的爱，爱是小学教师最重要的品质。教师之爱首先体现为爱

---

① 刘慧：《关于初等教育学科建设的几点思考》，载《首都师范大学学报（社会科学版）》，2009（1）。

生命、凸显生命性。生命是教育的基点，基于儿童生命立场的教育教学活动是促进儿童健康成长的必然要求。爱儿童的生命，就要认识儿童、理解儿童、读懂儿童，为儿童提供合适的教育。因此，研究儿童，理解儿童生命成长的规律、儿童认识世界的方式、儿童生活的特性是小学教师的必备品质与关键能力。

高质量的教育发展需要高素养的教师，提高素养是小学教师专业发展的必要条件。我国当代小学教师的发展主要经历了增长学科知识、提高教学能力、提升学历层次、促进专业发展等阶段，而今正走向人的发展阶段。所谓人的发展，实质是人的生命发展。生命发展为教师专业发展提供不竭动力。培育小学教师的发展素养、促进小学教师的生命发展是新时代小学教师教育的核心任务。

未来已来，过去未去。当今人类社会正处在一个新的转型期，人工智能正在改变人类的生存方式，不仅挑战着现代人的体力、智力，而且正逐渐替代人类诸多赖以生存的职业。但也有人工智能不能替代的事物，就目前而言，人工智能的“天花板”是生命。关注人的生命、情感、感受、体验等是人工智能难以替代的，这正是小学教师的价值所在。

从未来的角度看，成为生命教师是教师发展的理想价值。所谓生命教师，是对生命有着深刻认识与理解，能以生命为本、以生命为师，用生命从事教育事业，以生命影响生命的教师；是能使教育回归生命，能以学生健康成长为宗旨和使命的教师。生命教师是未来对教师的角色定位，也是教师应对人工智能挑战的一张“王牌”。

正基于此，本套丛书的创编注重由“知识本位”转向“以人为本”，注重以学生为中心，凸显生命体验。教材的编写不是只见知识而不见人；不是以“教”为主，而是以“学”为主，体现以学定教；凸显新型“融媒体”教材的特点，体现新时代对创编教材的要求，即通过增强教材的交互性和开放性，使教材成为师生学习的一部分，注重信息技术的应用，教学媒介由单纯的纸质教材延伸到包括电子课件、模拟动画、微课视频及考试系统等多媒体手段上来。

感谢北京师范大学出版社的邀请，尤其是林子编辑积极、热情的投入与推动；感谢参与本套丛书出版的全体作者。

谨以本套丛书为我国高校小学教育专业创建二十周年献礼。

刘慧

前　言

“课程标准”是国家颁布的教学指导性文件，它规定了课程性质、课程理念、课程目标、课程内容、学业质量和课程实施。教材是根据“课程标准”编写的教学用书，它系统地反映了学科课程内容。理解课程与研究教材既是进行有效教学的前提，又是教师应具备的一项基本能力。因此，“课程理解与教材分析”是高等师范院校师范专业学生的必修课程。开设该课程的主要目的是帮助未来的教师正确理解课程的性质、理念、目标和内容等，研究教材的编写特点、内容主线，提高其理解课程与分析教材的能力，为教学设计与实施做好充分准备。该课程具有较强的应用性，注重教育理论、课程理论与教学实践的有机结合，对于培养优秀的小学教师具有非常重要的意义。

基于新时代基础教育的改革与发展，尤其是在核心素养理念深入人心和统编版小学语文教材被普遍使用的背景下，我们以习近平新时代中国特色社会主义思想及党的二十大精神为指导，依托首都师范大学的小学教育专业的研究与实践平台，在严谨开展理论探索与教学实践研究的基础上编写了本书。首都师范大学的小学教育专业是国家级特色专业。首都师范大学是教育部开展“卓越小学教师培养计划”和进行师范专业认证（小学教育）的“打样”单位。2019 年，首都师范大学的小学教育专业成为国家级一流本科专业。本书的编写正得益于这种良好的专业背景以及大学、小学深度融合的研究氛围。

本书主要包含“课程理解”和“教材分析”两个模块（见图 0–1），借助一些教学案例，深入浅出地阐述对小学语文课程的理解，研究小学语文教材的基本内容、特点等。与此同时，我们通过“知识链接”“拓展阅读”等附加板块，从理论和实践层面立体地呈现本书内容的丰富性和开放性。

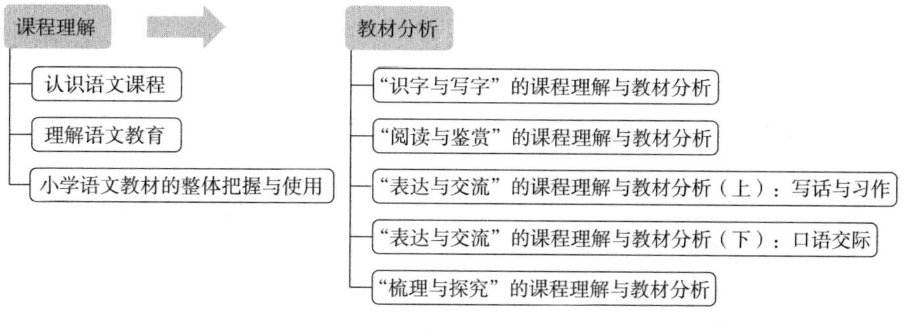

图 0–1　本书的两个模块

本书具有如下特色：①注重教材的学术性和指导性，以理论引导课程理解，以实践促进教学思考，以案例提供行为指导；②注重教材的时代性，体现新时代小学语文课程理解的新发展和小学语文教材编写的新变化，与小学语文教学同步；③注重教材的实践性与实用性，从语文教学的关键问题和真实需要出发，以大量生动的案例解释和分析小学语文课程与教材。

本书由首都师范大学初等教育学院的孙建龙、陈薇共同设计和编写，其内容是在“小学语文课程理解与教材分析”相关课程多年的教学讲义基础上形成的。孙建龙主要负责第一章、第二章、第三章第二节的编写，陈薇主要负责第三章第一节、第四章、第五章、第六章、第七章、第八章的编写。此外，首都师范大学初等教育学院的王玉伟老师以及宝宁宇、高凯杰、王美岑、吕洁琳、高尚、魏冬雨、徐子慧、韩思慧、张康、郑晓婷、王闻博等分别参与了部分内容的研究、讨论等工作，窦丽娜、綦钰琳、赵璇参加了后期修订工作。

本书的编写和出版，得到了北京师范大学出版社林子老师的大力支持，本书的责任编辑多次就书稿提出修改建议，付出了辛勤的劳动。本书的编写还得到了许多小学一线教师、教研员的支持，他们从教学一线为我们收集和整理了一系列生动的教学案例。同时，本书在编写过程中，广泛参考和引用了国内外的相关文献和资料，在此也向作者表示衷心感谢。

本书既可以作为高等师范院校、职业院校本科层次培养未来的小学语文教师的专业教材，又可以作为培训在职小学骨干教师的培训教材。为了方便读者使用本书，我们建设了相应的在线教学平台，还提供了配套的教学资源，有需要的读者可以通过如下方式和我们联系：sunjianlong9@sina.com。

需要说明的是，虽然我们本着高度负责的精神编写了本书，但是由于时间、精力、能力等诸多因素的限制，本书可能存在不足之处，恳请读者与同行批评指正。

编　者

目　录

第一章　认识语文课程 …………1

第一节　语文教育的历史与发展 …………3

第二节　语文与语文课程 …………12

第二章　理解语文教育 …………25

第一节　语文教育与学生的发展 …………27

第二节　怎样学习语文 …………49

第三章　小学语文教材的整体把握与使用 …………86

第一节　小学语文教材编写的基本理念、内容及特点 …………88

第二节　专业化地使用语文教材 …………101

第四章　“识字与写字”的课程理解与教材分析 …………114

第一节　“汉语拼音”的课程理解与教材分析 …………116

第二节　“识字”的课程理解与教材分析 …………125

第三节　“写字”的课程理解与教材分析 …………139

第五章　“阅读与鉴赏”的课程理解与教材分析 …………153

第一节　“阅读与鉴赏”的课程资源——教材中的选文 …………155

第二节　“阅读与鉴赏”的课程内容——人文主题与语文要素 …………165

第三节　“阅读与鉴赏”中的阅读策略 …………181

第四节　“阅读与鉴赏”中的课外阅读 …………189

第六章 “表达与交流”的课程理解与教材分析（上）：写话与习作 ……200
第一节 第一学段“写话”的课程理解与教材分析 ……202
第二节 第二学段“习作”的课程理解与教材分析 ……207
第三节 第三学段“习作”的课程理解与教材分析 ……217

第七章 “表达与交流”的课程理解与教材分析（下）：口语交际 ……226
第一节 第一学段“口语交际”的课程理解与教材分析 ……228
第二节 第二学段“口语交际”的课程理解与教材分析 ……236
第三节 第三学段“口语交际”的课程理解与教材分析 ……242

第八章 “梳理与探究”的课程理解与教材分析 ……249
第一节 “梳理与探究”的课程理解 ……251
第二节 “梳理与探究”的教材分析 ……257

1

第一章

认识语文课程

【知识地图】

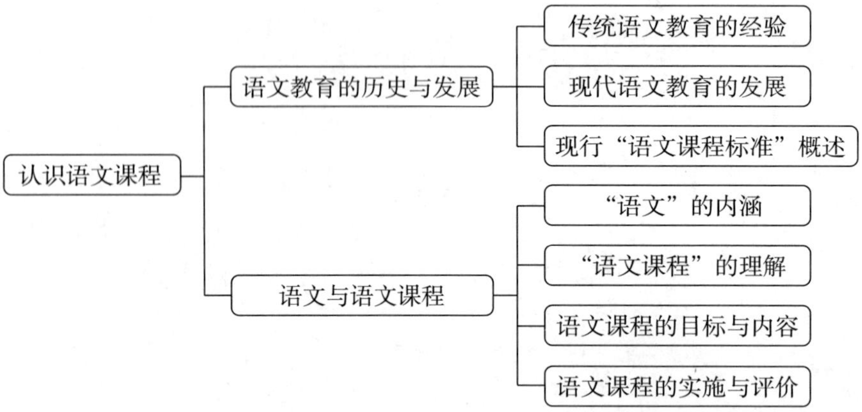

【学习目标】

- 了解传统语文教育的经验、现代语文教育的发展，能够对语文教育的变迁和发展进行整体把握。
- 理解“语文”“语文课程”的内涵，理解语文课程的课程性质、课程理念，能够对核心素养的内涵、课程目标、课程内容及其组织与呈现方式等进行整体把握。
- 能够对《义务教育语文课程标准（2022年版）》中“识字与写字”“阅读与鉴赏”“表达与交流”“梳理与探究”的学段要求进行系统梳理和把握，并能够从学段要求的角度对不同学段的课堂教学进行观察、评价和反思。

第一节　语文教育的历史与发展

一、传统语文教育的经验

（一）“蒙学”中的传统语文教育

我国古代教育没有专门设立“语文”一科，语文教育是集经学、哲学、史学、伦理学与语言文字学于一体的综合教育。古代小学语文教育是“蒙学”的一个重要组成部分。“蒙学”一般指幼童阶段的教育与学习，亦称“蒙养之学”。《辞源》释“蒙学”说：“启蒙之学，犹今之小学。”[①]“蒙学”“蒙养之学”都源自《易经》中的“蒙以养正，圣功也”之说。古人认为，幼童虽然已经有了初步的认知能力，但他们对于社会、自然、人生的了解是远远不够的，他们还处于蒙昧、幼稚、茫然的人生阶段，只有对他们进行正确的启蒙教育，才能把他们引入正道，成就“至圣之功”。这种启蒙、养正、至圣的教育观念，就是蒙学的教育目的，也是我国古代蒙学教育的重要内容。

知识链接：
蒙学教育

（二）传统语文教育的四个阶段

张志公的《传统语文教育教材论——暨蒙学书目和书影》将传统语文教育分为如下四个阶段。

第一阶段：此阶段主要进行初期识字教育和写字训练，属于启蒙阶段。在识字方面，一个很突出的做法是在学生入学后用比较短的一段时间集中地教学生认字，主要教材为《三字经》《百家姓》《千字文》等。在写字方面，自有一套写字的顺序及训练步骤，从描红到脱格，主要训练写字的基本功。

知识链接：
“三、百、千”与集中识字法

知识链接：
《弟子规》是一本怎样的书？

第二阶段：此阶段将识字教育与思想教育、知识教育相结合，是以启蒙为基础的进一步识字教育阶段。学生在接受思想教育、知识教育的同时，可巩固所识的字并进一步扩大识字量。这一阶段使用的教材如下：思想教育类的如《弟子规》《女儿经》《昔时贤文》等，逸闻掌故类的如《兔园册府》《蒙求》《龙文鞭影》等，以及涉及历史知识、常识等方面的一些书目。在写字方面，则从基本功练习开始进入书法训练阶段。

第三阶段：此阶段主要进行初步的读写训练。开始教学生读“四书五经”。配合读经，教学生阅读简短的散文、故事等，如名物掌故方面的《书言故事》、历史人物方面的《日记故事》等。同时，教学生读优美而浅易的诗歌并开始“属对”（对对子）。有的还教给学生一些极浅近的文字学、音韵学的知识。

知识链接：
四书五经

知识链接：
属对

---

① 广东、广西、湖南、河南辞源修订组，商务印书馆编辑部：《辞源（修订本）》第4册，2694页，北京，商务印书馆，1979。

知识链接：
八股文

第四阶段：此阶段主要做进一步的读写训练。在阅读训练方面，主要教材为古人选注和评点的本子，如《文章轨范》《古文关键》等。清中叶以来最为流行的是《古文观止》《古文释义》《古文笔法百篇》等。阅读训练的基本原则为“文道不可偏废”，基本方法为熟读、精思、博览。在写作训练方面，一般写作训练的原则是“词”“意”并重，基本步骤是先“放”后“收”，训练的方法是多写、多改。古代传统语文教育中的写作训练主要是为科举考试做准备的，蒙馆里的作文训练自然也就走上了程式化之路——八股文。

【观点·张志公】语文教育如何面对传统

进行语文教育，教学生识字，读书，作文，有两个重要之点：一是要符合本国语言文字的特点，一是要符合儿童和青少年学习本国语言文字的规律。在千百年长期的语文教育实践之中，前人在这两方面确实找到了一些门径，积累了不少经验。我们的责任应该是做一些分析研究，看看他们所用的方法之中，哪些是行之有效的，为什么会有效，哪些是不对头的，为什么不对头，进而明确哪些是应该丢弃的糟粕，哪些是可资借鉴的经验，这些有益的经验又应该怎样同现代的科学成果结合起来，赋予旧的经验以新的生命，使它得到发展和发扬。这样，对于我们今天研究语文教育工作能有些参考作用，对于研究我国语言文字的特点也会有些益处。①

二、现代语文教育的发展

自清末到民初，蒙学教育逐渐向近代小学教育嬗变。现代意义上的中国小学语文学科设置始于20世纪初。②“壬寅学制”和“癸卯学制”确立了中国近代新型教育的基础，语文教育也由过去集经学、哲学、史学、伦理学、语言文字学于一体的混合型综合教育，发展为新型教育制度下的一门单独的学科，开始了学科化的道路。伴随着我国现代普通教育制度的沿革与发展，多年以来，具有学科意义的语文教育也逐步走向成熟。

（一）清末的小学语文课程

1904年年初，《奏定学堂章程》颁布实行，成为我国第一部以政府名义颁布的章程。在全国实施的近代学制，亦称“癸卯学制”。该学制一直沿用到清王朝覆灭。按该学制，在初等小学所规定开设的八门必修学科和高等小学所规定开设的九门必修学科中，都有“读经讲经”③这科。

---

① 张志公：《传统语文教育初探》，序2～3页，上海，上海教育出版社，1962。

② 这里的“现代”，指的是我国现代教育制度出现之后，就“语文”而言，主要是以独立设科（1904年）为起点的时代。见饶杰腾：《语文学科教育学》，1页，北京，首都师范大学出版社，2000。

③ 一种观点认为：1904年的《奏定学堂章程》中属于语文教育的只有“中国文字”和“中国文学”，而“读经讲经”并非语文课，“类似现在的政治、思想教育课程”。见王尚文：《走进语文教学之门》，23～25页，上海，上海教育出版社，2007。

此外，在初等小学开设了“中国文字”课程，在高等小学开设了“中国文学”课程，这“为中国具有学科意义的语文教育揭开了近代教育史上的序幕”[①]，1904年成了现行语文学科独立设科的起始年。

【史料】《奏定学堂章程》中关于“中国文字”“中国文学”的“要义”摘录

其要义在使识日用常见之字，解日用浅近之文理，以为听讲能领悟、读书能自解之助，并当使之以俗语叙事，及日用简短书信，以开他日自己作文之先路，供谋生应世之要需。

其要义在使通四民常用之文理，解四民常用之词句，以备应世达意之用。[②]

可见，在语文独立设科的最初阶段，其教学宗旨已明确地包含了“应用”的思想。“强调语文教育的‘应用’功能，是走向语文本体的重要一步，说明这一时期的语文教育与读书仅仅为考试做官的封建教育已有所不同。这也是传统的文史哲结合在一起的混合式教育走向分化的重要表现。”[③]

（二）民国初期的小学语文课程

辛亥革命后，改革封建旧教育，发展共和政体下的教育事业，是摆在新政权面前的首要任务。1912年至1913年，教育部制定了新的学制系统——“壬子癸丑学制”。在小学课程设置上，“读经”科一律废止，也不再使用“中国文字”“中国文学”等名称，初等小学、高等小学都设“国文”科。

【史料】1912年颁布的《教育部订定小学校教则及课程表》中的国文课要旨摘录

国文要旨，在使儿童学习普通语言文字，养成发表思想之能力，兼以启发其智德。

初等小学校首宜正其发音，使知简单文字之读法、书法、作法，渐授以日用文章，并使练习语言。

高等小学校，首宜依前项教授渐及普通文之读法、书法、作法，并使练习语言。[④]

本阶段继续强调语言学习的应用性，并进一步认识到“国文”是一门技能学科，教学要强调方法，同时赋予它“兼以启发其智德”的学科功能。自此，语文学科的发展逻辑开始转向语文本身，并开始有了较为明确的学科任务。

---

① 李杏保、顾黄初：《中国现代语文教育史》，38页，成都，四川教育出版社，1997。
② 转引自璩鑫圭、唐良炎：《学制演变》，304、318～319页，上海，上海教育出版社，2007。
③ 王松泉、王柏勋、王静义：《中国语文教育史简编》，79页，北京，社会科学文献出版社，2002。
④ 转引自璩鑫圭、唐良炎：《学制演变》，702页，上海，上海教育出版社，2007。

（三）“五四”时期至 1949 年之前的小学语文课程

新文化运动、五四运动对小学教育的改革与发展产生了重要影响。在“白话文运动”和“国语运动”的推动下，教育部颁布了《国民学校令施行细则》，改“国文科”为“国语科”。1922 年，“壬戌学制”公布。1923 年，《小学国语课程纲要》公布。

知识链接：文言与白话

知识链接：“白话文运动”与“国语运动”

【史料】1923 年颁布的《小学国语课程纲要》中的“国语”教学主旨摘录

练习运用通常的语言文字；并涵养感情、德性；启发想象、思想；引起读书趣味；建立进修高深文字的良好基础；养成能达己意的发表能力。[①]

就此，中国小学语文教育揭开了新的篇章——开始了白话文教学。“语文教育从此开始走上现代化的道路，使它从几千年来历史所赋予的各种使命的缠绕中挣脱出来，承担起了本学科所应该承担的独特任务，即学习掌握语言文字这个最重要的交际工具。同时，现代教育向语文教学提出了新的挑战，要求它为现代社会的大众生活而服务。所以，语文教学到这时候，在教育目的、内容、方法等各方面都发生了彻底的变革。”[②]

“自此，语文学科才被置于一个要求比较明确而相对形成一个系统的基础之上。”[③] 这之后，教育部又于 1929 年对各科的课程标准进行了修订，颁布了《小学国语暂行课程标准》，该标准试行了 8 年。1932 年重新审核并颁布了《小学国语课程标准》。至 1936 年，再次修订后颁布了《修正小学国语课程标准》。如此，一直到 1948 年，课程名称和课程内容并没有根本性的变动。小学国语课程的基本内容为“说话”“读书”“作文”“写字”。而就课程的取向而言，重在培养学生的理解能力和表达能力，但绝大多数又“不赞成以语文的本身为国文教学的唯一目的”[④]。

（四）1949 年至改革开放之前的小学语文课程

1949 年，教育部接受叶圣陶等人的建议，决定取消“国语”“国文”这两个名称，统称“语文”，即口头语言和书面语言的合称。

【史料】叶圣陶关于“语文”名称由来的解释

“语文”一名，始用于一九四九年华北人民政府教科书编审委员会选用中小学课本之时。前此中学称“国文”，小学称“国语”，至是乃统而一之。彼时同人之意，以为口头为“语”，书面为“文”，文本于语，不可偏指，故合言之。亦见此学科“听”“说”“读”“写”宜并重，诵

---

① 转引自李杏保、顾黄初：《中国现代语文教育史》，96 页，成都，四川教育出版社，1997。

② 郑国民：《从文言文教学到白话文教学——我国近现代语文教育的变革历程》，前言 1 页，北京，北京师范大学出版社，2000。

③ 李杏保、顾黄初：《中国现代语文教育史》，95～96 页，成都，四川教育出版社，1997。

④ 朱自清：《中等学校国文教学的几个问题》，载《教育杂志》，1925（7）。

习课本，练习作文，固为读写之事，而苟忽于听说，不注意训练，则读写之成效亦将减损。原意如是，兹承询及，特以奉告。[①]

“语文”这一名称，追求的是“语”和“文”的真正统一，强调的是口头语言和书面语言的全面发展，进而确定了语文学科的主要教学目标。如1956年颁布的《小学语文教学大纲（草案）》指出了小学语文科的基本任务是发展儿童语言——提高儿童理解语言的能力和运用语言的能力。[②] 后又从“提高儿童听的能力”“提高儿童说的能力”“培养儿童读的能力”“培养儿童写的能力”四个方面依次进行了详细阐述。

知识链接：
口头语言与书面语言

从1958年开始，学界展开了关于语文教学的目的任务的讨论，讨论的焦点集中在“文”和“道”的关系问题上。1961年12月3日，《文汇报》发表社论《试论语文教学的目的任务》，对这场讨论做了总结，指出了语文教学的目的任务：“使学生正确、熟练地掌握与运用祖国的语言文字，培养与提高学生的阅读和表达能力，并通过教学内容的教育和感染，培养学生具有正确的观点，健康的思想感情和高尚的品德。”[③] 此后，语文界形成了一股大家都抓基础知识教学和基本技能训练的热潮，后来被概括为“双基”教学。1963年，《全日制小学语文教学大纲（草案）》颁布。

知识链接：
“双基”

【史料】1963年颁布的《全日制小学语文教学大纲（草案）》中的教学目的摘录

语文是学好各门知识和从事各种工作的基本工具。

小学语文教学的目的，是教学生正确地理解和运用祖国的语言文字，使他们具有初步的阅读能力和写作能力。

为了达到这个目的，要着重识字，写字和作文的训练，要选文质兼美的范文教学生精读，一部分还要背诵。上述训练，要通过多读多练来完成。一般不要把语文课讲成文学课或者政治课。[④]

（五）改革开放后至20世纪末的小学语文课程

语文教育要回归本体，关键的问题之一就是要对语文教育“自身”进行再认识，“根本之点就在于重新确认语文学科的性质和任务”[⑤]，讨论的主话题则是“工具性”与“思想性”。

历经反复讨论与修订后，1986年颁布的《全日制小学语文教学大纲》对语言文字训练和思想教育相互渗透的关系进一步做了明确表述。

---

① 中央教育科学研究所：《叶圣陶语文教育论集》，730页，北京，教育科学出版社，1980。
② 中华人民共和国教育部：《小学语文教学大纲（草案）》，1页，北京，人民教育出版社，1957。
③ 《文汇报》报社：《试论语文教学的目的任务》，载《文汇报》，1961-12-03。
④ 中华人民共和国教育部：《全日制小学语文教学大纲（草案）》，1～2页，北京，人民教育出版社，1963。
⑤ 李杏保、顾黄初：《中国现代语文教育史》，436页，成都，四川教育出版社，1997。

【史料】1986 年颁布的《全日制小学语文教学大纲》中的教学目的摘录

小学语文是基础教育中的一门重要学科，不仅具有工具性，而且有很强的思想性。

小学是学习语文的基础阶段。在这个阶段，必须切实打好听说读写的基础，发展学生的观察能力和思维能力，使学生初步掌握语文这个最基本的工具。

小学语文教学的目的是：培养学生的识字、听话、说话、阅读、作文的能力和良好的学习习惯，并在语言文字训练的过程中进行思想品德教育。①

1986 年，《中华人民共和国义务教育法》通过。为适应九年义务教育的需要，经过长时间调研、讨论、试用、修订，1992 年，国家教委又正式颁布了《九年义务教育全日制小学语文教学大纲（试用）》。

【史料】1992 年颁布的《九年义务教育全日制小学语文教学大纲（试用）》中的教学目的摘录

小学语文是义务教育中的一门重要的基础学科，不仅具有工具性，而且有很强的思想性。

小学是学习语文的基础阶段。在这个阶段，必须切实打好听说读写的基础，加强思想教育，发展观察能力和思维能力，全面完成语文学科的教学任务。

小学语文教学的目的，是指导学生正确地理解和运用祖国的语言文字，使学生具有初步的听说读写能力；在听说读写训练的过程中，进行思想政治教育和道德品质教育，发展学生的智力，培养良好的学习习惯。②

自改革开放至 20 世纪 90 年代中期，研究者与实践者在语文教育领域进行了扎实而有成效的探索，并达成了如下共识。

第一，“对学生进行语文知识的教学和语文能力的训练，这是语文学科的基本任务。要实现这样的任务，就必须使教学和训练的内容有一个合理的、科学的序列，从根本上改变以往的那种无序状态”③。

第二，要确立语文教育中学生的主体地位。叶圣陶说：“教是为了达到不需要教。”在语文教学过程中，要把研究教师“如何教”逐步转向研究教师指导学生“如何学”上来，即吕叔湘说的“教学、教学，就是‘教’学生‘学’”。

第三，语文教育要走现代化和民族化相结合的道路。语文学科的教学要求、教学内容、教学方法都要朝着现代化、科学化的方向迈进。④而作为一门以本民族的语言文字为教学内容的基

① 转引自林治金：《语文教学大纲汇编》，205 页，青岛，青岛教育出版社，2001。

② 转引自林治金：《语文教学大纲汇编》，423～424 页，青岛，青岛教育出版社，2001。

③ 李杏保、顾黄初：《中国现代语文教育史》，440 页，成都，四川教育出版社，1997。

④ 张志公：《关于改革语文课、语文教材、语文教学的一些初步设想（上）》，载《课程·教材·教法》，1984（6）。

础学科，现代化和民族化又有着不可分割的天然联系。因此，语文学科必须充分重视汉语的民族特色和教学传统，以“摸索出适合我国国情的语文教学的路子”[①]。

第四，紧密联系生活、贴近生活的“大语文教育”观念的确立。“大语文教育”观念的核心是找到语文教育与社会生活的联系点和契合点。这就要求教师在实际生活中运用语文工具从而探求语文教学的规律。要想懂得怎样“教”语文，就该先懂得在生活中怎样“用”语文。教师应在实际生活中的众多场合运用语文工具，开拓语文教学的空间领域，打破语文教学的“封闭式”格局，创建语文教学的“开放式”格局，把施教的视角延伸到课外的广阔天地里；以现代生活的发展前景规划语文教学的未来，努力使语文教学与现代化社会发展的步履相适应。[②]

如上探索与认识，对语文教育的理论建设和教学实践改革产生了重要的历史推动作用。

（六）20 世纪初至今的小学语文课程

2001 年 6 月，教育部印发了《基础教育课程改革纲要（试行）》，新一轮基础教育课程改革启动。同年 7 月印发的《全日制义务教育语文课程标准（实验稿）》，对语文学科的性质做了新的定位，指出“工具性与人文性的统一，是语文课程的基本特点”，同时指出“语文课程应致力于学生语文素养的形成与发展”，并从知识与能力、过程与方法、情感态度与价值观三个维度对语文课程目标进行了设计。该课程标准注重横向借鉴，充分吸取了国外母语教育的先进理念和经验，同时也非常注意纵向继承，从传统语文教育中汲取营养，它引领着语文学科在又一个世纪初再次踏上改革之路。

自 2001 年至 2011 年，历经了 10 年的课程改革，小学语文课程与教学从观念到内容，从教学行为到学习方式，无论是在课程层面还是在教学层面都发生了深刻变化，为小学语文带来了新的活力，为语文教师带来了新的发展动力。伴随课程改革的深化，新的问题也开始浮出水面，需要进一步反思、调整与实践。于是，在 10 年课程改革的实践与反思的基础上，教育部对《全日制义务教育语文课程标准（实验稿）》进行了修订，颁布了《义务教育语文课程标准（2011 年版）》。这部课程标准整体秉持了《全日制义务教育语文课程标准（实验稿）》的基本理念和框架，同时又对一些具体问题进行了增删修订，指出“语文课程是一门学习语言文字运用的综合性、实践性课程”，并说明了语文课程的基本特点——“工具性与人文性的统一”。

2022 年，《义务教育课程方案（2022 年版）》颁布。该方案聚焦学生的核心素养的发展，注重培养学生适应未来发展的正确价值观、必备品格和关键能力。该方案指出：“义务教育要在坚定理想信念、厚植爱国主义情怀、加强品德修养、增长知识见识、培养奋斗精神、增强综合素质上下功夫，使学生有理想、有本领、有担当，培养德智体美劳全面发展的社会主义建设者和接班人。”[③] 同年，《义务教育语文课程标准（2022 年版）》颁布，具体内容包括：课程性质、课程理念、

---

① 张志公：《我和传统语文教育研究》，见《张志公文集》第 4 卷，237 页，广州，广东教育出版社，1991。

② 顾黄初：《语文教学要贴近生活》，见潘纪平、邹元湘：《近 20 年语文教改理论与新课程标准》上册，277～278 页，武汉，湖北教育出版社，2004。

③ 中华人民共和国教育部：《义务教育课程方案（2022 年版）》，2 页，北京，北京师范大学出版社，2022。

课程目标、课程内容、学业质量、课程实施、附录。该标准立足学生的核心素养的发展，强调语文课程“以文化人”的价值取向，修订了课程目标的具体内容，从“主题与载体形式”“内容组织与呈现方式”两个方面努力探索、构建义务教育阶段语文课程的内容体系；研制并描述了各学段的学业质量表现；从“教学建议”“评价建议”“教材编写建议”“课程资源开发与利用”“教学研究与教师培训”等方面对课程实施进行了说明。

三、现行“语文课程标准”概述

“语文课程标准”是教育部根据国家的教育方针及培养目标制定的有关语文课程的指导性文件，规定着语文课程的性质、理念、目标、内容等。现行“语文课程标准”为教育部制定的《义务教育语文课程标准（2022 年版）》，是义务教育阶段实施语文教学、评价学业质量的基本依据。

“课程性质”部分，在明确了“语言文字”“语言课程”内涵的基础上，指出了语文课程的综合性、实践性、工具性和人文性。与《义务教育语文课程标准（2011 年版）》相比，《义务教育语文课程标准（2022 年版）》进一步强调了学习国家通用语言文字，突出了语文课程在推广普及国家通用语言文字、增强凝聚力、铸牢中华民族共同体意识等方面的优势。

“课程理念”部分，在课程目标上，强调立足核心素养的发展，充分发挥语文课程的育人功能；在课程结构上，强调构建语文学习任务群，注重课程的阶段性和发展性；在课程内容上，强调时代性、典范性，重视整合课程内容；在课程实施上，强调增强情境性、实践性，促进学习方式变革；在课程评价上，强调过程性、整体性，重视评价的导向作用。

“课程目标”部分，首先阐释了核心素养的内涵，强调了义务教育语文课程培养的核心素养的四个方面：文化自信、语言运用、思维能力、审美创造。[①] 接下来，从发展学生的核心素养角度出发，制定了语文课程的“总目标”，共 9 条。又将“总目标”分解到四个学段，每个学段分别从“识字与写字”“阅读与鉴赏”“表达与交流”“梳理与探究”四个方面提出具体的学段要求。

“课程内容”部分，对语文课程内容进行了新的探索。首先，从“主题与载体形式”角度，强调要围绕中华优秀传统文化、革命文化、社会主义先进文化展开，选择反映世界文明优秀成果、科技进步、儿童生活等方面的主题。其次，从“内容组织与呈现方式”角度，设计了“语言文字积累与梳理”1 个基础型学习任务群，“实用性阅读与交流”“文学阅读与创意表达”“思辨性阅读与表达”3 个发展型学习任务群，“整本书阅读”“跨学科学习”2 个拓展型学习任务群，并在每个任务群后给出了教学提示。《义务教育语文课程标准（2022 年版）》改变了以往课程标准将课程目标与课程内容合在一起表述的做法，将课程目标与课程内容分开表述，厘清了两者的关系。[②]

“学业质量”部分是新呈现的内容。这部分先对“学业质量内涵”进行了说明，指出：“学

---

① 中华人民共和国教育部:《义务教育语文课程标准（2022 年版）》，4～5 页，北京，北京师范大学出版社，2022。

② 郑国民、李宇明:《义务教育语文课程标准（2022 年版）解读》，98 页，北京，高等教育出版社，2022。

业质量是学生在完成课程阶段性学习后的学业成就表现，反映核心素养要求。”[①] 接下来分学段对学生语文学业成就的关键表现进行了描述，体现学段结束时学生核心素养应达到的水平。

“课程实施”部分，主要从“教学建议”“评价建议”“教材编写建议”“课程资源开发与利用”“教学研究与教师培训”五个方面做了具体指导和说明。

“附录”部分，包括“优秀诗文背诵推荐篇目”“关于课内外读物的建议”“关于语法修辞知识的说明”“识字、写字教学基本字表”“义务教育语文课程常用字表”。

探究与思考

1. 阅读下列图书。

张志公:《传统语文教育教材论——暨蒙学书目和书影》，上海，上海教育出版社，1992。

张隆华、曾仲珊:《中国古代语文教育史（第2版）》，成都，四川教育出版社，2000。

2. 思考如下问题并分组汇报。

①中国传统语文教育中识字与写字教学的基本经验及对当前识字与写字教学的启示。

②中国传统语文教育中阅读教学的基本经验及对当前阅读教学的启示。

③中国传统语文教育中写作教学的基本经验及对当前写作教学的启示。

① 中华人民共和国教育部:《义务教育语文课程标准（2022年版）》，37页，北京，北京师范大学出版社，2022。

第二节 语文与语文课程

一、“语文”的内涵

（一）作为课程名称出现

课程表中的“语文”是作为一门课程而存在的，与数学、英语等课程并列。而正是“语文”这两个字，赋予这门课程独特的教育意义和价值。因此，要认识语文课程就必须先明晰“语文”二字的内涵。如前所述，“语文”作为基础教育中一门课程的名称，是随着课程的建立与发展逐步演变而来的，始用于1949年。对于这一名称的产生，叶圣陶先生做过多次解说。

【观点·叶圣陶】口头为语，书面为文

平常说的话叫口头语言，写到纸面上叫书面语言。语就是口头语言，文就是书面语言。把口头语言和书面语言连在一起说，就叫语文。这个名称是从一九四九年下半年用起来的。

口头为“语”，书面为“文”，文本于语，不可偏指，故合言之。①

按照叶圣陶的解说，语文就是“口头语言”和“书面语言”的合称。他所指的“口头语言”和“书面语言”，实际上既包含着一个民族的口头和书面的语言知识系统和语言规则，又包含着按照本民族口头和书面语言规则所进行的言语活动及其所形成的言语作品，指的是现代意义上的两个概念，即语言和言语。

（二）“语言”和“言语”

“语言”是社会约定俗成的规则系统，由语音、词汇、语法等构成。人们要表达自己的思想情感，离不开他们使用的语言所遵循的那一套规则系统。“言语”则是个人行为，是人们对那套约定俗成的规则系统的运用行为及其所形成的结果，包括听、说、读、写的实践活动和成果。“语言和言语是互相依存的；语言既是言语的工具，又是言语的产物。”②可见，“语言”是潜在的系统，而“言语”是对潜在系统的实现，个体通过言语活动来表达自己的思想、情感、体验等，从而实现交际的目的。

语文包括“语言”和“言语”，这一解释事实上涵盖了对文字、文章、文学、文化等诸多关于“语文”内涵的理解，也确保了“语文”的开放性与包容性。“语文”的内涵与外延是随着社会发展而不断变化的，不是凝固的、封闭的。此外，区分“语言”和“言语”对语文教学而言的另一个重要意义在于：为语言的学习和研究提供了一个模式，即“言语—语言—言语”的模式。③

① 中央教育科学研究院:《叶圣陶语文教育论集》，138、730页，北京，教育科学出版社，1980。
② [瑞士]费尔迪南·德·索绪尔:《普通语言学教程》，高名凯译，41页，北京，商务印书馆，1980。
③ 韩雪屏:《是“语言”，还是“言语”》，载《语文教学通讯》，1998（1）。

无论是儿童学习母语，还是成人学习外语，都要从模仿他人的言语开始，而后逐渐了解某种语言的语音、词汇、语法的系统规则，最终目的是自己能听说、能读写。

（三）语文课程

如上所述，“语文”包含“语言”和“言语”两个概念，而作为义务教育阶段的一门课程来讲，则应有所侧重，这是由课程设置的目的决定的。义务教育阶段语文课程的根本目的在于通过听、说、读、写等语言实践活动培养学生基本的听、说、读、写能力，以适应社会生活的需要，所以其课程形态基本上应属于动态的言语范畴。不能否认的是，个体言语能力的发展离不开语言知识的指引，但个体语言知识的积累在多数情况下又是从丰富的语言实践活动过程中获得的。

“语文学科主要是母语的言语教育学科，而不是语言教育学科；主要是属于心理学范畴的培养学生言语能力的学科，而不是属于语言学范畴的学科。”①《义务教育语文课程标准（2022 年版）》指出：“语言文字是人类社会最重要的交际工具和信息载体，是人类文化的重要组成部分。语言文字的运用，包括生活、工作、学习中的听说读写活动以及文学活动，存在于人类社会的各个领域。”②

二、“语文课程”的理解

（一）课程性质

语文课程是一门学习国家通用语言文字运用的综合性、实践性课程。工具性与人文性的统一，是语文课程的基本特点。③

1. 语文课程是一门学习国家通用语言文字运用的综合性、实践性课程

语文是一门“学习国家通用语言文字运用”的课程，课程内容与教学目标必须围绕“国家通用语言文字运用”。这既包含在生活、工作和学习中的实用性语言文字运用活动，也包含运用语言文字的文学活动。义务教育语文课程并不是单纯的讲授语言、文学知识的课程，而是聚合了丰富的人文社会科学知识和自然科学知识的综合性课程。学生是在学习综合性知识的基础上掌握国家通用语言文字的。具体来说，语文教学凭借不同类型的语言材料，培养学生吸纳、理解、交流、表达的能力，以及伴随这一过程的审美感受力。只有牢固树立在这一本体意义上的语文课程意识，才能落实好现代教育背景下语文课程“独当其任”的“任”。2001 年施行的《中华人民共和国国家通用语言文字法》明确了普通话和规范汉字作为国家通用语言文字的法定地位。《义务

---

① 饶杰腾：《语文学科教育学》，27 页，北京，首都师范大学出版社，2000。“语言学”是要通过对言语的考察确定潜藏在言语（语言现象）之中的形式系统，显然，学生学习语言的最终目的不是“语言学”意义上的“研究语言”，而是“心理学”意义上的“言语能力”的发展。

② 中华人民共和国教育部：《义务教育语文课程标准（2022 年版）》，1 页，北京，北京师范大学出版社，2022。

③ 中华人民共和国教育部：《义务教育语文课程标准（2022 年版）》，1 页，北京，北京师范大学出版社，2022。

教育语文课程标准（2022年版）》强调学习国家通用语言文字，明确了语文课程在推广普及国家通用语言文字方面的责任和优势。

语文这门课程具有综合性、实践性。从综合性的角度来说，语文课程包含语言、文字、文章、文学、文化等多种因素，语言材料及语言运用的实践涉及社会生活的方方面面，语言的学习永远处于开放而充满活力的动态之中。此外，“语言文字的运用”作为个体的生命活动，是以整体的形式出现的，听、说、读、写有机联系，同时也必然涉及知识与能力、过程与方法、情感态度与价值观等诸多方面，这也恰恰是语文课程综合性的重要体现。从实践性的角度来说，语言文字的运用不是“记忆之学”而是“实践之学”，课程的目标并不落在关于语言、文字的知识系统和理论体系中，课程内容也不是语音学、词汇学、语法学、语用学、文字学、文章学、文学等知识的拼盘。语文课程是要让学生学会运用或者说驾驭语言文字，是要通过运用语言文字的范例和实践，学习如何在生活中、在本课程和其他课程中运用语言文字，并准备将来在各种不同工作领域里，运用好语言文字，其基本的教学途径是“通过语言范例掌握规律，并将掌握了的规律运用于语言实践”①。

2. 工具性与人文性的统一，是语文课程的基本特点

语文课程以语言（包括“语言”和“言语”）为基本内容，以语言实践活动为基本的教学形态。因此，语文课程的性质，也就与语言，尤其是与我们对母语属性的认识相关，同时也与我们希望赋予母语课程什么样的价值相关。

毋庸置疑，语言有其实践功能，人们借助语言进行沟通与交流，借助语言进行思维。②因此，语言也就具有了工具属性。③与此同时，我们又必须看到，语言终究是以人为实践主体的社会现象。语言和心灵、精神的关系十分密切。心智的成长大概离不开语言。④语言是人性的最高表现，它并不是外在于人的东西。所以，语言在其本质上又具有人的文化属性。

汉语，作为中华民族的共同语，是我国延续至今的文化积淀而成的结晶。它融汇着我国各历史时期、各地理环境、各民族思想文化的精华。⑤所以，“一个人语言化的过程同时也就是人化、社会化的过程。……一个儿童学习民族语言的过程就是民族精神对他作为一个精神个体进行孕育的过程”⑥。德国语言学家魏斯格贝尔认为，一个孩子从出生之日起就进入了民族语言流，他的母语决定了他一生的精神格局和语言行为。因此，对于一个民族来说，语言绝不是简单的交际手段。

---

① 饶杰腾：《语文学科教育学》，27页，北京，首都师范大学出版社，2000。

② 人类学家和语言学家爱德华·萨丕尔（Edward Sapir）认为：语言的内容是思维模式。“语言和我们的思路不可分解地交织在一起，从某种意义上说，它们是同一回事。”“语言形式的无限变异，也就是思维的实在过程的无限变异。”“思维只不过是脱去了外衣的语言。”见［美］爱德华·萨丕尔：《语言论》，陆卓元译，135、138页，北京，商务印书馆，1964。

③ 语言哲学的开创者维特根斯坦认为：语言是一种特殊的工具，语言不是直接改变现实的工具，而是述说现实、理解现实的工具。语言这一工具可以改变它的使用者。见陈嘉映：《语言哲学》，171页，北京，北京大学出版社，2006。

④ 陈嘉映：《语言哲学》，1页，北京，北京大学出版社，2006。

⑤ 张隆华、曾仲珊：《中国古代语文教育史（第2版）》，3页，成都，四川教育出版社，2000。

⑥ 王尚文：《语文学科的性质之谜》，载《语文学习》，1996（11）。

如果说语言仅仅是工具，仅仅是可以做技术分析的形式，看不到语言形式的文化规定性，看不到语言与民族精神的结构通约，我们就无法深刻把握语言的本质，我们就失去了一条通向民族文化心理结构、通向民族心灵深处的重要途径。[①] 显然，语言文字及其运用属于文化现象。教师必须关注“语言文字运用”对人的文化塑造功能。我们既不能忽视它的工具属性，又无法忽视它身上所具有的文化承载意义与审美内涵。

对这样的一门课程来说，应赋予它什么样的价值追求呢？答案是“工具性与人文性的统一”。母语的文化价值性与语言的工具性的统一，即语文学科的内在价值与外在价值的统一。内在价值体现为母语对人走向“文化人”的影响，外在价值即语言的功利价值、工具价值。语言活动是人的生命活动，生命活动是一种完整的存在。主体的语言实践过程正是以语言为工具的生命本身的展现、发展过程。语文的工具性，正是在社会的交际活动中，在传承文明、积淀文化的过程中展现出来的；而语文学科的人文性也正是在学习语文、掌握语文工具的生命化过程中具体实现的。所以，“语文学科只有集中主要精力教育学生掌握好表情达意的语文工具时，语文教育才能有真正的发展，而相应的健康向上的政治思想教育也能潜移默化地产生深刻影响”[②]。总之，实现语文学习过程中工具性与人文性价值的统一，就能够使我们的语文课程为学生打好精神格局的底子和语言文字运用能力的底子。

【观点·乌申斯基】民族与民族语言

一个民族把自己全部精神生活的痕迹都珍藏在民族的语言里。语言是最生动、最丰富而巩固的一种联系，它把过去、现在和将来的各代人民联结成为一个伟大而富有历史意义的、生气勃勃的整体。语言不仅表现为一个民族的生命力，而且它正是民族生命的本身。民族的语言一旦消失，这个民族也就不复存在了！[③]

（二）课程理念

1. 立足学生核心素养发展，充分发挥语文课程育人功能

“核心素养是通过课程学习逐步形成的，它不是游离于语文课程之外的，不是一蹴而就的。”[④] 语文课程应从发展学生的核心素养出发，培养学生在真实情境中运用语言文字的能力，指向人的全面发展。为此，《义务教育语文课程标准（2022 年版）》围绕核心素养建立了目标体系，以识字与写字、阅读与鉴赏、表达与交流、梳理与探究这些语文实践活动为主线，设计课程目标、安排课程内容、研制学业质量标准、提出教材编写和教学要求，从而发挥其独特的育人功能和奠基作用。

---

① 申小龙：《汉语与中国文化》，42～43 页，上海，复旦大学出版社，2003。
② 李杏保、顾黄初：《中国现代语文教育史》，10 页，成都，四川教育出版社，1997。
③ 张焕庭：《西方资产阶级教育论著选》，488 页，北京，人民教育出版社，1979。
④ 郑国民、李宇明：《义务教育语文课程标准（2022 年版）解读》，59 页，北京，高等教育出版社，2022。

2. 构建语文学习任务群，注重课程的阶段性与发展性

一方面，以生活为基础，以语文实践活动为主线，以学习主题为引领，以学习任务为载体，整合学习内容、情境、方法和资源等要素，设计语文学习任务群，指向核心素养的发展和课程目标的实现；另一方面，遵循学生身心发展规律和核心素养形成的内在逻辑，体现不同学段学生的核心素养发展的需求和内在的连贯性。显然，这一课程组织结构体现出了从“学科本体知识或技能”转变为“学科实践活动”的理念，试图明确学生开展语文学习、发展核心素养所经历的关键实践环节与具体表现，让学生主动构建言语活动经验，发展高阶思维品质。

3. 突出课程内容的时代性和典范性，加强课程内容整合

突出课程内容的时代性，即充分吸收语言、文学等方面研究的新成果，关注数字时代语言生活的新发展，体现学习资源的新变化，使课程适应社会生活。突出课程内容的典范性，即语言材料要经典，选文要文质兼美，同时要突出价值取向，重视对学生思想情感的熏陶感染作用。加强课程内容整合，即注重课程内容与社会生活和其他学科的联系，注重听、说、读、写的整合，以学习任务群建构内容，促进学生的核心素养的整体发展。

4. 增强课程实施的情境性和实践性，促进学习方式变革

语言文字运用的学习与发展是通过学生的语言实践实现的，而语言实践是在语用情境中进行的。为此，语文课程的实施特别强调从学生的语文生活实际出发，创设丰富多样的学习情境，设计富有挑战性的语文学习任务，促进学生自主学习、合作学习、探究学习，从而实现从以教师的教为主向以学生的学为主的语文学习方式的根本转变，并通过这一转变更好地促进学生的核心素养的整体发展，形成面对未来挑战的能力。

5. 倡导课程评价的过程性和整体性，重视评价的导向作用

课程评价的过程性强调要关注学生的学习过程和进步，基于不同年龄学生的学习特点和不同学段的学习目标，准确反映学生的语文学习水平和学习状况，让课程评价为学生的学习与发展服务。课程评价的整体性强调要树立全面的、发展的学业评价观，综合运用多种评价方式，全面评价学生的核心素养发展的各方面表现，注重评价主体的多元性与互动性。

三、语文课程的目标与内容

语文课程目标规定了义务教育阶段学生通过语文课程的学习应达到的学业水平，回答的是“为什么”和“到哪里去”的问题；语文课程内容描述了用以实现目标的具体学习内容，回答的是“学什么”和“凭借什么”的问题。

（一）语文课程目标

1. 核心素养内涵

“语文课程围绕核心素养，体现课程性质，反映课程理念，确立课程目标。”①

---

① 中华人民共和国教育部：《义务教育语文课程标准（2022年版）》，4页，北京，北京师范大学出版社，2022。

【观点·《义务教育语文课程标准（2022年版）》】核心素养的内涵

核心素养是学生通过课程学习逐步形成的正确价值观、必备品格和关键能力，是课程育人价值的集中体现。义务教育语文课程培养的核心素养，是学生在积极的语文实践活动中积累、建构并在真实的语言运用情境中表现出来的，是文化自信和语言运用、思维能力、审美创造的综合体现。①

《义务教育语文课程标准（2022年版）》依次对核心素养内涵的四个方面进行了解释。

在“文化自信”方面，强调通过语文学习，热爱国家通用语言文字，热爱中华文化，继承和弘扬中华优秀传统文化、革命文化、社会主义先进文化，关注和参与当代文化生活，初步了解和借鉴人类文明优秀成果，具有比较开阔的文化视野和一定的文化底蕴。“义务教育阶段学生建立文化自信，要润物无声地落实到语文学习中。”②

在“语言运用”方面，强调通过主动积累、梳理和整合，初步具有良好语感；了解国家通用语言文字的特点和运用规律，形成个体语言经验；具有正确、规范运用语言文字的意识和能力，能在具体语言情境中有效交流沟通；感受语言文字的丰富内涵，对国家通用语言文字具有深厚感情。义务教育阶段学生的语言素养的提高不是单向传授和机械训练的结果，而是在具体语言情境中通过丰富的语言实践来实现的。

在“思维能力”方面，强调在语文学习过程中运用直觉思维、形象思维、逻辑思维、辩证思维和创造思维。思维具有一定的敏捷性、灵活性、深刻性、独创性和批判性。学生应具有好奇心、求知欲，崇尚真知，勇于探索创新，养成积极思考的习惯。教师要重视学生思维能力的发展，关注学生在语文学习过程中的联想想象、分析比较、归纳判断等认知表现，尤其要关注语文教学怎样用语文学科特有的方式来发展学生的思维能力。

在“审美创造”方面，强调要让学生通过感受、理解、欣赏、评价语言文字及作品，获得较为丰富的审美经验，具有初步的感受美、发现美和运用语言文字表现美、创造美的能力；涵养高雅情趣，具备健康的审美意识和正确的审美观念。义务教育阶段的语文课程要为学生提供合适的审美对象，有意识地引导学生进行审美体验，逐步培养和发展他们的审美能力。③

需要明确的是，上述核心素养的四个方面是一个整体，存在着内在的、不可分割的关系。“分解开来解释是为了方便理解，但并不意味着可以一个个单独施行或分别实现。”④ 所以，核心素养的四个方面的提高是整体推进的。

2. 总目标

从发展学生的核心素养出发，《义务教育语文课程标准（2022年版）》将课程总目标表述为

---

① 中华人民共和国教育部：《义务教育语文课程标准（2022年版）》，4页，北京，北京师范大学出版社，2022。

② 郑国民、李宇明：《义务教育语文课程标准（2022年版）解读》，62页，北京，高等教育出版社，2022。

③ 中华人民共和国教育部：《义务教育语文课程标准（2022年版）》，4～5页，北京，北京师范大学出版社，2022。

④ 郑国民、李宇明：《义务教育语文课程标准（2022年版）解读》，71页，北京，高等教育出版社，2022。

如下 9 条：

1. 在语文学习过程中，培养爱国主义、集体主义、社会主义思想道德，逐步形成正确的世界观、人生观、价值观。

2. 热爱国家通用语言文字，感受语言文字及作品的独特价值，认识中华文化的丰厚博大，汲取智慧，弘扬社会主义先进文化、革命文化、中华优秀传统文化，建立文化自信。

3. 关心社会文化生活，积极参与和组织校园、社区等文化活动，发展交流、合作、探究等实践能力，增强社会责任意识。感受多样文化，吸收人类优秀文化的精华。

4. 认识和书写常用汉字，学会汉语拼音，能说普通话。主动积累、梳理基本的语言材料和语言经验，逐步形成良好的语感，初步领悟语言文字运用规律。学会使用常用的语文工具书，运用多种媒介学习语文，初步掌握基本的语文学习方法，养成良好的学习习惯。

5. 学会运用多种阅读方法，具有独立阅读能力。能阅读日常的书报杂志，初步鉴赏文学作品，能借助工具书阅读浅易文言文。学会倾听与表达，初步学会用口头语言文明地进行人际沟通和社会交往。能根据需要，用书面语言具体明确、文从字顺地表达自己的见闻、体验和想法。

6. 积极观察、感知生活，发展联想和想象，激发创造潜能，丰富语言经验，培养语言直觉，提高语言表现力和创造力，提高形象思维能力。

7. 乐于探索，勤于思考，初步掌握比较、分析、概括、推理等思维方法，辩证地思考问题，有理有据、负责任地表达自己的观点，养成实事求是、崇尚真知的态度。

8. 感受语言文字的美，感悟作品的思想内涵和艺术价值，能结合自己的经验，理解、欣赏和初步评价语言文字作品，丰富自己的情感体验和精神世界。

9. 能借助不同媒介表达自己的见闻和感受，学习发现美、表现美和创造美，形成健康的审美情趣。①

总目标规定的是义务教育阶段语文课程学习的总结果。在上述目标中，第 1 条是根据语文课程性质从情感态度与价值观层面提出的总领性目标；第 2、第 3 条主要对应核心素养中的文化自信，其中，第 2 条侧重文化自信，第 3 条侧重文化参与和文化视野；第 4、第 5 条主要对应核心素养中的语言运用，其中，第 4 条侧重语言文字的学习，第 5 条侧重阅读与表达；第 6、第 7 条主要对应核心素养的思维能力，其中，第 6 条侧重形象思维，第 7 条侧重抽象思维；第 8、第 9 条主要对应核心素养中的审美创造，其中，第 8 条侧重对语言文字及作品的审美，第 9 条侧重对多种媒介的利用和审美。

3. 学段要求

语文课程的总目标与学段要求是总分关系。总目标要具体落实到四个学段的学段要求中。各个学段的目标要求是根据学生心理和语言发展的阶段特点进行设计的。《义务教育语文课程标

① 中华人民共和国教育部：《义务教育语文课程标准（2022 年版）》，6～7 页，北京，北京师范大学出版社，2022。

准（2022 年版）》以“识字与写字”“阅读与鉴赏”“表达与交流”“梳理与探究”四类语文实践活动为框架，提出了各学段的学习要求。不同学段保持合理梯度，前后关联，循序渐进，体现出学生的核心素养的发展是一个逐渐完善的过程，最终全面达成总目标。因此，语文教师一方面要充分理解语文课程发展学生的核心素养的基本内涵及其总目标，另一方面也要把握好具体的学段要求及各项内容在不同学段的前后联系。理解并把握好学段要求是语文教师准备学期教学计划、理解教材内容、设计单元教学与评价方案的前提。

下面仅从“识字与写字”“阅读与鉴赏”中各提取一项内容，举例分析学段要求之间的内在联系。

表 1–1 是不同学段在“识字与写字”方面对于“写字”提出的要求。从数量要求上看，在体现“多认少写”思想的同时，各学段累计要求会写的字在数量上逐步增加。从质量要求上看，第一学段，从基本笔画、常用的偏旁部首、基本的笔顺规则、间架结构入手，提出在写字过程中应指导学生初步感受汉字的形体美，书写规范、端正、整洁。第二学段，提出能用硬笔熟练地书写正楷字的要求，并能够做到规范、端正、整洁；同时，提出用毛笔临摹正楷字帖，感受汉字的书写特点和形体美的要求。第三学段，在硬笔书写方面，从行款、速度上提出了更高的要求；在毛笔书写方面，在第二学段临摹正楷字帖的基础上，进一步提出书写楷书并在书写中体会汉字的优美这样更高的要求。此外，从写字姿势、书写习惯等要求上看，学段要求在文字表述上用“努力养成”“养成”“有”“保持”等体现出层层递进的特点。

表 1–1　不同学段在“识字与写字”方面对于“写字”提出的要求

学段	写字量（累计）	要求
一	800 个左右	掌握汉字的基本笔画和常用的偏旁部首，能按基本的笔顺规则用硬笔写字，注意间架结构，初步感受汉字的形体美。努力养成良好的写字习惯，写字姿势正确，书写规范、端正、整洁
二	1600 个左右	写字姿势正确，养成良好的书写习惯。能用硬笔熟练地书写正楷字，做到规范、端正、整洁。用毛笔临摹正楷字帖，感受汉字的书写特点和形体美
三	2500 个左右	写字姿势正确，有良好的书写习惯。硬笔书写楷书，行款整齐，力求美观，有一定的速度。能用毛笔书写楷书，在书写中体会汉字的优美
四	无具体要求	写字姿势正确，保持良好的书写习惯。在使用硬笔熟练地书写正楷字的基础上，学写规范、通行的行楷字，提高书写的速度。临摹、欣赏名家书法，体会书法的审美价值

表 1–2 是不同学段在“阅读与鉴赏”方面对于“整本书阅读”提出的要求。从尝试阅读、初步理解、把握文本的主要内容到探索个性化的阅读方法，从介绍、分享、推荐、开展专题研究到建构阅读整本书的经验，要求逐步提高，进阶程度十分明显。教师依据这样的学段要求，把握好不同学段学习要求的关联性和功能定位，定能一步一个阶梯地促进学生阅读能力的发展和阅读习惯的养成。

表 1-2　不同学段在“阅读与鉴赏”方面对于“整本书阅读”提出的要求

学段	要求
一	尝试阅读整本书，用自己喜欢的方式向他人介绍读过的书
二	阅读整本书，初步理解主要内容，主动和同学分享自己的阅读感受
三	阅读整本书，把握文本的主要内容，积极向同学推荐并说明理由
四	每学年阅读两三部名著，探索个性化的阅读方法，分享阅读感受，开展专题探究，建构阅读整本书的经验

总之，语文课程目标是教与学的行动指南，能够帮助我们确定好课程实施的方向与路径。语文教师只有深入理解发展学生的核心素养的基本内涵，把握好语文课程的总目标和学段要求，才能在此基础上研读好教材并依据学情设计好一节课、一个单元、一次学习活动的目标，落实好语文课程的育人功能。

（二）语文课程内容

《义务教育语文课程标准（2022 年版）》新增了“课程内容”部分，具体阐述了义务教育阶段语文课程内容的主题与载体形式、内容组织与呈现方式。语文课程内容解决的是语文课程“学什么”的问题，即凭借什么去实现课程目标的问题。《义务教育语文课程标准（2022 年版）》对课程内容的说明，为义务教育阶段的语文教学指出了方向，也有益于教师在整体理解语文课程内容的基础上，进一步深入研读教材、使用教材。

1. 主题与载体形式

“主题与载体形式”部分，明确了语文课程的内容构成（见表 1-3）。

表 1-3　义务教育阶段语文课程内容的主题与载体形式及所占比例

主题	载体形式	所占比例
中华优秀传统文化	汉字、书法，成语、格言警句，神话传说、寓言故事、历史故事、民间故事、中华民族团结一家亲的故事，古代诗词、古代散文、古典小说，古代文化常识、传统节日、风俗习惯等	60%～70%
革命文化	老一辈无产阶级革命家和革命英雄人物的代表性作品及反映他们生平事迹的传记、故事等作品，反映党领导人民革命的伟大历程和重要事件的作品，有关革命传统人物、事件、节日、纪念日活动等方面的作品，阐发革命精神的作品，革命圣地、革命旧址和革命文物等	
社会主义先进文化	反映社会主义建设事业中取得的重大成就、涌现出来的模范人物与先进事迹的作品；反映当代中国从站起来、富起来到强起来的奋斗历程和重大事件，以及体现中国式现代化新道路和人类文明新形态的相关作品；反映和谐互助、共同富裕、改革创新、劳动创造美好生活等方面的作品	
反映世界文明优秀成果、科技进步、日常生活特别是儿童生活等方面	外国文学名著、科普科幻作品、实用性文章、中外优秀儿童文学作品等	30%～40%

上述主题的相关学习内容应根据不同学段的特点统筹安排。语言文字是文化的重要组成部分，也是文化的重要载体，语言文字的学习过程就是以文化人的过程。上述课程内容回答了通过什么去培养人的问题，突出了义务教育阶段语文课程的文化育人功能。

2. 内容组织与呈现方式

教师应以怎样的方式组织和呈现上述课程内容呢？《义务教育语文课程标准（2022 年版）》根据发展学生的核心素养的要求，改变了以知识点为纲和线性安排知识点的方式。[①]《义务教育语文课程标准（2022 年版）》强调课程内容主要以学习任务群组织与呈现（见表 1–4）。“设计语文学习任务，要围绕特定学习主题，确定具有内在逻辑关联的语文实践活动。语文学习任务群由相互关联的系列学习任务组成，共同指向学生的核心素养发展，具有情境性、实践性、综合性。”[②]

表 1–4　义务教育语文课程学习任务群设置

基础型学习任务群	语言文字积累与梳理	旨在引导学生在语文实践活动中，积累语言材料和语言经验，形成良好语感；通过观察、分析、整理，发现汉字的构字组词特点，掌握语言文字运用规范，感受汉字的文化内涵，奠定语文基础
发展型学习任务群	实用性阅读与交流	旨在引导学生在语文实践活动中，通过倾听、阅读、观察，获取、整合有价值的信息，根据具体交际情境和交流对象，清楚得体表达，有效传递信息，满足家庭生活、学校生活、社会生活交流沟通需要
	文学阅读与创意表达	旨在引导学生在语文实践活动中，通过整体感知、联想想象，感受文学语言和形象的独特魅力，获得个性化的审美体验；了解文学作品的基本特点，欣赏和评价语言文字作品，提高审美品位；观察、感受自然与社会，表达自己独特的体验与思考，尝试创作文学作品
	思辨性阅读与表达	旨在引导学生在语文实践活动中，通过阅读、比较、推断、质疑、讨论等方式，梳理观点、事实与材料及其关系；辨析态度与立场，辨别是非、善恶、美丑，保持好奇心和求知欲，养成勤学好问的习惯；负责任、有中心、有条理、重证据地表达，培养理性思维和理性精神
拓展型学习任务群	整本书阅读	旨在引导学生在语文实践活动中，根据阅读目的和兴趣选择合适的图书，制订阅读计划，综合运用多种方法阅读整本书；借助多种方式分享阅读心得，交流研讨阅读中的问题，积累整本书阅读经验，养成良好阅读习惯，提高整体认知能力，丰富精神世界
	跨学科学习	旨在引导学生在语文实践活动中，联结课堂内外、学校内外，拓宽语文学习和运用领域；围绕学科学习、社会生活中有意义的话题，开展阅读、梳理、探究、交流等活动，在综合运用多学科知识发现问题、分析问题、解决问题的过程中，提高语言文字运用能力

《义务教育语文课程标准（2022 年版）》分了如下几个层面设置了学习任务群：基础型学习任务群 1 个、发展型学习任务群 3 个、拓展型学习任务群 2 个，对每个学习任务群的定位及各个学段的学习内容都进行了清晰的表达，同时给出了教学提示。

语文学习任务群的设置改变了以知识点、能力点简单线性排列组织课程内容的做法，而是

① 郑国民、李宇明：《义务教育语文课程标准（2022 年版）解读》，98 页，北京，高等教育出版社，2022。
② 中华人民共和国教育部：《义务教育语文课程标准（2022 年版）》，19 页，北京，北京师范大学出版社，2022。

以学生的核心素养的生成、发展与提升为出发点，设置学习情境、组织学习资源、设计学习任务，引导学生在完成任务的过程中主动积极地学习、有创造性地学习。

《义务教育语文课程标准（2022年版）》以学习任务群的方式对语文课程内容进行组织与呈现，必然对语文教材的编写起着重要的指引作用，也引领着语文教学的深层次变革。《义务教育语文课程标准（2022年版）》提出："要落实学习任务群要求，致力于学生核心素养的整体提升，以学生生活为基础，以语文实践活动为主线，创设丰富多样的学习情境，设计有意义的学习任务，引导学生自主学习、主动积累和积极探究。"①

四、语文课程的实施与评价

（一）课程实施

正确理解义务教育阶段的语文课程的性质、理念，把握好核心素养的内涵和课程目标，全面、系统地理解课程内容及其组织与呈现方式，是利用教材进行课程实施的基本前提。在课程实施过程中应遵循如下几点原则。

1. 立足核心素养，彰显教学目标的"以文化人"的育人导向

发展学生的核心素养是语文教学的出发点，核心素养是一个整体，通过课程总目标、学段要求、学业质量标准具体体现，凭借学习任务群的学习内容得以实现。教师应准确把握核心素养的内涵与总目标、学段要求以及学业质量之间的关系，在理解语文课程内容及各学习任务群宗旨和具体内容的基础上，分析教材，利用教材，制订教学目标。教师尤其要做好学情调研，了解学生的先备知识、认知水平、能力状况、情感态度和思维特征等，分析学生的语文学习进阶需要，在此基础上确定单元目标、课时目标。

语言文字既是文化的载体，又是文化的重要组成部分，"以文化人"是语文教学的基本使命。"以文化人"基于"文"而成于"化"。"文"即语言运用的实践活动，"化"是隐性的、动态的变化过程。语文教学应通过熏陶感染、潜移默化的方式，将思想观念、道德情操、人生态度、审美情趣和文化品位等教育目标渗透于具体的语文实践活动中。

2. 体现语文学习任务群的特点，整体规划学习内容

语文学习任务群的设置改变了过去单纯以知识和技能为取向的教学，强调情境性、整合性、实践性，教师应建立整体思维，从发展学生的核心素养的角度出发研究教学、设计教学。为此，教师必须把握好各学习任务群的定位和功能、同一个学习任务群在不同学段的关联和差异，以及不同学段学习任务群的纵向衔接和横向呼应关系，在此基础上研读教材，设计螺旋上升的学习任务，体现序列性和进阶性。此外，还要注意加强语文与生活的联系，创造性地使用教材并积极且合理地整合、使用其他课程资源。

---

① 中华人民共和国教育部：《义务教育语文课程标准（2022年版）》，52页，北京，北京师范大学出版社，2022。

3. 创设真实而富有意义的学习情境，凸显语文学习的实践性

“学习情境指教师为实现教育目标而设计的包含特定学习元素的学习任务和问题场景。”① 学生的语文实践活动是在学习情境中进行的，通过具有真实性、驱动性、统整性、开放性的任务与活动形成个体的知识与技能。教师不能简单地将抽象的知识告知学生，也不能只通过“刺激—反应”式的机械训练开展教学。教师要强调学用结合，引导学生通过社会性互动与协作来进行学习。

在课程实施过程中，教师应创设学习情境，“引导学生关注家庭生活、校园生活、社会生活等相关经验，增强在各种场合学语文、用语文的意识，建设开放的语文学习空间，激发学生探究问题、解决问题的兴趣和热情，引导学生在多样的日常生活场景和社会实践活动中学习语言文字运用”②。在创设情境、开展多样化语文学习活动的过程中，教师一方面要有创造性地设计学习任务，并为学生提供完成任务、解决问题所需的“支架”；另一方面要树立以学生的学为中心的理念，努力营造学习共同体，引导学生在学习过程中交流、分享、展示，教师还要及时评价。

4. 关注互联网时代语文生活的变化，探索教与学方式的变革

在互联网时代，媒介融合、人机交互、人工智能等使语言生活产生了深刻变革，语言运用能力的内涵也随之产生了变化。与此同时，资源共享平台、智能互联环境也使语文学习模式等方面有了革命性变化。教师如何在互联网时代突破语文教学的时空限制，引入丰富的课程资源，创设人机互动的学习环境，引导学生在真实而广阔的语言环境中学语文、用语文呢？这为语文课程的实施带来了新的挑战。

（二）课程评价

促进学生的核心素养的整体提升是语文课程评价的基本功能定位。“语文课程评价包括过程性评价和终结性评价。过程性评价贯串语文学习全过程，终结性评价包括学业水平考试和过程性评价的综合结果。”③

过程性评价包括课堂教学评价建议、作业评价建议和阶段性评价建议，重点考察学生在语文学习过程中表现出来的学习态度、参与程度和核心素养的发展水平。教师要树立“教—学—评”一致的意识，科学选择评价方式，合理使用评价工具，广泛收集课堂关键表现、典型作业和阶段性评价等数据，全面关注学生的学习表现，充分发挥评价的检查、诊断、反馈和激励功能，促进学生的核心素养的整体提升。

学业水平考试的目的主要是通过学生的学业质量表现检验学生在义务教育阶段结束时核心素养的发展水平。命题应以具体情境为载体，设计典型问题或任务，通过识字与写字、阅读与鉴赏、表达与交流、梳理与探究等语文实践活动，全面考察学生的核心素养的发展水平。

---

① 郑国民、李宇明：《义务教育语文课程标准（2022年版）解读》，243页，北京，高等教育出版社，2022。

② 中华人民共和国教育部：《义务教育语文课程标准（2022年版）》，45页，北京，北京师范大学出版社，2022。

③ 中华人民共和国教育部：《义务教育语文课程标准（2022年版）》，46页，北京，北京师范大学出版社，2022。

探究与思考

观察一节小学语文课（或视频）的教学，做好记录，以小组为单位思考、讨论如下问题。

①“语文课程是一门学习国家通用语言文字运用的综合性、实践性课程”，本节语文课是否充分体现了这一点？结合具体教学环节进行分析和讨论。

②“工具性与人文性的统一，是语文课程的基本特点”，本节语文课是否充分体现了这一点？结合具体教学环节进行分析和讨论。

③基于上述的观察、记录和分析，每个小组形成一份简单的课堂观察和分析报告。

第二章

理解语文教育

【知识地图】

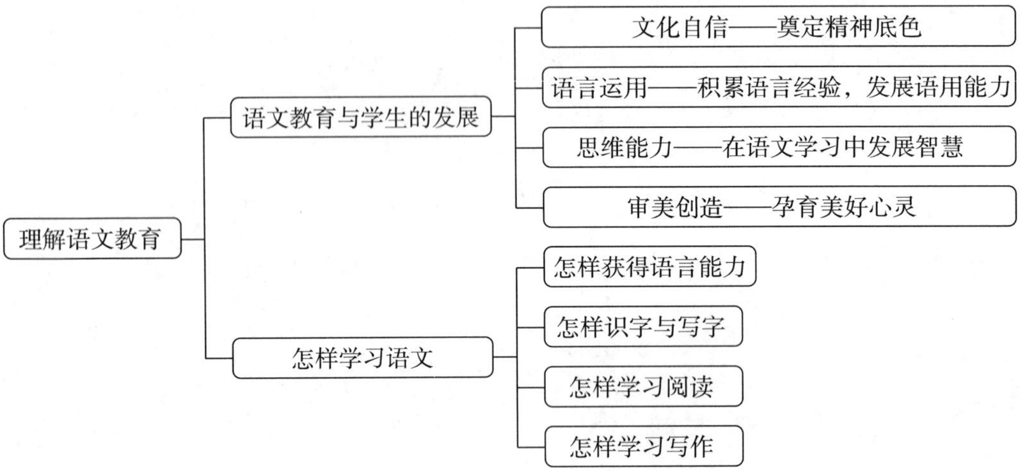

【学习目标】

◆ 结合具体案例，能分别从文化自信、语言运用、思维能力、审美创造四个维度，理解语文教育对学生发展的价值。

◆ 了解促进学生的核心素养发展的教学策略与途径。

◆ 了解学生获得语言能力的途径，了解学生识字与写字、阅读、写作的心理过程，掌握相应的教学策略并能够基于课堂观察进行具体分析。

第一节　语文教育与学生的发展

知识链接：
经师易求，人师难得

“从‘双基’到‘三维目标’再到‘核心素养’，是我国新课程改革的进步表征。‘核心素养’的界定意味着学校课程与教学从‘知识本位’转向‘素养本位’，开启了新时代的知识观与学习观。”① 在这一背景下，语文教育也从“知识本位”开始转向以“人的发展”为本位，语文教师则也必然从“经师”走向“人师”。那么，通过语文课程去发展什么样的人呢？对这个问题的回答就聚焦到了核心素养上。

义务教育语文课程培养的核心素养的四个方面有鲜明的结构特点，核心素养是文化自信和语言运用、思维能力、审美创造的综合体现。其中，文化自信的综合性最高。② 需要指出的是，从核心素养的形成和发展机制来看，构成核心素养的四个方面是一个整体而并非简单并列的。“在语文课程中，学生的思维能力、审美创造、文化自信都以语言运用为基础，并在学生个体语言经验发展过程中得以实现。”③ 所以，“语言运用”就成为语文课程培养的核心素养的基础，成为培养学生的核心素养的抓手。

下面我们就从语文课程培养的核心素养的四个方面去讨论语文教育与学生的发展问题。

一、文化自信——奠定精神底色

知识链接：
语言与文化

语言文字是人类文化的重要组成部分，语言内容的丰富性和语言形式的多样性，体现着人类文化的丰富性和多样性。教师应带领学生吸收古今中外优秀文化，提高思想文化修养，促进自身精神成长。在语文教学中，文化作用于个体，是在语言运用、语言思维、语言审美的过程中实现的。

语言是维系民族共同体的重要纽带，共同的文化和共同的心理离开了共同语言的特定词义就往往无从显示。所以，“以形成语言能力本身为其直接任务的语文学科，必须为儿童提供丰富的母语知识，提高儿童运用母语的语言活动能力，并在这个过程中形成儿童尊崇母语的文化认同和文化自觉”④。

语文学习是学生了解人类文化、汲取文化营养、建构个体精神的过程，教师一方面要引导学生认识丰厚博大的中华文化，汲取民族文化智慧，扎好文化的根；另一方面要引导他们关心当代文化生活，尊重多样文化，吸收人类优秀文化的营养，提高文化品位，使他们具有文化视野和文化理解力。

---

① 钟启泉：《从“知识本位”转向“素养本位”》，载《中国教育报》，2017-11-15。

② 郑国民、李宇明：《义务教育语文课程标准（2022年版）解读》，71页，北京，高等教育出版社，2022。

③ 中华人民共和国教育部：《义务教育语文课程标准（2022年版）》，5页，北京，北京师范大学出版社，2022。

④ 钟启泉：《新课程与语文教育转型》，见刘正伟：《名家解读：语文教育意蕴篇》，123页，济南，山东教育出版社，2009。

【观点·钱理群】语文教育的任务，是要通过“立言”来“立人”

孩子在未接受语文教育之前，他是个自然的人。在语文课堂上，他学会识字、读书，就是一种文化的传递；通过广泛地阅读古今中外的各种作品，民族传统文明、人类文明的成果渗透到孩子的精神之中，他就成为一个有文化的人。另一方面，通过语文学习，学生学会了写文章和说话，可以自由地与他人进行交流，他就从个体的人变成了社会的人。①

显然，让学生成为一个有文化的人，长大之后成为一个有文化品位的人，是基础教育阶段语文教学应肩负起的一个重要使命。

（一）汉语言文字——中国一切文化教育的基石和起点

正如王宁教授所言：“汉字是中华文化传承与发展的载体，自古以来，汉字教育就是中国一切文化教育的基石与起点。”② 汉字，不仅仅是记录、表达的工具，也反映着中华民族独特的思维方式；经历了几千年使用过程而形成的汉字系统，不仅仅是符号世界，也是文化世界。一个生理学意义上的儿童，其民族文化心理正是在识汉字、读汉字、写汉字的过程中逐渐孕育形成的。

阅读推荐

王宁:《汉字与中华文化十讲》，北京，生活·读书·新知三联书店，2018。

拓展阅读

汉字字理与汉字教学

语文教学必须按照汉字、汉语的规律进行，也只有从汉字、汉语的规律出发，才能促使学生更充分地感悟汉字的文化内涵，由衷地热爱祖国的语言。这是语文教学的根，也是文化传承的根。语文教学要守住这样的根，就要从每一个字的教学做起，举例如下。

“家”，会意字，上面是“宀”，表示与房屋有关，下面是“豕”，代表饲养的家畜等。先民用这样的形式表示“家”的概念，由此，似乎看到了他们由游猎到定居的过程（见图 2-1）。

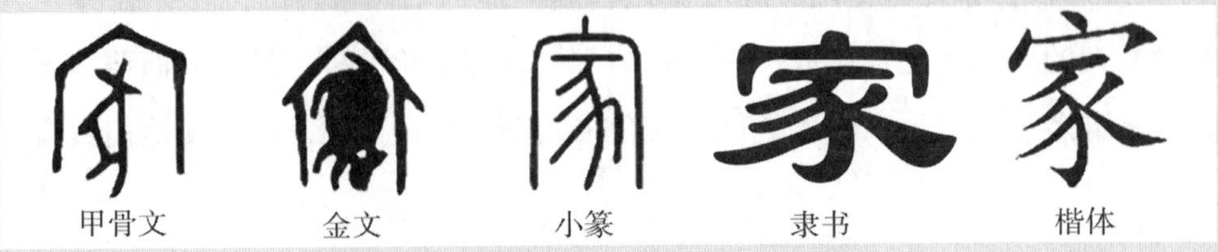

图 2-1　“家”字的演变

① 钱理群:《“立人教育”与阅读经典》，见刘正伟:《名家解读：语文教育意蕴篇》，33 页，济南，山东教育出版社，2009。

② 戴汝潜:《汉字教与学》，序 1 页，济南，山东教育出版社，1999。

"族"，会意字，上面的构字部件代表旗子的形状，下面是"矢"，即箭头，像旗下聚众之状。旗用以聚众，矢用以战斗，能团结在一面旗帜下进行战斗的群体为"族"（见图 2-2）。

图 2-2 "族"字的演变

汉字具有鲜明的"观物取象""以形达意"的特点，体现了中华民族的一种独特的思维方式。汉字被长期而不间断地使用，字体产生了变化，其字义系统也愈加丰富，正如我们看到的"梅""兰""竹""菊"这几个字，它们早已不仅仅代表植物本身了，还代表着丰富的文化内涵。

作为我们思维和交际最重要的书面符号系统，汉字的文化价值体现为如下两点：第一，汉字本身就是民族文化的产物，其特有的形体结构和表意性彰显着独特的文化特质；第二，作为表意文字，汉字在产生之时就嵌入了社会文化的因素，蕴含着丰富的文化信息，而在其几千年的使用过程中，中华民族悠久、深厚的文化又为汉字的字义系统注入了丰富的文化内涵，这使汉字与中华民族的思维方式和文化精神融为一体，成为中华文化的"活化石"。

【案例 · 丁慈矿】低年级"对课"的教学片段

片段一

师：咱们的汉字很好玩，每一个字都有一个最好的伙伴儿和它相对应，只要认真思考，你们就会找到。我们接着对，我的上联是：红。

生：绿。

师：好，绿树红花。

生：白。

师：好，有一个词叫——红颜白发。

生：旗。

师：这个不行，红是一种颜色，只能拿颜色来对，不能拿"旗"来组词。

生：老师，我对"黑"行吗？

师：好啊！有一部有名的书就叫《红与黑》，你长大后可以找来看看。

…………

师：下面我们要对两个字的了，这可有一点儿难度，有信心吗？

生：有。

师：好，我上次在上海动物园看到了河马，请为“河马”对一副下联。

生：海豹。

师：好，也是在动物园看到的吧？

生：海狮。

师：可以。

生：海马。

师：哎，这个可不行，对联有一个要求就是上、下联中的字不能重复。

生：海龟。

师：别光盯着海里的动物啊，山上、天上、水中多着呢。

生：水牛。

师：好。

生：山羊。

…………

师：你们对得都很好，对联的答案不是唯一的，只要对得上就行。

片段二

师：来对一副三个字的——水帘洞。

生：花果山。

师：我们来到孙悟空的老家了。还可以对什么？

生：火焰山。

师：好，比“花果山”对得还要好！

生：我对——石库门。

师：妙！太妙了！你是怎么想到对“石库门”的？

生：我爷爷家就住在石库门的房子里。你一说“水帘洞”，我就想到了“石库门”。

…………

师：接着来对五个字的，我的上联是“远看山有色”。

生：近听水无声。

师：远看。

生：近听。

师：山有色。

生：水无声。

师：春去花还在。

生：人来鸟不惊。

…………

师：白日依山尽。

生：黄河入海流。

师：白日。

生：黄河。

师：欲穷千里目。

生：更上一层楼。

…………

师：小朋友，你们发现了吗？我们的古诗中也有许多对联！今天就学到这儿吧，交给你们一个小任务，回家去找一本唐诗选集，然后大声地去读，把你们发现的对联抄在一个小本子上，我们来比一比谁发现得多，谁抄写得漂亮！①

丁慈矿老师说，他希望以自己的语文教学去“守护优雅的汉语”。其实，他守护的不仅是优雅的汉语，更是优雅的汉语承载着的厚重的文化。汉语的生命、特色与美，正是民族文化的生命、特色与美。民族语言教育就是最深刻、最生动、最沁人心脾的民族文化教育。正如饶杰腾教授所说：“民族语言教育必须遵循本族语文的特点，必须学习本族文化的底蕴，必须谙熟民族的文化心理与思维方式。”②

（二）经典阅读——书香浸润中的文化认同与传承

【案例·王崧舟】《枫桥夜泊》的教学片段

片段一

师：来，咱们一起来读。每句诗的前四个字，你们一起读，后三个字，王老师读。我读题目和作者，你们读每句诗的前四个字。枫桥夜泊，唐，张继。

生（齐）：月落乌啼——

师：再来，要投入，注意力高度集中。枫桥夜泊，唐，张继。

生（齐）：月落乌啼——

师：霜/满/天。

生（齐）：江枫渔火——

师：对/愁/眠。

生（齐）：姑苏城外——

师：寒山寺。

生（齐）：夜半钟声——

① 赖配根：《新经典课堂》，86～90页，北京，教育科学出版社，2009，有删节。

② 饶杰腾：《语文学科教育学》，33页，北京，首都师范大学出版社，2000。

师：到——客——船。好的，我们反过来。前四个字王老师读，后三个字你们一起读，要读得像王老师这样。准备。枫桥夜泊，唐，张继。月落 / 乌啼——

生（齐）：霜 / 满 / 天。

师：好极了，就是这个味道。我们再来，月落 / 乌啼——

生（齐）：霜 / 满 / 天。

师：江枫 / 渔火——

生（齐）：对 / 愁 / 眠。

师：姑苏城外——

生（齐）：寒山寺。

师：夜半钟声——

生（齐）：到客船。

师：再来，夜半钟声——

生（齐）：到——客——船。

师：好极了。诗，不但要读出节奏，读出味道，更要读出感觉，读出情绪。你们看，这首诗我们反反复复已经读了好多遍了，老师想问一下，你们读出了什么感觉、什么情绪？谁能用一个词来表达？

生：忧愁。

…………

片段二

师：是，因为那是人类共同的情感，所以写愁眠的作品数不胜数，尤其在中国古代诗歌中，有很多作品都写到了愁眠，我们一起来看看。比如，因为愁眠，李白曾经这样写过——（屏幕出示）

生（齐）：举头望明月，低头思故乡。

师：因为愁眠，杜甫曾经这样写过——

生（齐）：露从今夜白，月是故乡明。

师：因为愁眠，张九龄这样写过——

生（齐）：海上生明月，天涯共此时。

师：也是因为愁眠，王安石这样写过——

生（齐）：春风又绿江南岸，明月何时照我还。

师：还是因为愁眠，苏轼这样写过——

生（齐）：明月几时有？把酒问青天。

师：你们一定已经发现了，诗人的“愁眠”都跟一种什么景物连在一起？

生（师指名）：明月。

…………

师：没错，明月。明月照愁眠，愁眠望明月。所谓明月寄相思，那是在皓月当空的时候，那份愁眠之情可以托付给——皎洁的明月，但是，要是没有明月呢？要是月亮落下去找不到明月了呢？诗人张继写到了寒山寺的夜半钟声。一起来读一读这愁眠之情，张继把它托付给了这悠悠的夜半钟声。

生（齐）：月落乌啼霜满天，江枫渔火对愁眠。姑苏城外寒山寺，夜半钟声到客船。

片段三

师：孩子们，孩子们，这就是经典！（板书：经典）这就是文化！（板书：文化）我想你们今天学了《枫桥夜泊》这首诗，一定会有一种深深的感触，以后你们如果有机会去苏州的话，我想你们一定会去看一座桥——

生：枫桥。

师：没错，站在这座桥上，你们一定会情不自禁地想到一个人——

生：张继。

师：想到张继，你们一定会轻轻地吟诵一首诗——

生：《枫桥夜泊》。

…………

师：从此，你们和张继不再陌生，尽管你们相隔千年；从此，你们对枫桥、寒山寺不再陌生，尽管你们相隔百里、千里，甚至万里。孩子们，这就是经典的魅力！这就是文化的力量！①

朱自清先生曾经指出："经典训练的价值不在实用，而在文化。"②如这首《枫桥夜泊》，其教育价值也正在于文化。王崧舟老师为我们精彩地演绎了教师该如何通过教学将经典中的文化基因传递给学生，即经典要读，经典要品，经典要回味。

有人说，缺失经典的教育，将是"贫血"的教育，而没有正确文化方向的语文教育更是可怕的。从这个意义上说，我们需要李白的《静夜思》、白居易的《赋得古原草送别》、鲁迅的《少年闰土》、朱自清的《匆匆》，还有《狼牙山五壮士》等。我们需要那些能够唤起我们敬畏之心的经典，因为我们希望经典所承载的优秀文化与伟大精神能在民族的血液中永远流淌。

（三）文化理解——立足于当代文化生活的选择与吸收

义务教育阶段的语文课程，应使学生在学习运用国家通用语言文字进行交流沟通的过程中，"吸收古今中外优秀文化成果，提升思想文化修养，建立文化自信"③。钱理群先生指出，小学生主要是通过阅读来建立和外部世界的联系，进入民族文化、人类文明的殿堂，由一个自然人变成文化人，为自己一生的学习和精神成长打下基础的。④小学语文教学要以追求生命的意义为读书、写作的目的，帮助学生打开文化空间，走进文化之门，让学生在语文的世界里，寻找、获得生命的意义，营造精神的家园。

小学语文教学，从文化的角度来看，既要立足本土引领学生扎好中华文化之根，又要站在

① 姚春杰：《小学语文名师古诗文课堂实录》，7～19页，上海，华东师范大学出版社，2009，有改动。

② 朱自清：《经典常谈》，序1页，上海，复旦大学出版社，2004。

③ 中华人民共和国教育部：《义务教育语文课程标准（2022年版）》，2页，北京，北京师范大学出版社，2022。

④ 王小庆：《为什么给孩子读名家经典——钱理群教授访谈录》，载《小学语文教师》，2014（1）。

人类文明的高度拓宽学生的文化视野；既要对传统文化保持足够的敬畏心，又要从时代出发汲取当代文化的精华。要做好这些，其核心在于培养学生的文化选择能力，要培养学生对文化进行赏析、比较、辨别、取舍的文化选择能力，教师先要做立于课堂的“文化大树”。

同时，语文教师还必须清楚，文化对个体的影响是潜移默化的，是在认识、理解、思辨与选择中完成的，那种把文化提炼成标签和口号，生硬地贴到学生脑袋上的做法是粗暴且可笑的。营造个体精神家园也不像将服装套在身上那样简单。语文学科中的文化教育必须扣住文字和文本进行，只有带领学生徜徉在语言文字的墨香之中，阅读、品味、沉思，那文化的“香味”才会扑鼻而来。

中国古代教育家认为，“只有自求自得，才能学有所获”[①]。如孟子说：“君子深造之以道，欲其自得之也。自得之，则居之安；居之安，则资之深；资之深，则取之左右逢其原，故君子欲其自得之也。”[②]宋代的张载也认为，学生养成“自求”的习惯非常重要，只有“自求”才能“自得”。清代的戴震在解释阐发孟子的上述观点时写道：“如血气资饮食以养，其化也，即为我之血气，非复所饮食之物矣；心知之资于问学，其自得之也亦然。……苟知问学犹饮食，则贵其化，不贵其不化。记问之学，入而不化者也。自得之，则居之安，资之深，取之左右逢其源，我之心知，极而至乎圣人之神明矣。”[③]如上思想，同样适用于学生学习语文。

【观点·卢梭】大自然希望儿童在成人以前就要像儿童的样子

大自然希望儿童在成人以前就要像儿童的样子。如果我们打乱了这个次序，我们就会造成一些早熟的果实，它们长得既不丰满也不甜美，而且很快就会腐烂：我们将造成一些年纪轻轻的博士和老态龙钟的儿童。儿童是有他特有的看法、想法和感情的；如果想用我们的看法、想法和感情去代替他们的看法、想法和感情，那简直是最愚蠢的事情。[④]

二、语言运用——积累语言经验，发展语用能力

语文是提高学生的语文水平、培养学生的语言文字运用能力的课程，语文课堂必须加强语言积累、扣住语言理解、落实语言运用。

在现代社会里，吸收知识、传播知识、综合知识是创造新知识的前提，这些都需要语言能力来保证。语文是学生学习语言文字运用的课程。这里的“语言文字运用”，既包含在生活、工作和学习中的有实用性的语言文字运用活动，又包含运用语言文字的文学审美活动。无论是实用的还是审美的，学生凭借语文课程所要学习的都是如何通过语言文字准确、熟练地从语言材料中获取信息，如何运用语言文字恰当地表达自己的想法，如何与别人进行交流和沟通。

---

① 朱永新：《滥觞与辉煌：中国古代教育思想史》，204页，北京，人民教育出版社，2004。
② 杨伯峻：《孟子译注》，189页，北京，中华书局，1960。
③ [清]戴震：《戴震全书》第6册，159页，合肥，黄山书社，1995。
④ [法]卢梭：《爱弥儿——论教育》上卷，李平沤译，88页，北京，人民教育出版社，2001。

因此，小学语文教学的核心就是教师凭借语言文字运用的范例，指导学生开展语言实践活动，使学生具有适应实际生活需要的能力，即吸纳、理解（听与读）、交流、表达（说与写）的能力。其基本的教学途径是“通过语言范例掌握规律，并将掌握了的规律运用于语言实践”[①]。

【观点·王尚文】语文教育的“独当之任”

基础教育为什么要开设语文课程？我以为答案是简单而又明确的：为了提高学生母语的听说读写能力，亦即正确理解和运用祖国语言文字的能力。这就是语文教育的原点、基准，也就是叶圣陶所一再强调的语文课程“独当其任”的“任”。此“任”，是我们基础教育非完成不可的，因为听说读写的能力是一个现代公民所必须具备的基本素质，没有讨价还价的余地；同时，此“任”又是语文课程的特殊使命，别的课程无法取代，不可能越俎代庖，非要由语文来承担不可。[②]

作为人内在的语言经验和品质，语文素养是通过人自身的语言活动逐渐建构起来的，又通过实际的听、说、读、写行为表现出来。语文教师应在基础教育阶段，扣住语言、积累语言、运用语言，引导学生敏锐地发现语言现象，进而发展学生的语言实践能力，这些乃语文课堂存在和发展的根本。

（一）在语言实践中培养学生的语言运用能力

【案例·于永正】“究竟”一词的教学设计与处理

三年级有一篇课文《水上飞机》……我先让学生读书上的句子，“小海鸥想：货轮、客轮啥样的我都见过，就是没见过这种长翅膀的船。它决心去看个究竟”。接着让学生说说自己在生活中遇到的想“看个究竟”的事。说完，我将“看”擦掉，先后换成“问”“探”，让学生再说说在生活中遇到的需要“问个究竟”“探个究竟”的事。学生很活跃，发言很精彩。接下来，我出示了这样一个句子：“这种东西究竟省不省油？”让学生体会“究竟”在这句话中的意思。当学生知道了这里的“究竟”作“追问”“追究”讲时，我又请他们仿照例句造句。最后，我请大家以“恐龙”或者“外星人”为话题，写一段话，用上两个“究竟”，一个表示结果，一个表示追究。[③]

语文教学不是简单的讲解和记忆之学，语言文字的运用能力只有通过语言实践过程才能获得。就对“究竟”这个词语的理解和运用而言，于永正老师为学生设计了如下语言实践活动：读（书上的句子）—说（在生活中遇到的需要“看个究竟”“问个究竟”“探个究竟”的事）—思（比较“究竟”的不同义项）—写（创设情境，用“究竟”的两个义项写一段话）。我们认为，这样的语文教学是扎实的，是真实作用到学生语言能力发展中的，是指向运用的。它所体现出的教学思想是：把运用知识作为实现结果的方法，而不是记忆结果本身。

---

① 饶杰腾：《语文学科教育学》，27页，北京，首都师范大学出版社，2000。
② 王尚文：《走进语文教学之门》，432页，上海，上海教育出版社，2007。
③ 雷玲：《小学语文名师教学艺术》，4页，上海，华东师范大学出版社，2008，有改动。

（二）有针对性地培养学生的语言运用能力

当前，许多语文课从表面上看是热热闹闹的，实质上则效率低下，这大多是因为教师的学科课程意识淡薄、目标意识模糊。有些教师并不清楚要凭借一个单元、一篇课文（语言材料）去教些什么（语文能力与策略），从而导致教学设计缺乏针对性，导致课堂上关于语文知识积累的内容与相关技能训练的缺失，导致教师以意为之，教学效果有限。

【观点·钟启泉】语文教学内容需要学理的审查

听过语文课的人，都会得出这样的结论：语文教学出毛病最多的，正是教师面对一篇篇选文而苦思冥想出来的教学内容。任何听过同一篇课文由不同的语文教师教授的语文课的人，都会震惊：这些课实际是个体的教师任凭自己的语文个人知识（亚里士多德称为“臆断”）在从事教学，学生在学的完全是由不同语文教师随意择取或任性制造的不同东西，这些东西有些甚至叫不出应该是什么名称。①

当语文教学在内容上变得越来越琐碎、繁复，而在形式上越来越追求出奇、出新之时，我们恰恰需要从语言运用能力的角度冷静下来，做一些学理上的审查，重新找准语文教学的目标与方向。

【观点·刘仁增】转换与生成是语言学习的核心和枢纽

语文教学不能满足于学生获得经典、规范的语言，更要把学到的语言纳入到自己的话语系统，并加以模仿迁移甚至创造性地运用。……其中，“言语的生成与转化”是教学的核心和枢纽，决定着言语能力发展的优劣与高低。②

刘仁增还概括了言语主体与言语对象之间的信息转换、生成、建构的运行机制（见图 2-3）。

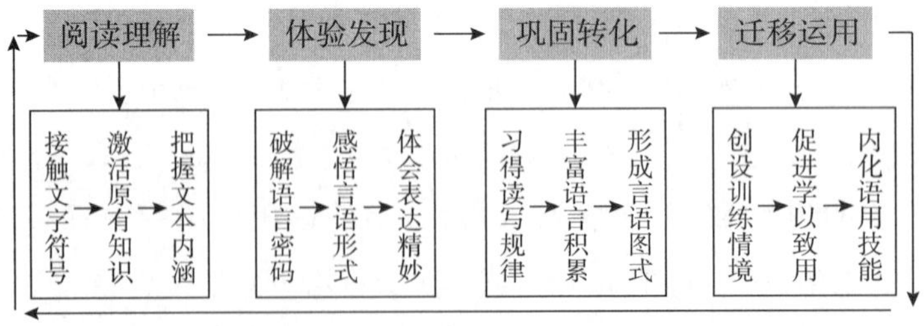

图 2-3 言语主体与言语对象之间的信息转换、生成、建构的运行机制③

小学语文教学，终将摒弃那种被动且单一的以吸纳、理解、接受为主的教学形态，走向以语言实践活动为主的理解与运用并重的教学形态。这就需要教师独具慧眼，能够从静态的教材

① 钟启泉：《新课程与语文教育转型》，见刘正伟：《名家解读：语文教育意蕴篇》，129 页，济南，山东教育出版社，2009。

② 刘仁增：《语用：语文教学的价值重塑与范式重构》，载《课程·教材·教法》，2014（6）。

③ 刘仁增：《语用：语文教学的价值重塑与范式重构》，载《课程·教材·教法》，2014（6）。

（语言材料）中寻找合适的语言生长点和能力发展点，并将这些教学点“教学化”——为学生设计语文学习活动，通过实践活动，引导学生生成、发展个体的语言能力。

（三）贴近生活，培养学生的语言运用能力

【案例】《落花生》的教学设计（片段）[①]

教学设计 1

- “我们”与“父亲”对落花生的议论有什么不同？
- 在我们今天的生活中有像落花生这样的人吗？你们能给大家简单地做个介绍吗？
- 你们喜欢落花生吗？为什么？“父亲”的话对我们今天或明天的生活有什么启发？

课后组织学生深入社会，采访、记录、学习身边杰出人物的先进事迹。

教学设计 2

《落花生》中有这么一句关键句：“人要做有用的人，不要做只讲体面，而对别人没有好处的人。”

- “体面”是什么意思？
- “讲体面”是什么意思？
- 我们要不要讲体面？
- “只讲体面”是什么意思？
- 我们能不能只讲体面？
- 我们应该做什么样的人？不应该做什么样的人？

知识链接：
《落花生》

语文学习的外延与生活的外延一致，语文教育理应回归生活，顺应与生活的联系。学生学习的语文，就是基于学生的生活并促进学生体验生活的语文。学生的生活体验越丰富，感悟到的语文内涵也就越丰富；学生的生活体验越深刻，对语言的理解也就越深刻；学生的生活体验越独特，建构语文意义的方式也就越独特。

在“教学设计 1”中，教师根据文章借物喻人的写作特点，把物和人联系起来，把理想中的人和现实中的人联系起来，正是在这种真实的联系中，教师带领学生学习语言，启发思考。在“教学设计 2”中，教师紧扣词句，设计了环环相扣的一系列问题，组织学生进行思考、讨论。这些问题无不与学生的生活世界紧密相连。相信通过对这样的语言文字学习，学生幼小的心灵定然会生发出新的人生理解。

贴近生活的语文，拉近了语文与学生的距离；贴近生活的语文，让语言运用的学习不再机械，而充满了生机与活力。语文教师必须思考今天的语文学习是如何与学生未来的生活发生内在关联的。因此，培养语言运用能力必须关注语言生活及其变迁，以培养适应社会生活所需要的语文能力。

① 孙建龙:《语文教学案例》，51 页，北京，教育科学出版社，2008，有改动；余文森、林高明、许玉兰:《名师怎样观察课堂（小学语文卷）》，24 页，上海，华东师范大学出版社，2009。

三、思维能力——在语文学习中发展智慧

哲学家维特根斯坦认为："语言是思想库。"在对人类已有思想的理解过程中，我们也学习了语言，因为"思想库"是由语言来表现的。[①]一个正常的人，思维的发展与语言的发展总是同步协调进行的。人们在头脑中思考问题时，是在运用语言进行思维加工；人们以听、说、读、写等方式进行的交流和互动时，是在将思维过程进行总结或外化。这就是语言与思维互为工具又互为目的的天然联系。语言塑造思维模式，思维反构语言模式。

知识链接：
思维和语言

【观点·乌申斯基】语言与思维的发展

语言并不是什么脱离思想的东西，相反的，语言乃是思想的有机的创造，它扎根于思想之中，并且从思想不断地发展起来；所以，谁想要发展学生的语言能力，首先应该发展他的思维能力。离开了思想单独地发展语言是不可能的；在发展思维以前先发展语言甚至是绝对有害的。[②]

如图 2–4 所示，听、说、读、写是个体外显的语言行为，思维与情意则是其内核。所以，语文学习是一个既需要语言参与又需要思维（包括情意）参与的活动。早在 20 世纪 60 年代初，叶圣陶就提示我们，"不要只顾到语言文字方面，忽略了思维的训练""教语文的一项很重要的任务就是训练学生的思维"[③]。所以，语文教学要提升学生的思维能力，发展学生的智慧。语文学习如果没有了思维，所谓知识就会因失去了联系而变得杂乱，所谓技能就会因失去了灵魂而变得机械，所谓情感就会因失去了理性而变得疯狂。

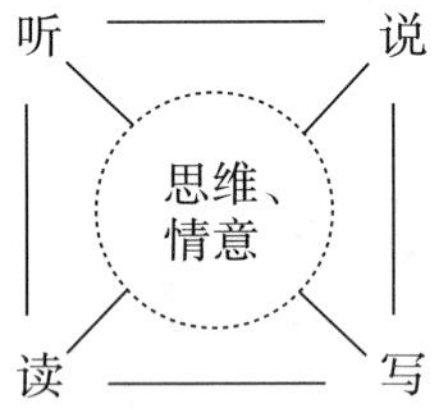

图 2–4 语言与思维的关系图

（一）扣住语言文字发展思维

【案例·赵景瑞】"跳"字的教学片段

师（板书"跳"）：同学们仔细观察，"跳"和什么有关？

生：和人的脚有关，所以是足字旁。

师：这次组词，要和人的"足"有关，这是"跳"的本意。你们试试能组多少？

生：跳高、跳远、跳水、跳动、弹跳……

…………

师：随着汉字的发展，字的意义也在延伸。再一次组词，想一想，和人的其他的部分有关，但不和"足"有关的词有哪些呢？

…………

① 刘晓东：《儿童教育新论（第二版）》，334 页，南京，江苏教育出版社，2008。

② 张焕庭：《西方资产阶级教育论著选》，480～481 页，北京，人民教育出版社，1979。

③ 叶圣陶：《怎样教语文课——在呼和浩特跟语文教师的讲话》，见张定远：《重读叶圣陶·走进新课标：教是为了不需要教》，63 页，武汉，湖北教育出版社，2004。

生（思考片刻）：心跳、眼跳、脉搏跳……

师：这些“跳”都和人有关吧。下面还要组词，不能和人有关，要和“物”有关。

…………

（学生苦苦思考）

师（在学生最需要解惑时启发）：见过跳水比赛吗？

生：见过。

师：那运动员起跳前踩的是什么呀？

生（顿开茅塞）：噢，是跳板。

师：对呀！跳板是物吧？还有吗？

生（踊跃）：跳箱、跳棋、跳板、跳蚤……①

显然，这是一个扎实且具有思维含量的词语教学片段。赵老师引导学生经历了一个充分而有序的思维过程，经历了由一个思维高度向另一个思维高度跳跃的过程。在朴实的语言学习中闪耀着思维的火花。这一方面展现了他深厚的语文功底，另一方面则展现了他在语言学习中发展学生思维的教学观念。

【案例·王化英】大家一起学写诗②

读诗、议诗——感受诗的特点：语言优美简练，展开想象联想，借助形象表达情感。

赏诗、悟诗——品悟儿童诗特有的情趣。

写诗、品诗——展开想象，独立创作（附四则学生作品）。

橡皮 1	橡皮 2	橡皮 3	橡皮 4
橡皮，橡皮 是最没有学问的东西 因为 它读过的字 都是错别字	橡皮，橡皮 你是否真是大象的皮 你是不是身上老痒痒 不然 你为什么 总在蹭来蹭去	橡皮与铅笔是一对冤家 铅笔总在写字 橡皮总在擦字 于是 它们开始争吵 我在争吵中长大	橡皮 你是我的好朋友 你对待错误就像对待敌人 毫不留情地消灭 你越来越瘦小 我的知识越来越丰富

教师应扣住学生思维发展的特点教学，这里的思维不仅指向抽象的逻辑思维，还指向想象与联想。王化英老师紧紧依托学生的形象思维，引导学生在想象与联想中读诗、赏诗、写诗，借助诗歌的文体特点为学生插上了自由想象的翅膀。

① 赵景瑞：《我的探索——小学语文教学：思想与艺术》，53页，北京，教育科学出版社，2009，有改动。

② 本案例是根据北京市海淀区王化英老师的课堂实录整理而成的。

（二）通过语文学习培养学生学会思考

【案例·孙双金】《落花生》的教学片段

初读课文之后，我说："读书最可贵的是能发现问题。下面请大家拿出笔来，默读课文，把自己不理解的地方画出来，待会儿提出来我们一起学习。"学生照着指示做。奇怪的是绝大多数人都是拿着笔做做样子，根本没在课本上画任何记号。

五分钟后，没有人举手提问，都一脸茫然地望着老师。

我有些愕然：都读五年书了，竟然还不会提一个问题。我决定，这节课一定要让他们学会提问，而且要提出有价值的问题。我笑了笑说："你们有没有不理解的词语？有就提出来。我最喜欢勇敢的同学。谁第一个举手？"过了好一会儿，终于有一个男生小心翼翼地举起了小手。

"老师，'茅亭'是什么意思？"

"你是班上最勇敢、最聪明的同学，你提了第一个问题，了不起，请大家掌声鼓励！"其他学生的眼里有了一丝羡慕之情。

"老师，'新花生'是什么意思？"

"老师，'开辟'是什么意思？"

由于被激励了，许多学生开始产生属于自己的"？"，但都还停留在就词语提问的水平上。我决定打破他们的思维定式。

"你们有没有不理解的句子呢？"

学生不再像刚才那样茫然，而是陷入了思考。

"'那晚的天色不大好，可是父亲也来了，实在很难得。'这句话我不懂。"一个女生说。

"你真能干，一下子就找到这么一个重要的问题。"教师立即把课文的这句话给投影出来，并提示："我想，就这句话我们起码可以提三个问题。你们动脑筋想想看。我相信你们一定可以提出来。"

有了明确的"攻击"目标，大家的脑筋开动起来了。

"那天晚上为什么天色不好？"一个男孩问了一个不着边际的问题，引得全班大笑起来。

"老师，在我们家里父亲和我们在一起吃饭是经常的事，为什么这家的父亲'很难得'呢？"

"真聪明，你联系自己的家庭生活实际提出了很有价值的问题。"

"那天晚上天色不大好，父亲为什么也来了呢？"又一个有价值的问题出来了。

"'可是父亲也来了'，为什么要用上'也'呢？"学生开始咬文嚼字了。

"父亲来就是为了吃花生吗？他还有什么用意呢？"

…………

一个个精彩的"？"产生了，一个个脑袋里的智慧被唤醒了。①

面对学生一脸茫然、无人发问的课堂情况，孙双金老师的做法一方面是鼓励，另一方面则

① 孙双金：《"情智语文"理论与实践的研究》，载《语文教学通讯·小学刊》，2006（12），有改动。

是在方法上加以引导。首先是就词语提问，其次是就句子提问，最后是抓住一个句子引导学生开动脑筋，从不同角度提问。一路下来，我们看到了教师的作用。显然，在指导学生“会问”的过程中，“法”的引导是重要的。此外，语文教师必须认识到，思维是一种能力，是一个过程，如果仅盯住结果，只关心答案，学生就会把用于积极思维的经验转用于避免错误上去，甚至会将沉默作为减少错误的最好方法。

在语文教学中，教师要鼓励学生提问，引导学生思维，就不能只提要求，而要想方设法地去诱发学生内部的认知冲突并给予学生方法和思路上的指引。比如，可以从理解所读文章的内容入手，小到对一个词语、一个句子的理解，大到对一个事件、一个人物的认识与评价；也可以从所读文章的语言形式入手，小到一个字、一个词语、一处修辞的表达效果，大到文章的思路线索、结构次序等；有时问题可以在横向迁移中产生，需要联想、比较、综合；有时问题又可以在纵向深入中出现，需要分析、推理。

知识链接：
思维导图

【案例·陈智文】运用思维导图让语文思维可视化①

在阅读教学中，思维导图是帮助学生理解、梳理课文的工具，利用这一工具可以培养学生提取信息、整体感知、把握文章结构和脉络的能力。

在写作教学中则可以使用这种方式引导学生编制构思导图，以帮助学生打开思路并将其结构化。下面是小学生以“我”为题，在动笔前以表格的形式完成的思维导图（见表2-1、表2-2）。

表2-1　思维导图1

题目	我是一只虫			
思维导图	我是一只虫	我是一只小懒虫	不太爱劳动，这是让我长期苦恼的缺点	我是一只虫，一只等待变成蝴蝶展翅高飞的虫
		我是一只小馋虫	经常耍花招向父母要钱买喜欢的零食	
		我是一只小书虫	爱读各种各样的书，家有藏书几百册	
		我是一只小青虫	虽然现在成绩不够理想，但是努力改正缺点，小青虫总有一天会变成翩翩起舞的蝴蝶	
主旨	我是一只虫，我要改正缺点，让自己变得更加优秀			

表2-2　思维导图2

题目	这就是我			
思维导图	我的性格是多面的	像霸王龙一样的坏脾气	以前不懂得体谅父母	这就是具有多面性格、心怀梦想的我
		像含羞草一样羞涩	演讲比赛不敢上台	
		像小蜜蜂一样勤劳	帮助父母做家务、当社区志愿者	
		像雏鹰一样胸怀梦想	挑战自己，成为舞蹈家	
主旨	我的性格是多面的			

① 思维可视化是指把不可见的思维结构、思维方法、思考路径或过程通过图示或图示组合呈现出来。20世纪60年代，英国心理学家托尼·博赞发明了思维导图这种学习方式，即经过思维的不断深入，把各种观点通过图形、符号或关键词表达出来，提高思维的外显能力和表达能力。目前，国内外许多学校把思维导图作为教育改革实验推广的策略之一。参见陈智文：《“导图作文”的实践与思考》，载《小学教学（语文版）》，2012（9）。

就阅读教学而言，把握文章结构是阅读理解的重要能力点。文章结构，一指文章内在的各种关系，以及外在的、已定型的形式和由此形成的静态样式；二指作者构思谋划和组织安排文章形式的过程。叶圣陶说："作者思有路，遵路识斯真。"文章的语言结构就是在思维和表达过程中形成的各种有规律的思维模式，因此，教师需要引导学生学会提取并强化这些思维模式。这就是思维导图在阅读教学中重要的价值体现。同理，在写作教学中指导学生运用思维导图，则可以帮助学生打开思路并使其思路变得清晰。

（三）慎思明辨，建构自己的精神世界

在组织学生理解与运用语言文字时，老师应有意识地引导学生生成主题性思考，并组织学生紧紧围绕主题进行探索与辩论，充分体会语言之美。

"任何一个民族的语言文字都不仅仅是一个符号系统或一种交际工具。一方面，语言文字本身反映了一个民族认识世界的思维方式；另一方面，民族文化也附着于语言文字得以继承和发展，因而任何一个民族的语言文字都是其深刻的民族精神的积淀。"① 那么，怎样把语言文字的文化内涵转化为学生的基本文化素养？怎样将语文课程的文化功能真正落实在学生个体身上实现其文化意义？怎样在母语教育中正确处理继承传统和面向未来的关系？解答这些问题的核心就是思维。只有理性思维，才能使学生在人类文化的海洋中找到自我而不迷失方向。

【案例】小学六年级《伯牙鼓琴》一课读后练写的教学反思

学习完《伯牙鼓琴》这则故事之后，教师为学生设计了如下读后练写活动。"子期死后，假如伯牙来到了子期的墓前，他会对子期说些什么呢？请写一写。"从学生写的情况来看，多为抒情性的感慨与惆怅之语，应付性的、为写而写的痕迹明显。

经过反思，大家觉得这个读后练写活动设计对于六年级的学生来讲缺少了一种理解文化的挑战性。读了这个故事后，学生就真正理解了"知音"这两个字的含义了吗？"知音"就等同于生活中的"朋友"吗？人生在世，都需要知音吗？为什么我们每个人都渴求遇到知音？俗话说："朋友易得，知音难觅。"在今天信息发达的生活中，许多人却觉得知音反而难觅，为什么呢？如上种种，都是触及学生心灵的问题。

经过讨论，大家做的读后练写活动设计如下。

①"知音"一词源于上述伯牙鼓琴的故事，伯牙视子期为知音。那么，我们日常生活中的"朋友"就等同于这里所说的"知音"吗？为什么？

②当今社会，有人认为"朋友易得，知音难觅"，你是这样认为的吗？为什么？那么，人应该怎么做才能找到人生中的真正知音呢？写出自己的看法。②

---

① 倪文锦、欧阳汝颖：《语文教育展望》，1页，上海，华东师范大学出版社，2002。

② 本案例是根据笔者在北京育才学校教学观摩活动后的反思内容整理而成的。在统编版语文教材中，该课在六年级上册。

“人的精神境界是人自己寻找的，自己创造的。只有自己创造的，才是自己能够享用的。”① 上述案例中看似普通的读后练写活动，恰恰将语文教学从语言技能的层面上升到了语言思维的高度，在语言的理解、沉思与表达中，教师引导学生从精神层面寻找着属于他们自己的“安身立命之地”。

总之，发展语言就是发展思维，发展思维就是发展人生。要培养学生的思维，教师先要善于思考，掌握诸多解决问题的策略。可以说，让学生逐渐掌握思维的策略，是伴随着教师习惯性思维的改变而发生的。在语文教学中，教师要培养学生的思维就要从语言文字入手，如理解不同语境中的词语、句子，把握句与句之间、段与段之间的关系，对不同文章进行比较与分析，在阅读文学作品时对文学形象（含意境）展开想象与联想，把握作品主题、体悟作家情感等。

【观点·裴斯泰洛齐】论儿童思维能力的培养

让孩子读书、写字、学习、复习，这固然很好，但是让孩子思考则更好……要做到这一点就不能滔滔不绝地对孩子讲话，而是应采用与孩子谈话的方式；不能对孩子讲很多话，而是应让他自己表达某一件事情；不要详尽无遗地讲完这个题目，而是要向孩子提出有关的问题，让他自己找出答案，再予以纠正。②

在语文教学中，学生思维的培养既包括逻辑思维能力（运用语言概念进行分析与综合、抽象与概括、判断与推理的加工方式），也包括形象思维能力（运用属性表象进行分解与组合、联想与想象的加工方式）。发展创造性思维是当前人们普遍关注的话题。教师要为社会培养能独立思考、独立判断和有创造能力的社会主义建设者和接班人，要引导学生积极思考，形成自己的理解、看法和态度。

知识链接：
以“有声思维”促进儿童书面表达能力的发展

四、审美创造——孕育美好心灵

在小学阶段，文学教育是融入语文教育的。这就要求语文教师在面对教材中的诸多文学作品时（如儿童诗、童话、儿童散文、小说、古诗等），既要考虑到以之培养学生的听、说、读、写等基本的语言运用能力，又要基于文学文本的特性，用恰当的方式借以发展学生的文化理解力、生命感悟力和艺术审美力。

知识链接：
文学与审美

在文学众多的特性中，审美是其根本特质。换言之，文学是以审美的方式作用于读者的内心与人格的。在文学教学中，教师只有带领学生经历了审美过程，才能够在潜移默化的教学实践中对学生的精神领域产生影响，促进其审美心理结构发生变化，如逐步具有敏锐的审美感知能力、丰富的审美想象能力、强烈的审美情感和深刻的审美理解能力。

---

① 刘晓东：《儿童教育新论（第二版）》，184 页，南京，江苏教育出版社，2008。

② ［英］伊丽莎白·劳伦斯：《现代教育的起源和发展》，纪晓林译，167 页，北京，北京语言学院出版社，1992。

【观点·童庆炳】审美教育是语文教学固有的要求

通过语文教育对学生进行审美教育，培养学生的审美观点、审美趣味和审美能力，是语文教学固有的要求，而不是外加的任务。而且，通过语文教学进行审美教育和通过语文教学培养语文能力，并不矛盾，相反是互相促进的。因为成功的审美教育可以使学生的感知、情感、想象、理解等心理机能处在活跃的状态，这无疑可以使学生全身心投入到语文能力的掌握中去，促使语文能力更快提高。①

在开展语文教学时，我们希望学生参与审美体验过程，从而丰富情感世界，让以后的人生更加从容、更富诗意。苏霍姆林斯基说："学习文学的最终目的是形成人的内心世界——道德、修养和美。当我看到了少年因艺术形象而激动、颤动时，当他一边倾听作品，一边思索个人的命运时——对我来说，这要比他做出准确回答重要得多。"②

（一）扣住语言文字丰富审美情感

【案例·盛新凤】《卢沟桥的狮子》教学谈

《卢沟桥的狮子》一文，描写的狮子神态各异、栩栩如生，用"有的……有的……有的……"的句式串联，语言很有规律，用人格化的写法写出了狮子的可爱，读后让人惊叹古代劳动人民的智慧。笔者在教这一课时，设计了两个语言训练板块，使言、意巧妙地融合在一起。

第一个板块：让学生听轻音乐，顺着作者的思路继续想象：有的狮子（　　　　　　），好像（　　　　　　）。

第二个板块：在枪炮声的渲染下，让学生改写和补写文本。

有的狮子，蹲坐在石柱上，好像（　　　　　　）。

有的低着头，好像（　　　　　　）。

有的小狮子偎依在母狮子的怀里，好像（　　　　　　）。

有的小狮子藏到大狮子的身后，好像（　　　　　　）。

这两个板块的设计，虽然是语言训练，但又不是在纯粹、机械地进行语言训练。学生的语言表达，融合了许多情感的因素：对古代劳动人民智慧的赞叹之情，对在"七七事变"中英勇牺牲的勇士的敬佩、怀念之情，还有对侵略者的无比愤恨之情。在语言训练的过程中建构了精神，在精神的建构中发展了语言，语言和精神在训练过程中同构共生。③

上述案例中的盛新凤老师紧紧扣住文本内容和语言表达形式本身，引导学生进行想象、表达和体验，将语言学习与审美情感的培养不着痕迹地结合在了一起，潜移默化地实现了语言教育和审美教育的统一。

---

① 童庆炳:《语文教学与审美教育》，载《北京师范大学学报（社会科学版）》，1993（5）。

② ［苏联］苏霍姆林斯基:《教育的艺术》，肖勇译，180 页，长沙，湖南教育出版社，1983。

③ 余文森、林高明、许玉兰:《名师怎样观察课堂（小学语文卷）》，185～186 页，上海，华东师范大学出版社，2009，有改动。

【案例】《插秧》一课教学谈

插秧

詹冰

水田是镜子，
映照着蓝天，
映照着白云，
映照着青山，
映照着绿树。

农民在插秧，
插在绿树上，
插在青山上，
插在白云上，
插在蓝天上。

该课的授课教师认为，这首诗诗化了农民插秧的耕作过程，诗化了艰苦的农业劳动，诗化了农民辛勤劳作的场面。所以，应通过阅读引导学生初步感受农民插秧的艰辛和劳动的美。围绕这一主题，她设计了如下问题：谁在插秧？在哪儿插秧？怎么插秧？为什么要插秧？并组织学生模仿农民伯伯插秧的动作。

针对这首诗和教师的教学处理方式，来自首都师范大学的陈薇副教授认为：这首诗的重点应该是表现春天的美丽景象，而不仅仅是歌颂劳动本身。你看，诗的第一小节的顺序是：蓝天—白云—青山—绿树；第二小节的顺序则是：绿树—青山—白云—蓝天。这就是修辞上的回环，其作用是形成画面描写上的立体感，表现出了水天一体的景象。第二节的反序，恰好表现出“镜”中的影像是反的。全诗按照从上到下、从下到上的顺序展开画面，而“水田是镜子”则是全诗的基础。如果能够引导学生通过阅读、想象，发现并感受到这种画面的美，进而体悟到诗歌的美，是不是更好呢？

审美是发生于个体内心中的想象与体验过程，不是简单的知识与情感的告知与传递。要想带领学生感受文学的美，教师先要具有发现美的能力。《插秧》这首小诗，用语言描摹出了立体的画面美，用修辞带来了回环的形式美，只有扣住这一点进行阅读，学生才有可能发现诗歌是美的，画面是美的，情感是美的。

（二）以文学的方式审美

美具有一定的感性形式，与人们的审美感受相联系。审美，作为一种主观的心理活动过程，与审美对象所形成的关系状态具有形象性和情感性，这离不开想象、体验与感悟。作为文学作品，审美是其根本特质。换言之，文学是以审美的方式作用于读者的内心与人格的。

如果不从审美的角度出发，没有了审美的空间与过程，那么文学教育的功能就不能实现，也就失去了其最独特、最根本的育人价值。反之，教师只有引领学生充分经历文学的审美过程，才能够以潜移默化的方式对学生的思想情感起到熏陶、感染作用，促进他们的审美心理结构发生变化。因艺术形象引发的想象和联想所带来的激动、震撼与愉悦之感，以及由此产生的体验与沉思，正是我们所期望的在文学教育中的审美心理过程。

以统编版语文教材二年级上册中的经典选文《植物妈妈有办法》为例，如果将它视为科普作品，我们带领学生学习的内容则应侧重“植物传播种子的方法”，即通过语言提取信息，掌握相关的植物学知识，甚至可以进行跨学科学习活动。如果将它视为文学范畴的儿童诗，我们就必须引领学生学习审美，感受诗的语言美，借助想象和联想，体验“孩子如果已经长大，就得告别妈妈，四海为家”等句包含的情境与情感。“只要有风轻轻吹过，孩子们就乘着风纷纷出发”，这难道不是一个美妙的，进而能够引起学生想象、联想与憧憬的情境吗？

《小壁虎借尾巴》《小蝌蚪找妈妈》等选文也是如此。如果教师将它们视为文学范畴的童话，就要引导学生以审美的方式去关注成长过程中的变化，在这一审美历程中，有错愕、有失望、有挑战、有欣喜……这些伴随着情节发展的情感变化，不正是很好的审美体验与生命教育的成果吗？当我们面对文学作品时，应谨慎地做出判断：是着重让学生学习知识，还是进行审美体验。

“真关于知，善关于意，美关于情。”[①] 要实现文学的审美价值，教师在教学过程中必须引导学生经由文学审美的心理过程获得体验。

知识链接：
言、象、意

“言—象—意”是文学文本构成的三个层次。[②] 所以，文学审美大致要经历如下过程：感知与揣摩语言文字—想象与联想，再现或生成文学形象（或文学意境）—基于文学形象（或文学意境）和个体经验进行体验、感悟与沉思。

具体来说，文学作品的教学，必须经由“寻言以观象”“寻象以观意”等过程实现。教师先要带领学生对语言文字（包括语音、字词、句段、篇章等）进行感知，揣摩作品语言的节奏、韵律，以及所含的旨意、情理等显性和隐性信息。在此基础上，要进而带领学生通过想象与联想，把抽象的语言符号（含语言空白）化为头脑中的内部视象（内部心理视觉形象）。这是一个充满个性化的艺术再创造过程，也是重要的发展学生想象力的过程。内部视象越丰富、越生动，学生获得的感受、体验和沉思就越充实，审美过程也就越鲜明、个性、深刻。一些教师的语文课缺少审美过程或审美空间，皆因“言”“象”“意”三者中某一因素的缺失或弱化，而“言”与“意”之间“象”的层面缺失尤甚。

当我们抓住文学特质引导学生阅读文学作品、经历审美过程时，必须注意以下几点。

第一，关注学生的阅读期待、阅读动机和阅读心境。对阅读期待的关注包括：对即将阅读的文本体裁或类型的期待，对所阅读文本即将展现出的形象或情节的期待，以及文本内容是否契合自己的思想或情感的期待等。而阅读动机自然影响着阅读的效果，也影响着阅读心境，教师在教学设计与实施过程中均应有所考虑。

① 朱光潜：《朱光潜美学文集》第二卷，503页，上海，上海文艺出版社，1982。
② 童庆炳：《文学理论教程（第五版）》，221页，北京，高等教育出版社，2015。

第二，关注并落实学生语言能力的发展。文学是语言的艺术，学生要得到文学的审美教育、文化教育，就必须从文学语言的认知开始。所以，我们在强调文学教育的审美视角时，要以文学语言的学习为基础。

知识链接：
“填空”“对话”与“交流”

第三，在语言认知的基础上，教师要引导学生展开想象和联想，充分地“填空”“对话”与“交流”，教师要关心学生的情感体验过程，并引导他们表达出想象与联想、感受与体验的内容。这是文学阅读作为审美过程最为关键的一步，也是学生以文本为基础、彰显浓厚的个性化色彩的文学再创造过程，决定了文学审美的质量。

第四，要尊重、珍视学生独特的审美过程和结果。无论是思想与感情的共鸣，还是情感得到的升华与净化，抑或是生命奥妙的领悟，都应生发于学生个体，而不应以模式化的解读方式来代替。体验、理解和感悟是不能被代替的，在学生阅读文学作品时，教师应做好鼓励和引导这两项工作：鼓励学生把自己的体验、感受和想法表达出来，发展其文学审美力；引导学生学会尊重文本的价值取向和他人的观点，帮助他们建构健康的精神格局。

（三）从心灵世界出发

语文教育中人文关怀的终极表现是尊重学生、化育人格。尊重的前提是理解，教师应充分理解学生的生活世界、情感世界，理解学生的认知方式、学习感受，理解学生的生命发展进程及不同时期的特点。在如上理解的基础上，教师应给予学生足够的尊重态度，并以适合学生的方式进行语文教学，以帮助他们养成良好的学语言、用语言的习惯、态度和方法，并在学语言、用语言的过程中丰富他们的心灵世界。

【案例】从一组二年级小学生的写话作品看儿童的世界

老了多可怕啊！

爷爷老了，走路用拐杖了，说话漏气了，牙齿松动了，咬不动东西了。老了多可怕啊！

树叶为什么落下来？

妈妈给小树叶留了太多的作业，小树叶不想做，于是就趁妈妈去上班的工夫偷偷地溜到地上来玩。

糖被我吃了，这可怎么办啊？

（注：去年的儿童节，我利用节日搞了个综合实践活动，道具是我发给孩子的糖，其中的一项活动就是引导孩子写日记，有个孩子这样写道——）

今天，老师发给我们每人一块糖，因为儿童节到了。

我要了一块蓝莓味的，袋子也是蓝颜色的，很漂亮。老师还说先别吃，看谁放的时间长。下课了，我看着我的糖，不知不觉地就撕开了，然后迫不及待地吃了。吃完了，我想起来老师说的话，可是，糖被我吃了，这可怎么办啊？

“老了多可怕啊！”你能想到一个在爷爷身边撒娇的六七岁的孩子正在对生命进行思考吗？“可是，糖被我吃了，这可怎么办啊？”糖已经吃了，还有什么办法呢？你感受到学生的语言所展现的真情实感了吗？你读出了儿童充满童真的懊恼与无奈之情了吗？树叶落下来原来是不想做作业，多么富有想象力的回答啊！有人说："儿童写的东西，可以说是最具诗意的。"不错，那就是最美的诗！写作，表达的是一种真实的生命状态。学生写的这些内容，不仅记录了他们的成长足迹，还为我们打开了通向他们多彩而丰富的内心世界的门。

所以，我们要尊重学生，珍视他们独特的感受。一方面，教师要掌握基本的审美策略，能够指导、引领学生学会发现美、感受美、创造美、分享美；另一方面，教师要充分调动审美主体——学生深度参与、经历审美过程，不能以自己的审美实践代替学生的审美实践，以模式化的解读方式窄化学生的审美空间，简单地把学生复制为成人心目中的读者。

我们必须始终相信——学生是发展中的读者。从学生出发的语文审美教育，要借助语言的学习，用心呵护、培植学生美的心灵。为此，我们必须尊重学生发展的自然进程及个体差异，尊重学生审美的独特价值。

汉语具有丰富而独特的审美价值，汉字、构词、造句、修辞、语调、节奏和韵律等方面都富有审美特征。由汉语写成的声情并茂的文学作品，其形象美、结构美、意境美、语言美都能带给学生多方面的审美熏陶。语文教师要能够抓住汉语独具的审美特征进行教学，同时还要不断提升自我的审美情趣和审美品位。

探究与思考

小学语文课到底该教什么？小学生通过语文课程的学习到底该发展什么？通过这一节的学习，你一定有了自己的认识。

观察一节语文课，基于这节课中学生所经历的语文学习活动，分析学生获得了哪些方面的发展，说说这节课的教学还存在哪些问题。注意与他人分享时要做到有理有据。

第二节　怎样学习语文

一、怎样获得语言能力

知识链接：
语言习得

学前儿童以“习得”为主的方式获得的语言能力，是他们入小学后有目的、有计划地学习语言的基础。小学语文教师应了解初入学的学生语言习得的基本水平（如口语中的词汇积累、句式积累及使用水平等），并在此基础上设计教学。此外，学生语言习得的经验也为教师开展语文教学、总结教学经验提供了某些重要启示。

一般而言，书面语言的学习开始于学生进入小学时。正规而系统的书面语言学习会进一步扩大学生的词汇量，尤其是抽象性强的、在口语中较少使用的词汇。同时，它能帮助学生掌握更复杂的语法结构。学生在此时开始学习阅读理解和写作，并进一步完善阅读和写作技能。小学阶段的学生的书面语言和口头语言的发展是相辅相成、互相促进的。口头语言是书面语言的基础，而书面语言的发展又使口头语言的表达更严密、更连贯。

完整的语文学习过程应该由语言的输入（理解、积累）和语言的输出（运用、表达）两个环节构成（见图 2-5）。

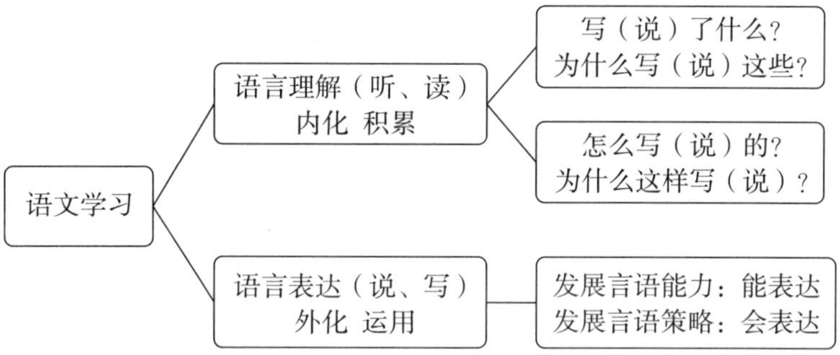

图 2-5　语文学习的途径与内容[①]

【观点·克拉申】语言学习中的“输入”与“输出”

语言习得依赖于大量的可理解性语言输入。而大量的可理解性语言输入的获得，不仅需要习得者广泛地接触语言材料（如听录音、广播、与他人对话、看录像等），而且还要直接参与交际，使接触到的语言材料通过说明、证实、修正、重新组织等交际手段变成可理解性的语言材料。[②]

小学阶段的语文教学应注意以下三点：第一，保证有足够时间引导学生通过朗读、背诵、练习、巩固等方式在理解、品味、感悟和体验过程中积累丰富的语言经验，包括字、词、句、段、篇等语言材料及其所表达的思想情感等；第二，必须通过实践将学生运用语言的本领落实到位；第三，应遵循“言语—语言—言语”的基本语言学习模式进行教学。

① 孙建龙：《小学语文课程与教学论》，113 页，北京，人民教育出版社，2015。
② 张国扬、朱亚夫：《外语教育语言学》，126 页，南宁，广西教育出版社，1996，有改动。

（一）丰富心理词典，扩大语言内存

【案例·吴琳】《笋芽儿》一课的课前导入片段

师：你知道现在是什么季节吗？

生：春季。

（师板书“春”字，随后在“春”字的后面画了条横线）

师：谁能在“春”字后面添上一个字或几个字组成词语？

生：春天、春节、春雨、春风、春暖花开、春风得意……

（师擦去已有的横线，重新在“春”字的前面画了条横线）

师：现在你还会组词吗？

生：立春、阳春、早春、初春……

（师再擦去已有的横线，在“春”字之后再次画了条加长的横线，并加上了句号）

师：以“春”字打头，说一句话，你能行吗？

生：春风吹绿了小草。

生：春天，小燕子飞来了。

生：春天真美呀！

师：“春天真美呀！”这是抒发感情的句子，表示感叹的语气，应该用什么标点符号？

生：感叹号。

师：这么美好的春光，谁都不愿错过。它也一样，它是谁？

（师出示笋芽儿图，板书标题，学习“笋”字）①

语文课堂应自始至终关注语言表达的形式及效果，比较、揣摩、品味那些富有表现力的词语、句子、段落。这样，学生就能在理解的基础上（而不是机械记忆）扩大他们的语言内存。在《笋芽儿》一课的课前导入环节中，教师紧扣“春”字，引导学生进行了词语、句子的积累，充分体现出了语文学习的特点与效率。

【观点·D.W.卡罗尔】心理词典与词汇通达

知识链接：
心理词典

心理语言学家把词在长时记忆中的表征称为我们的内部词典。在这个词典中找到一个词的时候，与之相关的属性就都可以被利用了。这些属性包括词的意义、拼写、发音、与其他词的关系以及有关信息。……激活这些意义的过程叫作词汇通达。②

可见，如果小学生只是机械地抄写、背诵所谓“好词佳句”，而没有通过语义建立起连接的话，这对丰富他们的心理词典而言，效果是极其有限的。

---

① 余文森、林高明、许玉兰：《名师怎样观察课堂（小学语文卷）》，14～15页，上海，华东师范大学出版社，2009，有改动。

② ［美］D.W.卡罗尔：《语言心理学（第四版）》，缪小春等译，101页，上海，华东师范大学出版社，2007。

（二）语言心理图式：从构建到巩固

【案例】《我的战友邱少云》一课的结尾处理

课文《我的战友邱少云》的结尾是：“我永远也忘不了那一天——1952 年 10 月 12 日。”教师就此提出一个问题：“我们过去学过的记叙文都把时间写在开头，为什么这篇课文把时间写在结尾？”

五年级学生原有认知结构的状态是：记叙文的时间写在开头。教师的这一问题把学生已有的认知结构与新的情境之间的矛盾揭示出来了，引发学生的认知冲突。经过思考，学生悟出其中的道理：特别难忘的日期，写在结尾可以加深读者的印象。

教师进一步追问：“作者仅仅是让我们记住这个日子吗？”引导学生进而理解作者这么写的用意。①

知识链接：
图式

皮亚杰关于儿童认知发展的理论认为，人类所有的心理反应归根结底都是适应，适应分为两种不同的类型：同化与顺应。同化指将新信息纳入已有的认知结构中，而顺应指改变已有的认知结构以适应新的环境和信息。②学生学习语言的过程正是对自己已有的语言心理图式的同化过程，包括词语、句子结构、语法规则的同化，段落与篇章中语言内容与语言表现形式的同化等。正如英国应用语言学家皮特·科德所言：“语言学习不仅仅是一个积累的过程，也是一个结合的过程。”③在上述案例中，揭示矛盾—引发思考—理解领悟，是一个阅读理解的过程，同时也是打破学生原有认知结构的过程，即构建与丰富新的语言图式的过程，进而学生可以去适应更多的新的语言情境。

【案例】指导学生运用“谁在什么地方干什么”的句式进行表达的教学片段

训练学生用“谁在什么地方干什么”的句式练习说话。

开始时有的说：“我在教室里读书。”有的说：“小明在操场上踢球。”还有的说：“妈妈在家里看电视。”

…………

师：大家再好好想想，能不能把句子中的地点（什么地方）换成你最想去的地方，把句子中的事情（干什么）换成你特别想干的事情呢？（霎时间，学生强烈的表达欲望被激发起来了）

生 1：我在月球上和嫦娥姐姐在一起跳皮筋。

生 2：我坐在银河边看神仙们钓鱼。④

---

① 本案例是根据 2011 年 1 月作者在新疆石河子大学“国培计划”研修班中与一线教师的研讨内容整理而成的。

② 林崇德：《发展心理学》，100～101 页，杭州，浙江教育出版社，2002。

③ ［英］S. 皮特・科德：《应用语言学导论》，上海外国语学院外国语言文学研究所译，291 页，上海，上海外语教育出版社，1983。

④ 裴娣娜等：《发展性教学论》，52～53 页，沈阳，辽宁人民出版社，1998，有改动。

学生要获得语言能力，不仅要广泛地接触语言材料，而且要直接使用这些语言材料参与交际，通过交际使其变成理解性的。换言之，掌握语言使用的规则、习惯，是需要在理解的基础上通过实践与运用实现转化的。新的语言图式在构建之初，其灵活性、稳定性和熟练性都是有限的，必须逐步加以巩固，不断丰富其内涵，增强其适应性。学生语言的发展是在活动中获得的，是在使用中实现的，如果仅仅对语词、句段、篇章做输入性的积累、分析，而不在模仿的基础上进行足够量的语言输出实践，那么要真正掌握一门语言是不可能的。

（三）从理解性输入到运用性输出

【案例】学习诗歌的结构及其句式，完成《树枝上有一条路》的仿写 ①

大山妈妈 把吃的和喝的 送给叶 送给花 送给星星似的果…… 树枝上 有一条爱的路	阳光踏上树梢 把温暖和光明 送给芽 送给根 送给树下的草 树枝上 有一条春的路	鸟儿登上枝头 把歌和舞 送给早晨 送给黄昏 送给整座森林 树枝上 有一条欢乐的路

在朗读的基础上，教师组织学生完成下面的表格（见表 2-3），理解原诗的组织与意念表达。

表 2-3　诗歌分析表

送的主体	送出之物	送的对象	送的含义与收成
大山	吃的和喝的	叶、花、果	关怀、爱护◀爱的路
阳光	温暖和光明	芽、根、草	生命、生气◀春的路
鸟儿	歌和舞	早晨、黄昏、森林	快乐、活力◀欢乐的路

组织学生仿写。考虑到学生只有小学三年级的程度，仿写设计采取填词写句的方式。

诗歌仿写工作纸设计	学生创作 1：
我走到树荫下， 把________和________， 送给________，送给________， 送给________________________， 树枝上， 有一条________________的路。	我走到树荫下， 把水和食物， 送给蚂蚁，送给毛虫， 送给整棵树上有生命的小动物， 树枝上， 有一条欢笑的路。

① 张永德：《香港小学文学教学研究》，222～225 页，广州，广东教育出版社，2006，有改动。

学生创作 2：

我走到树荫下，
把清新的空气和轻轻的风，
送给树木，送给花，
送给整个树林，
树枝上，
有一条清凉的路。

学生创作 3：

我走到树荫下，
把开心和愉快，
送给青青的草，送给红红的花，
送给小小的叶，
树枝上，
有一条美丽的路。

学生创作 4：

我走到树荫下，
把朝气和热闹，
送给鸟儿，送给小动物，
送给小朋友，
树枝上，
有一条幸福的路。

学生创作 5：

我走到树荫下，
把字和书，
送给动物，送给植物，
送给森林里的所有生物，
树枝上，
有一条学习的路。

完整的语言学习过程由“输入”和“输出”两个环节构成，这两个环节都离不开语言实践活动。在上述案例中，《树枝上有一条路》这首诗，不仅为学生提供了语言范例，即新的词语、句式和诗的特殊表现形式，而且为学生提供了生动而富有意义的语境。首先，教师组织学生通过朗读完成表格，完成了理解性的语言输入。其次，在这个基础上，教师组织学生结合具体语境进行具有模仿性、创造性的语言输出，这样就扎扎实实地完成了一个完整的、效率高的语言学习过程。心理语言学认为语言具有产生性。① 存储无限多的句子于大脑的某个部位以备后用，这是不现实的。因为，人不是存储句子，而是存储生成句子的规则。所需的规则是有限的，规则可以结合使用，构成无数的句子。

拓展阅读

正确处理好“理解”与“运用”的关系

学生学语文的过程应该是三个回合：理解内容—认识形式—实践操作。学生学语文的目标是“运用”，“认识”表达形式还只是停留在“理解”这一级学习水平上。“理解”不等于会“运用”；只有会“运用”了，才是真正理解了，学生通过“运用”还能自我纠正“理解”中的许多不足。其实无论是陈述性知识还是程序性知识，对大部分学生而言，从“理解”

① ［美］D.W. 卡罗尔：《语言心理学（第四版）》，缪小春等译，26 页，上海，华东师范大学出版社，2007。语言的产生性或语言的创造性指人们能够产生和理解话语的能力。

到“运用”，中间横亘着一道难以逾越的障碍，需要教师提供实践机会，帮助学生跨越这道障碍。

…………

以前我们的语文课偏重理解课文的思想内容，所以教师研究的是“怎么讲”的问题。现在的语文课强调“理解”和“运用”并重，需要研究的是怎样指导学生“表达”“运用”。[①]

语文课程是实践性课程，应该引导学生“在真实的语言运用情境中，通过积极的语言实践，积累语言经验，体会语言文字的特点和运用规律，培养语言文字运用能力”[②]。但是很显然，在当前语文教学的实践中，重吸纳不重表达、重分析不重运用的现象还很普遍。“课堂教学中大量时间耗费在文本解读训练上，挤压了用于表达（说话和写作）训练的时间和空间。”[③]

教师要通过多种形式让学生积累丰富的语言，尤其要加强理解性和运用性方面的积累训练，帮助学生实现从“能理解”到“会运用”的跨越，完成从“消极语言”向“积极语言”的转化。[④]教师要帮助学生在理解的过程中构建语言图式，引导学生在实践与运用中巩固语言图式，从而完成从理解性输入到运用性输出的完整的语言学习过程。

二、怎样识字与写字

汉字，不仅仅是记录、表达的工具，也反映着独特的思维方式。经历了几千年的使用过程而形成的汉字系统，不仅是符号世界，也是文化世界。所以说，一个生理学意义上的儿童，其民族文化心理是在识汉字、读汉字、写汉字的过程中逐渐孕育而成的。学生在学习汉字的过程中，不仅掌握了一种工具、一种独有的思维方式，而且收获了丰富的文化理解内容。所有这些，对学生来讲，都起着一种为人生奠基的作用。

【观点·张隆华、曾仲珊】方块汉字与母体文化血肉相连

我们整个中华民族的语文教育，受方块汉字的特点所制约，同时也受我们整个民族母体文化的制约。方块汉字与母体文化是血肉相连的。这种母体文化，如同母亲的乳汁，哺育一代又一代的受教育者。由于有这种乳汁的哺养，在接受汉语教育的时候，我们民族的心理、思想、思维

---

① 吴忠豪：《从“教课文”到“教语文”——小学语文教学专题行动研究》，25～26页，北京，高等教育出版社，2012，有改动。

② 中华人民共和国教育部：《义务教育语文课程标准（2022年版）》，1页，北京，北京师范大学出版社，2022。

③ 吴忠豪：《关于语文训练的讨论》，载《课程·教材·教法》，2008（12）。

④ 消极语言，即能够理解，但在口头和书面语言中不会运用的语言（包括词、句等）；积极语言，指既能理解又能在口头和书面语言中运用的语言（包括词、句等）。在语文教学中，既要帮助学生进行语言输入，扩大语言内存，又要促进其消极语言向积极语言的转化。参见吴忠豪：《促进消极语言向积极语言的转化》，载《小学语文教学》，2002（5）。

方式以及我们民族的风俗习惯、生活方式等等，就自然而然地深入到我们每个民族成员的血肉之中，并且成为我们中华民族生存繁衍、休养生息的一种凝聚力。①

需要明确的是，汉字教学应遵循如下两个规律。第一，学生学习的是汉字。汉字是表意文字，是“观物取象”“以形达意”的产物。所以，“汉字的信息主要不是靠音来传达，而是靠形来传达的”②。教师必须基于汉字的构形特点，遵循象形、指事、会意、形声等基本的造字方法，挖掘汉字中所蕴含的丰富的文化信息，引导学生学习汉字。第二，学习汉字的主体是学生。学生的感知觉、注意力、观察、记忆、思维等都有其特殊的发展规律，要认识并遵循这些规律组织学生进行识字。识字需要准确而完整的观察、牢固的记忆、合理的联想；又需要精密地分析和综合，是一个复杂的观察、记忆、联想和思维的心理过程。③

所以，“科学的汉字教学是两种规律的综合体现：一种是汉字本体构造和使用的规律，另一种是学习者接受汉字教育的心理认知规律”④（见图 2-6）。

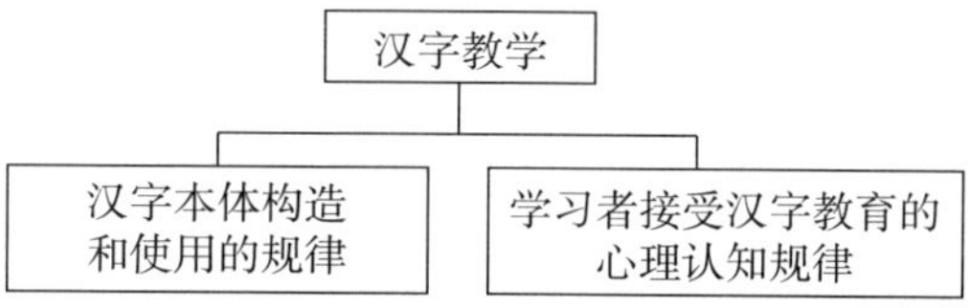

图 2-6 汉字教学应遵循的两个规律

【观点·朱作仁】“识字”的含义

什么叫识字？艾伟（1890—1955 年）曾给出一个经典的解释：“所谓识字者谓见形而知声、义，闻声而知义、形也。斯二者可用下图表示之。”（见图 2-7，其中的虚线部分为朱作仁教授所加）

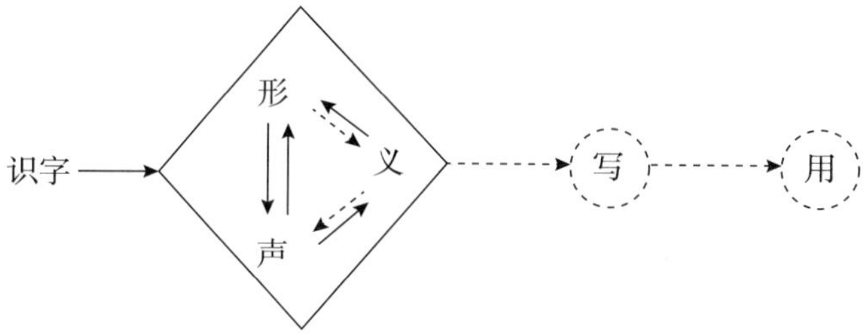

图 2-7 “识字”含义示意图

汉字是由形、音、义三个基本因素构成的复合体。学生识字，不仅要分别识记形、音、义三个因素本身，同时还要建立形、音、义三者之间的统一联系，最后达到会认、会读、会解义、会写、会用的程度。⑤

---

① 张隆华、曾仲珊:《中国古代语文教育史（第 2 版）》，3 页，成都，四川教育出版社，2000。
② 申小龙:《汉语与中国文化》，413 页，上海，复旦大学出版社，2003。
③ 朱作仁、祝新华:《小学语文教学心理学导论》，67 页，上海，上海教育出版社，2001。
④ 戴汝潜:《汉字教与学》，序 2 页，济南，山东教育出版社，1999。
⑤ 朱作仁、祝新华:《小学语文教学心理学导论》，67 页，上海，上海教育出版社，2001。

（一）在以汉字为基本单位的文化世界中学习汉字

【案例·吴琳】成语“管中窥豹”的教学片段

师：“管中窥豹”，大家看，这个“豹”字呀就是豹子的“豹”。见过豹子吗？

生：见过，在动物园里。

师：是，在动物园里见过。豹子是一种非常凶猛的动物。那么古人呀，就是根据豹子长的样子创造了“豹”这个字。

（课件出示“豹”字的甲骨文、金文、小篆、隶书、楷书，讲解字形演变过程）

师：大家看，这是豹子的头，张着大嘴，露出两颗牙齿，接着是它的身体、爪子、腿、尾巴，身体上还有斑纹，像不像呀？后来呀，这个字简化了一些，但是依然保留着嘴、牙齿、爪子和身体的形状，对不对？记住这个“豹”字了吗？来，让我们再来读一读这个词。

生（齐）：管中窥豹。

师：“管中窥豹”的这个“窥”呀，是看的意思。哪个小朋友猜一猜，窥是怎么看呢？

生：就是人从一根管子里看豹子，他其实就看了它的一小部分。

师：我想你是知道这个成语的意思了是吧？大家观察一下，看“窥”字的部首是什么？

生：穴宝盖。

师：带穴宝盖的字一般跟什么有关系？

生：洞穴。

师：对呀，跟洞穴、孔穴有关系。窥，就是从小孔当中偷偷地看。那从管中窥豹，能看到什么呢？别着急，吴老师这里呀，有一根管子，哪个小朋友来窥一窥？看看你能窥到什么？

师：你看到了什么呀？你看到了什么就说什么。看到了什么？

生：看到了尾巴。

师：他看到了尾巴。请你窥一窥。你窥到了什么？

生：看到了豹子的头。

师：你再窥一窥。

生：看到了豹子的斑纹。

师：你们看呀，这些同学从管中窥到的都是豹子身体的——

生：一小部分。

师：看得到一只完整的豹子吗？

生：不能。

师：这就是——管中窥豹。①

字理即汉字的构形理据。从字理出发进行识字教学，既体现了汉字的特点，又培养了学生对汉字的兴趣，能够很好地帮助学生了解汉字形、义之间的联系并精细分辨字形，从而有效地预防错别字的产生，也有利于发展学生的观察力、理解力和想象力。

---

① 本案例是根据吴琳老师的课堂实录整理而成的。

吴琳老师在讲授“豹”字时，利用课件出示“豹”字的甲骨文、金文、小篆、隶书、楷书，并随即讲解“这是豹子的头，张着大嘴，露出两颗牙齿，接着是它的身体、爪子、腿、尾巴，身体上还有斑纹”。教师以一系列直观的感受及生动的语言描述，强化了学生的记忆，使“豹”字在学生眼中不再是一堆毫无联系的笔画组合，而变得形象、生动、有意义。吴琳老师在进行“窥”字的教学时，扣住字的形符所表示的意义与“洞穴”“孔穴”相关这一点，组织学生参与探究“窥”字的活动，使学生很容易地就理解了该成语的含义。

【观点·黄亢美】字理识字

汉字构成的最大特点就是它要根据所表达的意义来构形，因此，汉字的形体总是携带着可供分析的意义信息。字理识字是根据汉字的组构规律解析汉字，并引导学生认识汉字音、形、义三者之间内在联系的一种识字教学法，最基本的识字特征就是析形索义、因义记形。①

知识链接：
特级教师黄亢美的字理教学思想与策略

学生是在汉语的文化世界中识字的，教师必须把识字活动置于文化的大背景中进行，尽可能地避免提出机械识记的要求。教师从字理出发进行识字教学，一方面，能使学生更好地理解汉字形、义之间的联系，使学生不仅知其然而且知其所以然，从而加深对字形的理解，减少机械识记；另一方面，能加强学生对汉字文化的体认，产生识字兴趣。

（二）在“识记—复现—巩固”过程中识字

在“多认少写”“识写分开”的前提下，如何巩固所认的字成为识字教学的难点与重点。图 2-8 是心理学中有关记忆问题的经典理论。

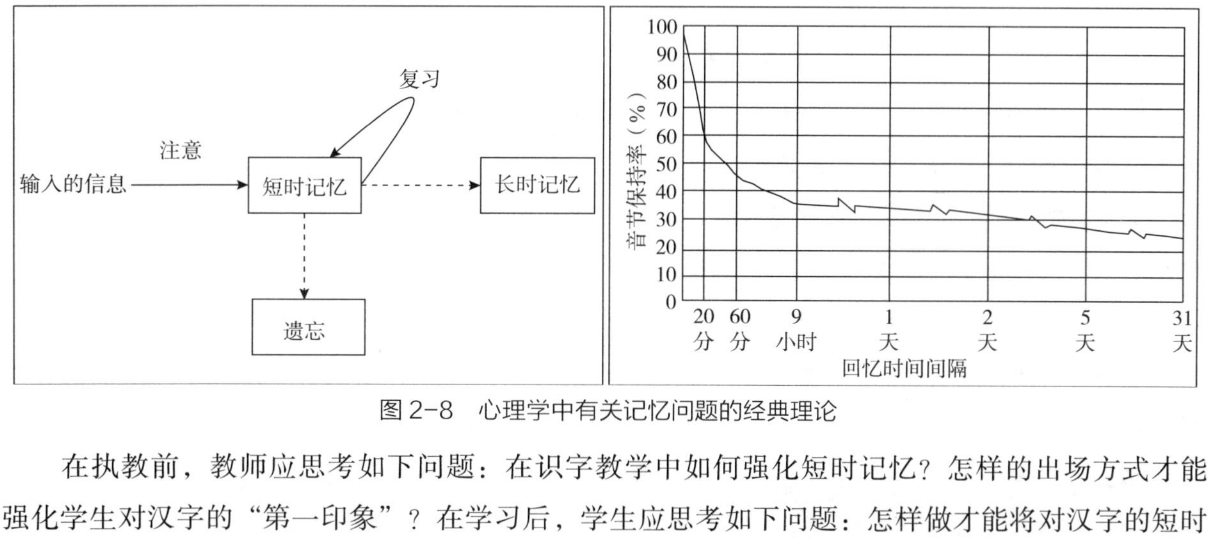

图 2-8　心理学中有关记忆问题的经典理论

在执教前，教师应思考如下问题：在识字教学中如何强化短时记忆？怎样的出场方式才能强化学生对汉字的“第一印象”？在学习后，学生应思考如下问题：怎样做才能将对汉字的短时记忆变为长时记忆？为了防止遗忘，在学习生字后应怎样选择复现的时间点？如何为自己设计一个常规性的复习安排表？

① 黄亢美：《汉字学基础与字理教学法》，122 页，南宁，广西教育出版社，2014。

识字，首先是记忆问题，教师应了解学生记忆的规律与特点，以心理学为指导，帮助学生与遗忘做斗争。如设计新鲜、多样的生字“出场方式”，强化并保持学生的注意力；识字后要设计好恰当的方式复现生字，并安排好复现的时间点（如一堂课内的复现、一天内的复现、一周内的复现等）。

此外，还要注意复现的形式。表 2–4 是国外一项关于“在不同情境下 3～7 岁儿童识记 6 个单词的效果”的研究结果。

表 2–4 在不同情境下 3 ～ 7 岁儿童识记 6 个单词的效果

年龄（岁）	在实验室内识记单词的数量（个）	在游戏中识记单词的数量（个）
3～4	0.6	1.0
4～5	1.5	3.0
5～6	2.0	3.2
6～7	2.3	3.8

表 2–4 给我们的启示如下。

第一，学龄前儿童和低年级学生往往从兴趣出发识记，容易记住日常生活中发生的事、直观的东西，所以教师要避免设计反复、枯燥的练习任务，因为会增大学生的心理压力。

第二，教师要尽可能地创设丰富多彩的教学情境，多采用游戏、活动等形式将识字教学融入其中，尽可能地运用形象、直观的教学手段，利用好课堂外的资源引导学生在生活中认识和复现生字。

（三）在精细分辨与归类巩固过程中识字

【案例】这个字为什么总是错

“虐”字作为生字，学生非常容易将虎字头下面的部件写错：或者方向相反，或者中间一横不出头。那么，学生为什么常犯这样的错误？原因如下。

第一，汉字是“以形达意”的表意文字，学生在学习时先要做的是感知字形结构和空间配置。但小学低年级学生的空间知觉发展水平低，对于左右、上下等方位往往容易混淆。

第二，学生由于认知能力发展还不完善，感知较为笼统，往往不能精确辨认字形的细微差别，他们在学习字形时，大致要经过“泛化—初步分化—精确分化”等阶段才能建立起较为稳固的记忆。

第三，已有知识会干扰学生学习新知。奥苏伯尔说：“影响学习的唯一最重要的因素，就是学习者已经知道了什么。”① 在这里，“山”“雪”“扫”等已经学习过的熟字可能对学生产生了“负迁移”影响。

① ［美］D.P. 奥苏伯尔:《教育心理学——认知观点》，佘星南、宋钧译，194 页，北京，人民教育出版社，1994。

针对上述原因，如何设计好教学，让学生准确牢固地记住“虐”字的字形呢？显然，教师既要考虑到学生识字的心理，也要考虑到“虐”字本身的字理。经讨论，大家觉得可以从如下两点改进教学。

第一，充分认识学生的心理发展水平，帮助学生“精加工”字形。例如，将易错笔画和部件采用醒目的颜色或动画的方式展示，调动学生的多种感觉器官，帮助他们强化认知；也可以采用比较辨析的方式（对比“虎”与“虐”，“雪”与“虐”），发挥学生识字的主动性，让他们经历一个观察、比较、分析的过程，并说给大家听。

第二，充分理解汉字的字理，从字理出发进行字形分析，帮助学生分化汉字。“虐”字的小篆（见图 2-9），从“虍”，有以爪搏击人之意。隶变后省略了“人”。原来，“虐”字的下部为虎爪之形。那么教学时就可以灵活地把“虍”中的“丿”看作虎尾，因而虎爪必须向右，这样才能朝前，意为虎张开爪子朝前捕食动物，故有残暴、侵害之意。帮助学生记住虎爪与虎头朝向是一致的，就可以更好地使其避免在字形上出错了。

图 2-9
“虐”字的小篆

由于感知力发展得不够，小学生对事物的感知以整体轮廓为主，精细辨别能力相对较差。在观察力方面，小学生能说出事物的整体轮廓，但不能细致地观察具体的细节；在观察时往往会见大不见小，见近不见远，见显不见隐，常常忽视感知客体的被强刺激掩盖着的弱刺激部分，以至于遗漏掉重要的细节。①

“虐”字的教学案例启示我们：教师要想方设法地帮助学生进行精细分化，防患于未然；出现错误之后，要科学地分析原因并找出解决的策略。在帮助学生进行精细分化的过程中，教师必须认识到如下几点。第一，教授学生知识永远比不上让学生自己动脑、自己发现、自己表达。所以教师要让学生经历观察、比较、分析、表达的过程，自我监控识字过程，掌握识字方法，发展独立识字能力。第二，学生对笔画、部件或整字记得越牢固，他们在后续学习过程中同化的效果就越好。所以教师要认认真真地进行基本字（含部首变体）的教学，为学生打下扎实的识字基础。第三，随着时间的推移，学生掌握的汉字越来越多，写错别字的可能性也大大增加。此时，教师需要从汉字“以形达意”的基本特点出发，引导学生区别形义，把握规律，归类识记。

（四）在观察、模仿、比较、揣摩中学习写字

【案例】“粉”和“芬”的写字教学片段

师：我们先来看看左右结构的字，我们把“粉”字送进了田字格里。仔细观察，怎么样才能把它写好？

生：粉，米字旁有点儿瘦，“分”有点儿宽。

师：好！再观察，看，老师把左、右两部分标出了不同的颜色。

---

① 朱作仁、祝新华：《小学语文教学心理学导论》，20 页，上海，上海教育出版社，2001。

生：左、右两部分一般高。

师：再看看，当“米”字做部首时，它发生了哪些变化？

生：捺变成了点。

师：观察仔细了，字才能写得正确、漂亮。现在，观察老师写这个字。

（师范写一个字，生描一个字，写完一个字后，就展示、评字，然后再写下一个字）

师：好，我们再来看一个上下结构的字——“芬”。它又有什么特点呢？

生：上面窄，下面宽。

师：非常好！上面窄一些，下面宽一些。看老师写一个。

师（范写）：草字头不用完全盖住下面。“分”的撇和捺要伸展开，这就写好看了。①

写字是人的大脑、眼睛、手臂、手腕、手指等联合协调的活动。从外表看，手的活动是关键；从内部机制看，脑的活动起核心作用。西汉的扬雄说：“书，心画也。”在上述案例中，教师指导学生参与了从“心”到“手”的实践活动，即“观察—书写—比较—再写”的基本过程，这是一个观察与示范、比较与展示、重写与修正的过程，是一个技能与审美协调发展的过程。

与此同时，我们必须注意到：小学生尤其是低年级学生手部的小肌肉群还不发达，所以不要随意增加写字的量，应避免机械抄写。另外，教师要从坐姿、握笔姿势、书写规范、字迹工整度等方面引导学生，帮助他们养成良好的书写习惯。

三、怎样学习阅读

阅读包括对材料的感知、理解、评价和使用。学生阅读须以一定的心理发展水平为条件，主要包括：字词认知，知道书面符号所代表的意义；熟悉词汇、句法等语言结构知识，以正确理解词语和不同类型的句子所表达的意义；具备一定的语篇②结构知识、社会与文化背景知识；对文本内容和语言形式进行综合、评价的技能与策略；监控阅读的元认知知识与策略。教师在指导学生阅读时，要充分考虑上述条件，并通过阅读不断发展、完善如上影响因素。

知识链接：
阅读心理过程的四个阶段

教师还必须清楚学生的阅读心理过程。董蓓菲教授在中外学者相关研究的基础上提出，可以将阅读心理过程大致分为感知、理解、表达、鉴赏评判四个不同阶段，这四个阶段是逐步发展、趋向深入的，能使学生的阅读水平不断提高。小学语文阅读教学过程的设计应遵循这一基本规律。

学生的阅读心理过程是阅读教学设计的基础，而发展学生的阅读能力则是阅读教学最为重要的目标指向。国内外有关阅读能力结构的观点颇多，不同的评价项目有不同的评价内容，表 2-5 对比了三种评价项目的相关内容。

① 本案例是根据 2012 年北京市骨干教师研修班的教学实录整理而成的。

② 在心理学研究中，语篇（discourse）指交流过程中的一系列连续的语段或句子所构成的语言整体。不同形式语篇有不同的图式，体裁就是有其自身独特结构的语篇。体裁之所以重要，是因为它会告诉我们信息在语篇中是怎样安排的。有关研究表明，图式影响语篇加工的证据是明显的。参见［美］D.W. 卡罗尔：《语言心理学（第四版）》，缪小春等译，153～185 页，上海，华东师范大学出版社，2007。

表 2-5　PIRLS、PISA 和 NAEP 中有关阅读能力的评价内容的比较[①]

PIRLS	PISA	NAEP
关注并检索明确信息	进入与检索	定位和回忆
进行直接推论 解释并整合信息和观点	综合与解读	综合和阐释
检查和评估内容、语言和文本元素	反思与评价	批判和评价

知识链接：
以 PIRLS、PISA 和 NAEP 为代表的阅读评价项目

比较 PIRLS、PISA 和 NAEP 三个典型的阅读评价项目，不难看出，它们比较强调信息检索能力、对文章内容的整体感知和概括能力、对文本细节的解释能力，以及对文章内容和表达形式的评价能力。

阅读能力解决的是学生通过阅读而能阅读的问题，阅读策略关注的是学生通过阅读而会阅读的问题。阅读策略即为达成某些阅读目标，所采取的一系列有意识的阅读方法和技巧。学生正是在不断丰富阅读策略的过程中发展其阅读水平的。当前国内小学阅读教学研究，无论是一般性阅读还是不同文体的阅读，阅读策略的研究与教学实践都还不深入、不具体、不系统，但是，从技能训练到策略教学却已是当前国内外阅读教学的一个基本发展趋势。[②]

必须明确的是：学生开展阅读活动不光是通过认识参与的，还有各种其他因素，如阅读的动机、兴趣，学生的情绪、意志，及其生活经历、知识视野、文化背景等，这些都会对阅读产生重要影响。这些因素也日益受到人们的关注和研究。

（一）在语词、语篇、语感及社会文化知识的积累中学习阅读

【案例】《秋天的雨》的教学片段

一位教师在执教课文《秋天的雨》中描写“秋天的颜色”这一部分时，紧扣“五彩缤纷”这一重点词语组织教学。

第一，学生自读课文，找出描写颜色的词语，根据课文内容填上表示颜色的词语。

（　　）的杏叶　　（　　）的枫叶

（　　）的田野　　（　　）的橘子

（　　）的柿子　　（　　）的菊花

第二，这些景物装扮成的秋景图是什么样的？闭上眼，想象这样的画面给你们带来怎样的感受。

---

① PIRLS、PISA 和 NAEP 是国际上三个比较著名的评价项目，这个表格是在阅读了相关文件的基础上整理而成的。

② 倪文锦、欧阳汝颖：《语文教育展望》，297～302 页，上海，华东师范大学出版社，2002。该书指出，目前在学校流行的阅读课程是建立在 20 世纪初期和中期行为主义理论和目标分类学之上的，这些理论认为学习阅读就是掌握一系列分层级顺序的技能，从而形成阅读能力，目的是理解客观存在于文章本身的那些“意思”。而 20 世纪 60 年代的认知研究和 70 年代的元认知研究为阅读教学提供了新的理论框架，强调阅读的交互作用和理解的建构特征，这样，学生用来理解文章的原有知识（与所读文章有关的知识、有关人文自然的知识、有关文章组织结构的知识）以及他们为理解文章而使用的策略（哪些策略、为什么使用、何时使用等）就非常重要。

第三，看录像，自主感悟秋景之美。

①同桌对读并讨论：秋天的色彩与其他季节比较，美在哪里？

②配音乐读句子，体会秋色之美。

③抄写自己喜欢的描写秋天色彩的词句并试着背诵。

第四，从所提供的词语中，选择四五个词语写一段话：五彩缤纷、金黄色的、金色的、黄黄的、淡黄的、红色的、红红的、紫红的、雪白的。①

阅读是读者将已有的知识与阅读材料相互作用的过程。一方面，阅读依赖于阅读材料的特点；另一方面，也依赖于读者已有的知识和背景。所以，教师开展阅读教学必须不断丰富学生各方面的知识，如字、词、句、段、篇的积累，语法、修辞知识及写作知识的积累，作家、作品知识的积累，文化、历史知识的积累等。只有这样，学生才能不断地将头脑中的已有知识与课文所提供的信息联系起来，达到对阅读材料的理解。

小学低年级书面语教学以字、词、句为主要学习内容，而学生在入学前就已积累了一定的语言经验（包括词语、句子、句群），在学习过程中，大脑容易将新知识与原有经验相联结。从小学三年级开始，语文学习逐步向语言结构的更高层次——段、篇过渡。而小学生在思维中，并没有积累太多关于段、篇的语言结构的口语经验。

假设语篇结构就是大脑在思维和表达过程中形成的各种有规律的思维模式，如“总分”“总分总”“概括与具体”“所见、所闻、所感”“夹叙夹议”“叙述、描写、感想”“几个片段并列”“是什么、为什么、怎样做”“时间、地点、人物、事件、起因、经过、结果”等，教师在阅读教学中组织学生通过画思维导图的方式不断地发现、强化这些语篇结构的同时，也就是在强化这些思维模式，这就为后续的阅读与表达打下了基础。

我们假设让学生体验和发现文章中的语言结构，然后运用语言结构知识去阅读和表达，就可以有效提高学生的阅读能力和写作能力，同时促进学生思维的发展。这一假设在实验中得到了验证。

“文章结构，有两重含义：一指文章内在的各种关系，以及外在的、已定型的形式，由此形成的静态样式；二指作者构思谋划和组织安排文章形式的过程。”② 不同体裁的文章有不同类型的图式，体裁通常规定了文本中信息的安排方式，同时也反映出作者布局谋篇的思维过程。叶圣陶说：“能够引导学生把一篇文章的思路摸清楚，就是最好的语文老师。”③ 教师开展阅读教学，要组织并指导学生主动加工语篇材料，如寻找文章线索、了解表达顺序、厘清结构关系等，并在整体把握和揣摩的基础上将其清晰化（如画思维导图）。“主动加工包括一系列认知活动，包括将新信息与永久性记忆里的信息联系起来，就材料提出问题，写摘要和提纲，等等。如果我们被动地阅读和聆听材料，我们往往保存不了太多信息。”④

① 孙建龙：《语文教学案例》，35～36页，北京，教育科学出版社，2008，有改动。
② 甘其勋：《文章教育学》，100页，郑州，大象出版社，2010。
③ 叶圣陶：《语文随笔》，42页，北京，中华书局，2007。
④ ［美］D.W. 卡罗尔：《语言心理学（第四版）》，缪小春等译，183页，上海，华东师范大学出版社，2007。

【观点·史玮】传统语文语感培养对现代语文语感教学的启示

古代语文教育中有关“语感”的问题是通过对“悟”这一独特的认知方式来说明的。……这种“悟”就是学习者对语文材料不经过逻辑上精细的推理分析，凭已有的知识、经验去进行感知从而获得整体上的认识理解。这种“对语言文字的敏锐感觉”，正是我们今天反复强调的“语感”。通过研究我们发现，传统语文语感培养在客观上存在一些被今天的语文教育所忽视的宝贵经验，对今天的语感教学具有一定的启示意义，主要表现在以下几方面。

一、淡化语言知识教学，重视学习的早期积累。……明末清初著名学者陆世仪说得很有道理：“凡人有记性，有悟性。自十五以前，物欲未染，知识未开，则多记性，少悟性；自十五以后，知识既开，物欲渐染，则多悟性，少记性。故人凡有所当读书，皆当自十五以前使之熟读。”

…………

二、加强诵读指导，强调整体感悟。我国古代的语文教育，从蒙学教育到经学教育都特别重视诵读，要求学生反复诵读。……南宋教育家朱熹更具体指出：“凡读书……须要读得字字响亮，不可误一字，不可少一字，不可多一字，不可倒一字，不可牵强暗记，只是要多诵遍数，自然上口，久远不忘。”

…………

三、进行丰富的言语实践，实现语感正迁移。……唐彪在《读书作文谱》中介绍过自己的读写体验：“文章读之极熟，则与我为化，不知是人之文，我之文也。作文时，吾意所欲言，无不随吾所欲，应笔而出，如泉之涌，滔滔不竭；文成之后，自以为辞意皆己出，他人视之，则认为句句皆从他文脱胎也。”①

词法、句法、语义信息的大部分内容不是显露在词汇形态上的，而是隐藏在词语铺排的线性流程中的。正如语言学家洪堡特所说：“在汉语的句子里，每个词排在那儿，要你斟酌，要你从不同的关系中去考虑，然后才能往下读。由于思想的联系是由这些关系产生的，因此这一纯粹的默想就代替了一部分语法。”②汉语学习中语感积累的重要性就在于此。王尚文先生在其《语感论》中曾这样通俗地讲了语感的功能：一听就清、一说就顺、一看就懂、一写就通，而且听得真、说得好、看得准、写得美。换言之，丰富的语感能帮助我们“准确理解对方的话语形式与话语意图；精确妥帖地运用祖国语言文字表情达意，以进行最有效的交流”③。

必须指出的是：“语感是主体内部对语言的感觉，因此不能如同知识或技术那样可以从外部输入，而必须通过主体的语言经验去体验并习得。”④也就是说，语感是在学生主体的语言实践活动中通过品味、感受、积淀而形成的。

---

① 史玮：《传统语文语感培养对现代语文语感教学的启示》，载《陕西师范大学学报（哲学社会科学版）》，2004（S2），有改动。

② ［德］威廉·冯·洪堡特：《论语法形式的性质和汉语的特性》，转引自申小龙：《汉语与中国文化》，411页，上海，复旦大学出版社，2003。

③ 王尚文：《走进语文教学之门》，165页，上海，上海教育出版社，2007。

④ 吴忠豪：《小学语文课程与教学》，129页，北京，中国人民大学出版社，2010。

社会文化知识是在生活体验及阅读中逐渐丰富起来的，生活阅历、文化知识越丰富就越有益于个体的阅读理解。在阅读时，读者的各种背景知识与已有的生活经验会被文本信息激活，与文本信息产生碰撞，与文本作者的思维、意图产生碰撞，从而理解文本的意义。

【案例·霍懋征】诗句"疑是银河落九天"的教学片段

师：你们再小声读读，共同议论一下，看能不能理解诗的意思。有什么问题可以提出来。

（学生分四人一小组讨论）

生：老师，银河是不是神话中说的把牛郎、织女分开的那条河？

生：我奶奶告诉我，银河是天上的一条大河。

师：银河实际上是由许许多多的恒星构成的一条明亮的光带，民间传说是天上的一条大河。

生："九天"什么意思？

生：我知道，"九天"是指很高的天空。

师：古人认为天有九层，九天指天的最高层。①

显然，生活阅历、文化知识常常成为学生阅读理解中的障碍。一方面，我们要想方设法丰富他们的生活体验与文化知识，以促进他们阅读理解；另一方面，我们也要认识到，所谓生活体验与文化理解，永远处于变动不居的状态，充满发展性与独特性。教师在教学过程中应注意：不同的个体对文本的理解都是不同的，我们不能简单地以高下对错论之。从语文教师的角度来说，丰富的人生阅历与人文知识素养会有益于指导学生进行生动、有效的阅读。

需要强调的是，如上学生关于语词、语篇、语感及社会文化知识的积累，既取决于阅读的"质"，又取决于阅读的"量"。过去，我们对教材中的单篇课文从"质"的角度挖掘了很多，甚至导致课时紧张，这是以牺牲阅读的"量"为代价的。目前，大家已经认识到，在阅读量不足的情况下，只靠对教材中的课文精雕细琢，是不能有效发展学生的阅读能力和提高学生的语文素养的。

（二）与阅读经历相对应的心理过程

学生在语文课上的阅读，总是要经历如下的双向心理过程：从语言形式（文字、段落、篇章、修辞等）入手，理解语言内容（写了什么？为什么写这些？）；再从所表达的语言内容（事件、情感、思想）出发，反过来体悟语言形式（怎么写的？为什么这样写？）。学生总要走上这样一个来回（见图 2-10），才叫作真正的语文阅读。②

---

① 本案例是根据霍懋征老师的课堂教学内容整理而成的。

② 阅读、语文阅读、阅读教学的区别：日常阅读主要关注写了什么，以获取由文字材料所传递的意义为出发点。语文阅读侧重从语文专业角度出发，既关注文字所传达的内容，又关注语言的表现形式。语文课程中的阅读教学应在语文阅读的基础上培养学生实现如下目标：爱阅读——培养阅读兴趣和习惯，能阅读——发展阅读能力，会阅读——丰富阅读策略。

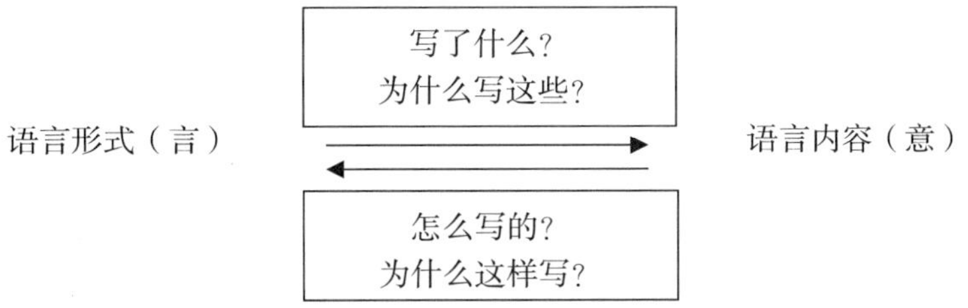

图 2-10　“言意兼得”的语文阅读

刘勰说：“夫缀文者情动而辞发，观文者披文以入情。”就语文阅读教学而言，我们既要在“因文悟道”的过程中引导学生会阅读（学习方法）、能阅读（培养能力），也要在“因道解文”的过程中引导学生感受到文本的语言之美，领悟到文章的形式之美。正如王富仁先生所言，一堂艺术的语文课应该是富于情境性的，一方面，要“不断把学生带入一个新的思想和感情的空间，使学生感受和体验平时极少可能直接感受和体验到的事物”；另一方面，要引导学生“掌握表达这样一些新的感受和体验的语言和语言形式”。①

【案例·王春燕】《猴王出世》的教学片段

《猴王出世》这篇课文节选自名著《西游记》。文中有如下一段文字：“那猴在山中，却会行走跳跃，食草木，饮涧泉，采山花，觅树果；与狼虫为伴，虎豹为群，獐鹿为友，猕猿为亲；夜宿石崖之下，朝游峰洞之中。”下面是王春燕老师的课堂教学片段。

师：读着这样的句子，你们仿佛看到石猴在干什么？（学生交流）

生：石猴在山中活蹦乱跳。

生：我好像看见他在山中采树上的果子。

生：他在山中嬉戏玩耍。

生：他在山中自由自在、活蹦乱跳，左走走，右走走，采一朵山花，饮一点涧泉。

师：谁再来读这句话？读出他的快乐来，读出他的自由来！（指名读，略）

师：谢谢你。同学们，请你们把目光聚焦在语言文字上，从“怎么写”的角度，你们发现了什么秘密？

生：我觉得这段文字用了排比这种修辞手法。

师：你能把排比句读给大家听吗？

生（读）：食草木，饮涧泉，采山花，觅树果；与狼虫为伴，虎豹为群，獐鹿为友，猕猿为亲。

师：你发现了四百多年前的两个排比句，真了不起！同学们，吴承恩先生写石猴时，遣词造句非常讲究，里面有很多秘密。我们随着他的发现去看一看。（课件出示第一分句：“食草木，饮涧泉，采山花，觅树果”）同学们自己读读，你们还能发现什么？（学生自读）

生：我发现每句话都是三个字，前一个字是动词，后两个字是名词。

师：真是大发现呀！写的都是石猴的动作，如果读出来，会是一种怎样的节奏呢？

（指导学生读出石猴在山中快乐行走的轻快、跳跃之感）

---

① 王富仁：《在语文教学中必须同时坚持三个主体性》，载《语文学习》，2003（1）。

师：同学们，三个字的短句，具有跳跃感，让石猴在字里行间跳起来、动起来了！往下读，你们还会有发现，自己试试看。（课件出示第二分句："与狼虫为伴，虎豹为群，獐鹿为友，猕猿为亲"，学生自读）

生：我发现这是个四个字的排比句。

师：分句中的四个字是随便排列的吗？

生：我还发现，前两个字都是一些动物，最后一个字是石猴和别人的关系。

师：这些动物是石猴的——

生：是石猴的亲戚朋友。

师：是哪些动物？

生：狼虫、虎豹、獐鹿、猕猿。

师：这石猴与狼虫——

生：为伴。

师：与虎豹——

生：为群。

…………

师：这是一只怎样的石猴呀？请你们把相应的内容读出来。（点名让学生读，他们读得很有感情）

师：同学们，往下读，更有意思了！（课件出示第三分句："夜宿石崖之下，朝游峰洞之中"）自己读读看，你们又发现了什么？

生（欣喜地）：它们就像诗一样，对得非常整齐。

师：一对对子！你们经常诵读古诗文，一定有感觉，我们来对一对。"夜"对——

生："朝。"

师："宿"对——

生："游。"

师："石崖之下"对——

生："峰洞之中。"

师：谁能"读出"这样的石猴？

生（带着古诗文的韵味读）：夜宿石崖之下，朝游峰洞之中。（众笑声、掌声）

师：非常非常好！同学们，我们一起来读这一段好不好？我来起头，你们接着读。

师（引读）：那猴在山中，却会行走跳跃——

生（接读）：食草木，饮涧泉，采山花，觅树果；与狼虫为伴，虎豹为群，獐鹿为友，猕猿为亲；夜宿石崖之下，朝游峰洞之中。

师：读到这儿，你们"读出"了怎样的石猴？拿出笔，在这个句子边上写下批注。（学生默读、批注）①

① 郭利萍：《略读耶？精读耶？——关于〈猴王出世〉一课教学的讨论》，载《课程·教材·教法》，2009（1），有改动。

正因为有了这样的文字，才能“读出”这样的石猴；读出了这样的石猴，才能进而品味文字的妙处。这就是经典提供给我们的阅读体验。阅读经典，离开了精妙而独特的表达形式，我们将无法真正深入体会到其内容——细腻的情感、深刻的意蕴。而没有对情感与意蕴的深层次把握，我们也无从品味并学习到新的语言表达形式与规律。显然，“言”与“意”二者不是各自独立而存在的。所谓言意分离的关系，其实是一个体系。正如一个活生生的人，是由肉体（含行为）和精神共同构成的生命存在。在语文阅读活动中，“言”“意”同等重要。在上述案例中，穿行在语言之间，学生读出了石猴的与众不同之处，发现了他们以前所不曾在意的某种新的语言表达形式，从而对名著产生了某些新的兴趣。

当我们谈到“言”“意”这个话题时，还应关注到另一个概念“象”。“象”即指文学作品所展现的形象世界，可分为文本之“象”（文学作品中所写的人、事、景、物）和读者心中之“象”（读者基于文本之“象”，经过想象和联想在头脑中唤起的具体可感的生活图景）。在文艺学中，“言—象—意”被认为是文学文本构成的三个层次。而它们之间的关系，我们可以依据三国时期经学家王弼在《周易略例·明象》中的论述进行理解：“夫象者，出意者也；言者，明象者也。尽意莫若象，尽象莫若言。言生于象，故可寻言以观象；象生于意，故可寻象以观意。意以象尽，象以言著。”

当我们把“言—象—意”视为文学文本构成的三个层次时，也就进入了对文学文本的阅读与审美过程，即感知与揣摩语言文字—对文本中呈现的丰富的文学形象（含文学意境）进行想象与联想—基于文学形象和个体经验进行体验、感悟与沉思。

《行宫》是唐代诗人元稹创作的五言绝句：“寥落古行宫，宫花寂寞红。白头宫女在，闲坐说玄宗。”宋代的洪迈在《容斋随笔》中评价这首诗时说：“语少意足，有无穷之味。”那么，其“意”在哪里？“味”在何处呢？这就需要经历一个“言—象—意”三个层面的阅读与审美过程（见图 2-11）。

言	象	意
读懂	**想象—联想**	**品味**
“寥落”的意思是什么？	怎样的行宫——昔日的行宫	盛衰之理
“行宫”是什么？	现在的宫花——昔日的宫花	自然永恒
“玄宗”是谁？	今天的宫女——曾经的宫女	青春易逝
……	怎样的玄宗——曾经的玄宗	物是人非

图 2-11　《行宫》一诗的阅读与审美过程图

显然，学生需要将这 20 字的“言”在头脑中转换为无穷的“象”，“象”越丰富、越具体、越生动，那么他们所品味到的“意”也就越细腻、越独到、越深刻。可见，在从“言”到“意”的阅读与审美过程中，品味“象”何其重要。

与阅读一般的实用性文章的心理过程不同，面对文学，当我们本着审美的目的进行阅读时，在对文本语言进行感知、理解的基础上，一定要带领学生通过想象与联想，把固化的语言符号（含语言空白）化为头脑中丰富而生动的内部视象。这是一个充满个性化的艺术再创造过程。内部视象决定了每个人的审美质量。

（三）要有针对性地进行提高阅读能力的训练

阅读是阅读主体对阅读材料进行认知、理解、判断、评价、吸收与应用的复杂的心智过程。阅读能力的培养是基础教育阶段阅读教学必须坚守的最重要的阵地。阅读能力与要素具体包括什么？

关于阅读能力结构，王云峰教授等认为应包括：获取信息、整体感知、形成解释、做出评价、解决问题（见图 2-12）。其中的每一项能力指标又有具体的、不同层级的能力表现描述内容，如整体感知能力和形成解释能力（见表 2-6）。这就为阅读能力的培养和检测指明了方向。作为语文教师，只有明确了阅读能力的具体内涵，才有可能通过阅读有针对性地、高效地去培养学生所应具备的阅读能力。①

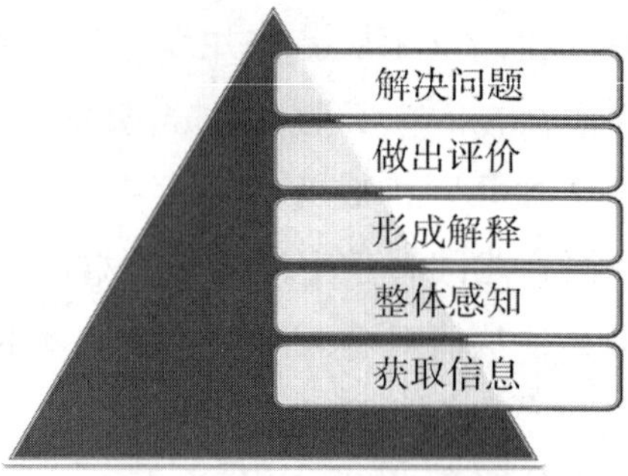

图 2-12　阅读能力结构

表 2-6　整体感知能力和形成解释能力细目

整体感知能力	能够初步把握主要内容	●能大体把握主要内容 ●能抓住要点概括主要内容 ●能完整、简练地概括主要内容
	能了解文本的表达顺序	●能了解文章中部分内容的表达顺序 ●能了解整篇文章的表达顺序 ●能抓住要点，理解全文的内在关系
	能体会作者表达的思想感情	●能大体了解作者表达的思想感情 ●能准确把握作者表达的思想感情
形成解释能力	能对文本中的关键词语、重点句子和段落做出符合文意的解释	●能知道关键词语、重点句子和段落的意思 ●能联系文本内容，对关键词语、重点句子和段落做出解释 ●能充分利用文本内容，对关键词语、重点句子和段落做出全面、准确的解释
	能对文本中的形象、思想感情等做出符合文意的解释	●能对文本中的形象、思想感情做出简单的解释 ●能结合具体内容，对文本中的形象、思想感情做出解释 ●能充分利用文本内容，对文本中的形象、思想感情做出全面、准确的解释

【观点与案例】阅读教学中整体感知能力培养的策略

●标题切入。具体包括：替换标题、扩展标题、添加副标题以及叩问标题。

●抓住关键词、句、段。如抓住文眼，抓住带有感情色彩的词语，抓住暗示表达顺序的词句，抓住过渡性质的句子、段落，抓住总结概括性的句子，抓住有特殊表达作用的词句等。

●厘清文章脉络。具体包括：运用表格、画游览图、画情节图、抓住文章要素等。

●朗读与复述。朗读是培养学生整体感知能力最直接、最有效的方法；尝试复述的过程本身就是整体感知能力的形成过程，而对文章内容有了整体感知后的复述，则更准确、更顺畅。

① 观点与案例是根据王云峰教授的学术报告整理而成的。

下面则是《记金华的双龙洞》的一个教学设计思路。

①默读课文，把文章中表示地理位置的名词找出来。

②按照文章的内容，把这些名词按出现的先后排列出来。

（金华城—罗店—山口—洞口—外洞—孔隙—内洞）

③请你拿出一张纸，根据这些地点和位置，画一张作者游览的游程图。

④合上课本，只看着你自己画的游程图，你能把课文的内容复述出来吗？①

（四）要加强阅读策略的指导与教学

阅读策略，即读者为促进阅读理解而采用的认知方式。从建构主义理论视角来看，读者是运用其头脑中的原有知识，并结合所读文章提供的线索以及阅读情境来建构文章的意义模式的。在这个过程中，读者的原有知识和阅读策略就成为阅读理解的关键。

拓展阅读

几种有代表性的阅读策略

确定重要内容（区分重要和非重要信息）的策略。文章的重要内容可以从两个角度去确定：一是作者在文章中所表达的重要意思，二是读者所需要的重要信息。

概括信息策略。它是指在阅读中简明扼要地写出所读材料的内容梗概。概括教学系统主要包括以下内容：概括句子、概括段意、概括文章的部分内容、概括文章的整体内容、概括文章的中心思想、概括一本书或几篇题材相同的文章的内容。

推理信息策略。读者在具体的语言环境中，运用自己的原有知识和文章提供的信息创造出新的语义信息。

质疑、释疑策略。质疑、释疑在阅读中能够起到导向作用，促进积极的信息加工活动，提高学生的元认知能力，并有利于激活学生的原有知识。

监控理解策略。监控理解策略主要包括：一是定向（确定阅读目的，以便按照目的来引导信息加工）；二是计划（选择适合阅读目的、读物特点和自身特长的阅读策略，使阅读活动能顺利地进行）；三是检查（检查是否理解所读文章的内容）；四是调节（根据理解情况来调整阅读策略，改变注意水平和阅读速度）；五是评价（了解认知活动的结果是否达到目的，以获取反馈信息）。

激活原有知识策略。在阅读前激活原有知识，能使学生产生阅读期望或图式；在阅读时激活原有知识，能使学生运用原有知识来补足文章省略的信息；在阅读后激活原有知识，能促进学生回忆文章的内容。总之，在阅读教学中引导学生调动他们的原有知识和生活经历来解释和消化文章的内容，具有积极意义。②

① 龚竹芳：《培养小学生整体感知能力的阅读教学策略研究》，硕士学位论文，首都师范大学，2015。

② 倪文锦、欧阳汝颖：《语文教育展望》，297～303页，上海，华东师范大学出版社，2002，有改动。

如何通过阅读教学引导学生掌握阅读策略，是当前教师在小学阅读教学实践中关注和探索的焦点。例如，《小壁虎借尾巴》《七颗钻石》《渔夫和金鱼的故事》这几篇文章都采用了反复的叙事方式，具有类似的反复结构。在学习了其中某一篇文章的前提下阅读其他两篇文章时，就需要用激活原有知识策略，发现文章与文章之间在结构、语言、情感、思想等方面的关联与规律。这一策略在“拓展性阅读”或所谓“群文阅读”中尤为重要。它会帮助我们更好地实现“以篇达类”或“主题育人”的功能。

在许多语文公开课上，师问生答流畅，如行云流水一般。但是我们若静下来思考一下，就会发现：既然教师的问题学生都能顺利甚至颇为精彩地回答，那么，这堂课还上它干什么？意义在哪里？并不是说教师不能问，但我们的学生不会问却是事实。这说明在阅读教学中，质疑策略的培养远远不够，说明教师开展阅读教学的教学观还有问题。特级教师于漪曾说过：“教学过程实质上就是教师有意识地使学生生疑、质疑、解疑，再生疑、再质疑、再解疑……的过程。在此循环往复、步步推进的过程中，学生掌握了知识，获得了能力。”① 所以，我们需要思考：在课堂中要解决的应该是谁的“疑”？如何使学生生疑、质疑？如上问题关涉到我们对课堂教学价值与本质的理解。总之，如何将质疑、释疑策略扎扎实实地落实在学生的阅读实践环节中，目前仍是一个重要的实践课题。

【案例】使用“概括信息策略”的教学片段

片段一

特级教师倪鸣在教《石榴》一课时，抓住时间变化，结合石榴成长过程，一步步引导学生概括。

师：课文的二、三两个小节是在写石榴的——

生：生长过程。

师：你们能用自己的话来说说这个过程吗？给点儿提示，只要说清楚这是在什么季节，石榴怎么样了，就可以了。

生：先是春天，石榴抽出了新的枝条。

师：她刚刚说抽出了新的枝条，可以更简洁地说，那就是抽枝。春天，仅是抽枝吗？有补充吗？

生：还长出了新的嫩绿的叶子。

师：看看老师黑板上这样的规律，能说得更简洁吗？

生：长叶。

师：多好呀，看，他就发现了这样的规律。

生：然后到了夏天，到了夏天……

师：我知道你想用刚才的规律来修改你开始的答案，是吗？谁来帮帮她？

① 教育部师范教育司：《全国特级教师经验选》第一集，95页，北京，人民教育出版社，1981。

生：到了夏天，开花。

师：最后一个季节——

生：最后一个季节是秋天，然后就是成熟了。

师：到了秋天，果实成熟了。你们瞧，他也越说越简洁了。现在，你们能连起来说说石榴生长的过程吗？

生：石榴在春天抽枝、长叶，在夏天开花，秋天的时候果实成熟了。

师：说得真好。看来二、三小节的意思，你们已经读懂了。

片段二

宋尚琴老师在教《滴水穿石的启示》一课时，尝试将培养概括能力和理解文本能力紧密结合起来，用列表的方式，提高了教学的效率（见表2-7）。

师：通过刚才的学习，我们知道，水滴用了几万年乃至更长的时间锲而不舍地努力，最终滴穿了石头。为了进一步说明这个道理，课文给我们举了三个生动的例子，请浏览课文第三自然段，试着用简洁的语言概括事例。①

表2-7　《滴水穿石的启示》的学习结果表

谁	时间	怎样做	结果
水滴	几万年	锲而不舍	滴穿石头
李时珍	二十几年	不懈努力	《本草纲目》
爱迪生	一生	孜孜不倦	一千多项发明
齐白石	几十年	坚持不懈	技艺炉火纯青

上述案例中的两位教师有针对性地抓住不同学段学生的特点和文本的文体特点进行了概括信息策略的培养与指导。如何在阅读过程中使用概括信息策略、推理信息策略、监控理解策略，以及适用于不同文章的阅读策略，还需要教师在教学实践层面做进一步的研究、总结。

（五）阅读是充分体现个性特点的对话过程

文本的意义不是单极生成的，阅读也不只是单向地对静态文本内容的一种发掘，而是主体世界充分参与的理解过程，理解即对话。文本，只有在与个体生命对话的状态中才能呈现其意义。在这一过程中，文本的视域与个体的视域相融合，从而实现价值。

知识链接：
对话教学理论

阅读对话理论将阅读看作主体间的对话与交流。这一对话与交流过程主要指的是以下两点：第一，在阅读时，师生对文本进行解读，共同参与文本的意义建构，与作者的心灵进行沟通，表现为对文本内容和形式的理解、鉴赏、消化、吸收、反思、批判、补充、修正等；第二，是指教师与学生之间、学生与学生之间分享体验感受、交流思想见解。

① 宋尚琴:《语文概括能力培养之“经”“纬”》，载《教育研究与评论（小学教育教学）》，2015（5），有改动。

在对话与交流的过程中，学生不再仅仅是被动的信息与思想的接受者，而是主动的意义建构者。在这个充满个性化的积极活动过程中，学生带进这一过程中的东西，往往比他们从作品中所找到的东西还重要。由于学生的生活经验、知识积累、文化背景、审美情趣等千差万别，因此阅读的感悟、体验、理解也就具有了鲜明的个性化特征。

【案例】“丑小鸭”与“鸭妈妈”

《丑小鸭》这篇童话出现在原人教版语文教材二年级下册。在教学的最后阶段，教师安排学生说一说读完这篇童话的感受，学生发言很积极。有的为丑小鸭在逆境中的蜕变所感动，有的谈论起该如何对待身边与我们不同的人，有的议论起丑小鸭离家出走的行为，还有的辩论起丑小鸭到底丑不丑……这时，教师叫起一个一直未发言的小女孩，她显得有些腼腆，眼圈红红的。她说：“鸭妈妈让我感动。”接着，她读了文中仅有的写鸭妈妈的两句话：“太阳暖烘烘的。鸭妈妈卧在草堆里，等她的孩子出世。”“丑小鸭来到世界上，除了鸭妈妈，谁都欺负他。”读完后，她接着说：“不管丑小鸭怎样，也不管别人怎样，鸭妈妈一直爱他。她是一个好妈妈。我想，如果鸭妈妈看见他成了白天鹅，一定特别高兴。”①

你看，学完了这篇课文之后，鸭妈妈触动了这个小女孩心中最柔软的地方。也许在整个阅读过程中，她脑子里萦绕的都是鸭妈妈，都是可贵的母爱。我们不了解这个孩子的成长环境与经历，但她的理解是个性化的。鸭妈妈带给她的触动，就是这篇童话之于她的意义。

所以，在阅读教学中，教师要尊重文本，更要尊重阅读文本的学生，进而珍视学生独特的感受、体验和理解。与此同时，教师还要加强对学生阅读的指导、引领和点拨，鼓励学生畅所欲言、各抒己见，进行思维的碰撞与交流。教师不能以自己的分析来代替学生的阅读实践，以模式化的解读代替学生的体验和思考。这样一来，教师就要丰富自己的知识、发展自己的思维、培养自己的审美，只有自己先成为优秀的对话者，才能培养出更优秀的对话者——学生。

四、怎样学习写作

写作是运用语言文字进行表达和交流的重要方式，是认识世界、认识自我、创造性表述的过程，是学生语文素养的综合体现。换言之，学生的写作活动不是简单运用语言文字的活动，它关涉个体的生活体验、知识视野、观察与思维、价值与审美、阅读积累、语言表达等多个方面。要发展学生的写作能力，就必须综合考虑上述因素，而不能只关注写作技能本身。

写作是把思维活动转变为语言表达的心理过程。从思维到语言表达，这中间的转换，成为写作的关键，也带给我们很多启示。

① 本案例是根据首都师范大学初等教育学院2012级本科生在实习过程中遇到的一个案例整理而成的。

拓展阅读

作文心理转换理论

一级转换理论认为，作文是把思维活动转换为语言表达的心理过程。一级转换的理论框架可以表示为：思维$\xrightarrow{\text{转换}}$表达。

在写作中，要顺利完成把思维转换为“扩展性话语”这一过程，作者至少要在思维内部进行两次转换，即由思维转换为内部语言，再由内部语言转换为“呈线性序列”的外部语言。这两次转换，都离不开作为中间环节的“内部语言”，它是第一次转换的终点，又是第二次转换的起点。这就是作文二级转换理论的雏形。其基本框架可以表示为：思维$\xrightarrow{\text{一级转换}}$内部语言$\xrightarrow{\text{二级转换}}$表达。

从思维到外部书面语言表达的三级转换如图 2-13 所示。

一级转换，从思维到内部语言的转换。这一级转换的形式是直接转换，这与二级转换理论相同。

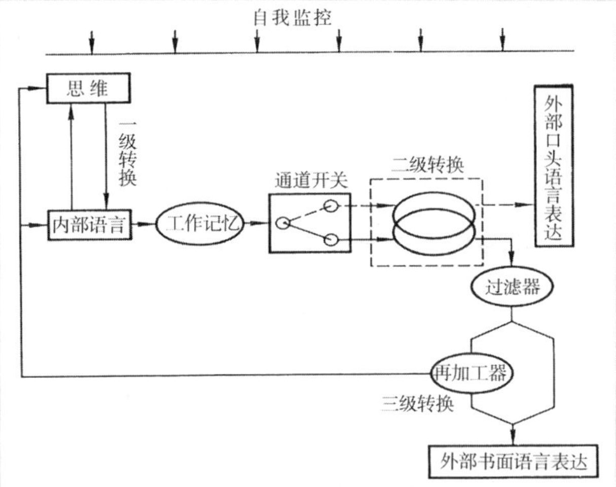

图 2-13　作文三级转换理论模式示意图

二级转换，是内部语言到外部口头语言表达的转换。因为它经历了工作记忆的暂时存储过程，所以是间接转换。需要注意的是，从内部语言到外部书面语言表达的转换也经历了二级转换过程。在二级转换中，口头语言表达与书面语言表达是不完全相同的过程，但有一部分的重叠内容。

二级转换与三级转换之间有一个过滤器，过滤器的作用是将二级转换的结果进行筛选：加工充分、质量好、能直接用于书面语言表达的部分被放行；在表达上不合乎要求的则需要进行三级转换，即进入再加工器，进行增加、删改、取消、更换、修饰等加工，合格后进入书面语言表达；有关内容、结构、表达方式等方面需要再加工的部分，则返回到内部语言，直至思维。由于三级转换是在二级转换的基础上进行的，也同样受到工作记忆的影响，因此三级转换也是间接转换。在内部语言经过工作记忆进入二级转换之前，有一个表达通道开关。当运用口头语言表达时，书面语言通道关闭，口头语言通道接通，内部语言经二级转换加工后进入口头语言表达。当运用书面语言表达时，口头语言通道关闭，书面语言通道接通，内部语言经二级转换后进入三级转换，最终进入书面语言表达。整个加工过程均在自我监控之下进行。[①]

① 刘淼：《作文心理学》，39～49 页，北京，高等教育出版社，2001，有改动。

作文心理转换理论带给我们的启示如下。

第一，意念[①]（思维、想象）是写作心理过程的开始，也是个体写作能力发展的核心。思考力不足、阅历不丰富、创造性不够，是写不出好文章的。

第二，从意念到内部语言的转换是将意念中想要表达的内容挑选并固定下来的过程，如哪些需要写进文章以及先后、详略的安排等。这一环节要求作者有清晰的思路和用内部语言固定思路的能力。正如西奥多 · W. 海伯指出的那样："要想写清楚就必须想清楚。要想写得充分，就必须想得充分。要想写得实在并富有想象力，那就必须在思想上想得实在并展开丰富的想象。一个学生要较好地学习写作，那他就一定要更好地学习思考。"[②] 当然，不可否认的是，通过阅读所获得的表达经验在这里也起到了相当重要的作用。

知识链接：
内部语言
和外部语言

第三，从内部语言到外部书面语言表达，需要丰富的词汇量和有关句法、修辞的知识，并且具有快速提取、准确灵活地运用这些词汇和有关句法、修辞的知识的能力。所以，积累语词、语感、句段、语篇对写作来讲是十分重要的。

第四，低年级学生的书面语言表达能力较低，口头语言表达能力相对占优势，在内部语言向外部语言转换的过程中，应以优势语言促进劣势语言的发展，即以说促写、先说后写。而到了高年级，书面语言表达能力会促进口头语言表达能力的提高。

下面再说说小学生学习写作的活动过程。写作"是一个体验、构思、写作、修改、发表、回馈和再修改的过程。只有经历过这样一个完整的过程，学生在作文能力的提高方面，才会真正有所收获"[③]。因此，不仅要关注写作结果本身，更要关注写作的整体过程，包括写作前的积累与准备，动机与读者意识的建立，写作时的过程与方法、情感与态度，写作后修改、展示阶段的态度、过程、内容和方法等。自 20 世纪 70 年代，国外研究者便开始从关注写作成品转而关注写作过程，并形成了关于"过程写作法"的理论，认为学生在整个写作过程中，会经历五个相关的阶段：预写作、打草稿、修改、校订和发表。学生正是在一环接一环的练习过程中发展写作能力的。

而即使是现在，许多写作教学仍然被简化为"下达写作任务—提几条要求—评判作文成品"，缺乏完整的过程关注，许多关键环节缺乏指导和练习。例如，写作的动机是什么？写给谁（读者意识）？怎样获取或使用已有的材料？如何计划文章的写作过程和结构？从哪些方面去复查和修改自己的文章？怎样去校订、展示或发表？若缺了上述关键过程与环节，只关注结果（学生交上来的作文），写作就会成为一项不得不完成的作业、一种负担：学生只会想尽各种办法在作文纸上填满文字应付差事。

目前，一些教师过早、过多、过高地对学生提出了写作要求，从而使许多学生在刚刚开始接触写作时就感到不容易，缺乏自信，不敢下笔。这无异于拔苗助长。学生的写作能力不是教师简单地告知写作知识就能提高的，必须通过写作实践来发展。所以，在写作的起步阶段，引导学

① 夏丏尊、叶圣陶二位先生在《文章讲话》中的"意念的表出"部分指出，文章的内容不外乎作者的意念，意念可以从外界获得（如观察与经历），又可从内部发生（如感想或意见）。"意念是无形的东西。文字是它的符号，一个意念可有许多符号。"本书沿用这一说法。参见夏丏尊、叶圣陶：《文章讲话》，84 页，北京，中华书局，2007。

② 转引自钟传祎：《学科作文教学的理论与实践》，50 页，北京，语文出版社，2010。

③ 陶本一：《谈谈作文教学中的两个问题》，载《课程 · 教材 · 教法》，2005（1）。

生自信地去写才是最重要的。在这方面，我们需学古人。古人写作，大多按照先“放”后“收”的训练程序，即第一步是“放”，大胆想、大胆写，驰骋想象，放开言路，不受约束；第二步是“收”，到一定阶段后，已有了写作基础，再学习精练、严谨的写作方法。

【观点·谢枋得】凡作文，初要胆大，终要心小

凡作文，初要胆大，终要心小——由粗入细，由俗入雅，由繁入简，由豪荡入纯粹。此集皆粗枝大叶之文。本于礼义，老于世事，合于人情。初学熟之，开广其胸襟，发舒其志气，但见文之易，不见文之难，必能放言高论，笔端不窘束矣。[①]

拓展阅读

为什么要写

有人或许会问：学生为什么要学习写作？一种口号是学生需要学习写作（learning to write），另一种口号是学生需要“通过写作来学习”（writing to learn）。对许多教师来说，后者已经取代了前者，他们认为学生思维能力的发展与他们在写作过程中努力发现意义有着直接的关系，也就是说，写作是一个自我发现、自我认识、发现和认识周围世界的过程。

从教学角度来说，学生是学习的主体，写作课的目的是帮助他们提高发现、认识自我和周围世界……[②]

（一）思维、想象是写作能力发展的核心

刘勰说：“夫文心者，言为文之用心也。”他指出写作的实质是“用心”，也就是调动思维（包括形象思维和抽象思维）。写作过程的实质就是思维活动的物化过程。

一位教师在黑板上随意画了一条不规则的曲线，让六年级的学生观察、思考，然后写一篇文章。学生拟出来的题目有“远山的影子”“崎岖之路”“‘曲’之美”“记忆有痕”等。有的学生以“拐弯的地方”为题，首先写了“拐弯的地方有很多，需要我们用眼睛和心灵去观察、去感受”，然后从“拐弯在图画上”“拐弯在路上”“拐弯在思路上”等方面展开，最后以“生活中拐弯的地方就是那么常见、那么新奇、那么耐人寻味。我喜欢拐弯的感觉！”这样的话收尾。

你看，写作过程其实就是思维的延展过程。文章的好坏，取决于我们的思维与情感，取决于我们的内心。在这一过程中，零乱的思绪得到条理化，在混沌状态下思考的内容经过提炼而清晰，浅层的思考在纸笔的伴随下纵深拓展，想象与联想如同舞动的翅膀，让我们的思绪飞翔，让我们的情感跃动。总之，在写作过程中，我们能发现从逻辑到想象的思维之美。

---

① ［宋］谢枋得:《文章轨范》，目录1页，郑州，中州古籍出版社，1991。

② 祁寿华:《西方写作理论、教学与实践》，69、77页，上海，上海外语教育出版社，2000。

事实上，小学作文中的许多问题不是出在语言表达上，而是出在思维上。比如，由于受到思维定式的影响，学生在写作前常常遇到“不知道写什么”“不知道怎么写”的难题。这时，教师就要帮助学生突破限制，打开思路，引导学生进行写作思维训练。

许多学生在看到“说说心里话”这个题目时会觉得可写的太少了，心里话无非是一些学习和生活中的烦恼，倾诉的对象也无非是父母、同学、老师等一些熟悉的人，写作思路受到了局限。这时教师可采用层层剖题的审题方法，犹如剥笋般，对学生的写作思维进行引导，从对熟悉的人说心里话，到对陌生人说心里话，再进一步对一些不美好的现象、反面人物说心里话，最后彻底打破常规，可以和动植物、古人及小说、童话中的虚拟人物说话。教师一步一步地引导学生打开大脑的“仓库”，深化思考，激活尘封的记忆，就能让学生产生倾诉的欲望。教师的设计思路如图 2-14 所示。

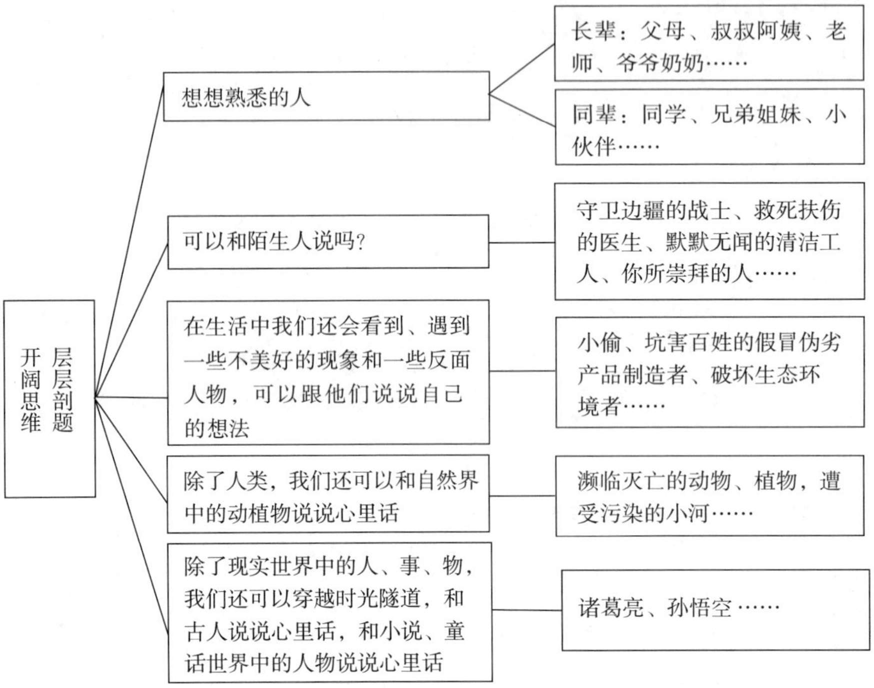

图 2-14　帮助学生打开思路——以“说说心里话”为题的作文写作思路图

提起思维，人们往往想到的是抽象思维，却忽视了形象思维——与情感相伴的想象与联想。当教师问“树叶为什么落下来”时，学生回答：“天冷了，小蚂蚁在树下睡着了，小树叶赶紧给它盖上了被子。”当教师问“花儿为什么会开”时，学生回答：“她睡醒了，想看看太阳。”这就是儿童阶段的思维，既形象又天真。苏霍姆林斯基说：“每一个儿童，就其天资来说，都是‘诗人’。”在小学阶段，呵护和培养学生的形象思维相比于教授知识、训练技能来说，更为重要。

总之，写作的过程是为自己的思想意识寻求表达的过程，思维在这一过程中处于核心地位。思维不仅决定着写作的内容（如新颖性、深刻性、丰富性），也决定着语言表达的形式（如层次性、准确性、生动性）。学生置身于丰富多彩的生活之中，只要善于调动思维，就会有不同的感受和见解，就能写出充满个性的文章。

【观点·吴立岗】小学生的思维发展与写作训练

低年级儿童思维的主要特点是具体形象性。他们开展形象思维活动的主要心理过程是想象。在这一阶段中，学生借助于想象和幻想来理解和解释他们生活在其中的世界。所以，小学低年级是学生想象活动的敏感期，写作教学要通过有创造性的想象活动培养学生重现表象的技能。如模仿已有故事写童话、根据开头续写童话、用“架桥法”编写童话等。

中年级学生的思维的特点是从具体形象思维向抽象概念思维过渡，即一方面，学生的思维仍然带有明显的具体形象性；另一方面，他们使用概念、判断和推理的抽象思维形式得到一定发展。这一阶段是学生观察活动的敏感期，要通过观察活动培养学生形成典型表象的技能，所以写作活动必须从写童话作文转而写观察作文，最佳形式为“素描训练”。此外，观察日记和参观访问等也是很好的写作活动形式。

高年级学生的思维的特点是抽象概念思维开始成为思维的主要形式，即抽象概念思维进入敏感期，因此要通过思维训练培养学生归纳推理和演绎推理的技能。在写作活动中要侧重写有实用性的命题作文和自由命题作文，如开展写记叙文和少量的、简单的议论文、说明文训练等。①

（二）“以说促写”“读写迁移”是发展写作能力的基本策略

“写前说”是一种有效的写作准备策略。在这个过程中，学生应互相借鉴想法和评价自己的思路是否清晰。学生可以搞清楚自己的想法，了解别人的想法，还可以刺激自己发现新领域。尤其在低、中年级，学生的优势语言仍是口头语言，书面语言属于劣势，“以说促写”起到了以优势语言促进劣势语言发展的作用。

【案例·郭莲凤】低年级写话的教学片段

片段一：先说后写

师：你们想变成什么呢？谁来说一说？

生：我想变成一只小鸟。

生：我想变成一朵鲜花。

生：我想变成一个超人。

师：下面我们开一列小火车，请大家听一听别的同学的非常奇妙的想法。

（这样做，不仅能培养学生倾听别人发言的好习惯，而且能对别人的发言做出判断）

生：×× 说变成超人很好，我喜欢超人。

生：×× 说想变成恐龙，我家里有十多个恐龙玩具呢！

生：我觉得自己变成鲜花就很好，那妈妈就不用花钱再去买花了。

师：现在请大家从课桌里拿出作业纸，将填空题完成。

（先说后写，符合低年级学生身心发展的特点）

---

① 吴立岗：《小学作文教学论》，112～129 页，南宁，广西教育出版社，2002，有改动。

片段二：先写再说

师：刚才 ×× 同学说想变成一只小鸟，那么，你们还想变成一只怎样的小鸟呢？请说一说自己的想法。

生：我想变成一只鸟，一只自由飞翔的小鸟。

师：谁再说说想变成一只怎样的小鸟呢？

生：我也想变成一只小鸟，一只美丽的小鸟。

生：我也想变成一只小鸟，一只会唱歌的小鸟。

师：大家说得真好！大家已经会从小鸟这一事物展开来说了，那自己想变的东西会说吗？如果老师让大家把想法直接写在作业纸上，大家能完成吗？

（有了从说到写的基础，学生直接写话也不再困难）

师：写好了仔细读一读，可以站起来读，也可以把这句话读给同学听，或者自己边表演边读，你们会发现自己真的变成小鸟、鲜花、机器人了。谁愿意来读读刚才自己写下的想法？

生：我想变成一列火车，一列长长的火车。

生：我想变成一个地球，一个充满欢乐的地球。

生：我想变成一只小狗，一只白色的小狗，一只可爱的小狗。

师：他不但写了自己想变成小狗的想法，还对小狗进行了两处具体描述。

片段三：说写结合

师：你们变了之后，还想做哪些有意义的事呢？四人一组讨论一下，等会儿连起来说。

生：我想变成一盆花，一盆美丽的花，把马路打扮得更漂亮。

师：一般我们都把花放在房间里，说成“把马路打扮得更漂亮”妥当吗？

生：我想变成一盆花，一盆美丽的花，把房间打扮得更漂亮。

师：有进步，该表扬！

生：我想变成一个好学生，一个听话的好学生，让自己变得更好。

师：听了你这句话，老师相信你一定会成为一个非常优秀的学生，你对自己有信心，老师对你更有信心。

生：我想变成一架战斗机，一架飞快的战斗机，那样我就能保卫祖国了。

师：老师今天才发现班里有一位小英雄，从小就懂得保卫祖国，从小就懂得热爱祖国，大家都要学习他。

（大家报以热烈的掌声）

师：请把刚才自己说的写下来，比一比，看谁写得比说得更好。

（这个任务偏难，故又采用“先说后写”的方式进行，易于学生动笔。学生写完后，在小组内边做动作边读）①

① 本案例是根据郭莲凤老师的教学内容整理而成的。

口头语言的训练有助于书面语言能力的提高，但不能以口头语言或口头作文代替书面作文，教师要将说与写有机结合展开教学，具体应注意如下几点：第一，依据低、中、高年级学生发展的不同阶段有所区别地设计训练内容，并利用好口头语言和书面语言的优势互借；第二，创设有利于说与写的各种情境，如先行动后表达、自由交谈、选择图画实物、给学生讲有趣的童话故事、让学生自由地复述与扩展等；第三，针对低年级学生，可借助文字、拼音、符号、图画等各种方式促进口头语言向书面语言的转化，为进入书面表达状态做准备；第四，在写前说的基础上，做好书面语言表达指导，如书面语言的规范性、词语的多样性、上下文的一致性与连贯性等。

下面再说读和写。

杜甫有诗云："读书破万卷，下笔如有神。"心理学研究表明，阅读文章对学生写作具有迁移作用，表现为如下几点：第一，积累词语、句等语言材料；第二，不断从作者的创作思路原型中得到启发，优化并建构起新的作文心理图式；第三，可以拓宽视野，积累丰富的内容材料；第四，发展观察、感受与理解能力，发展想象力及思考问题的能力。因此，"阅读—写作迁移策略"就成为写作教学与指导中有科学依据的一种基本方法。

【观点·丁有宽】读写对应规律 7 条

丁有宽老师开展了有效的读写结合教学实验，以发展语言能力与思维能力为中心，以读为基础，倡导以读学写，以写促读，读写结合，突出重点。归纳出 7 条读写对应规律：

①理解课题←→审题、拟题；

②概括中心←→表达中心；

③分段、概括段意←→拟写作提纲；

④区分课文主次←→安排详略；

⑤捕捉中心段←→突出文章中心；

⑥品评词句←→怎样遣词造句；

⑦作者怎样观察事物←→观察事物方法。[①]

引导学生通过学习实现"以读学写—以写促读"，这是丁有宽读写结合训练的核心思想。正如李伯棠先生所表达的："对小学生进行作文练习，首先要抓源，把作文训练跟生活结合起来，让学生有话可写；其次要抓流，把作文训练跟阅读结合起来，让学生懂得有话该怎样写。源和流一起抓，才能收到实效。"[②]

说到"读写结合"，必然要讨论一下仿写。当学生已有的心理结构中的相关知识不足以应对

---

① 丁有宽：《谈谈小学语文"读写结合教材教法"的科研实验》，见勾发勇：《新世纪的思索——中国当代改革发展文集》，527 页，北京，中国戏剧出版社，1999。

② 李伯棠：《小学作文训练的源与流》，载《四川教育》，1984（Z1）。

写作要求和在写作中遇到的困难时，教师可以及时为学生提供相应的仿写参照内容，降低小学生作文起始阶段的难度。在“阅读—写作”迁移的过程中，仿写以中介身份组构“阅读—模仿—写作”模式，成为建立稳定的作文认知结构的重要手段。

仿写一般有四种基本形式：仿其文（词语和句式等）、仿其格（文章结构和布局等）、仿其义（通过具体事物传达出意义或情感）、仿其法（文法特点）。

然而，模仿是有局限性和保守性的。模仿的局限性是它要受到模仿者的知识经验的制约，学生受其知识经验的影响，往往不能从真正意义上去模仿名人佳作，或者说，模仿的范围和程度是有限的。“模仿提高了一致性，然而一致性有时是意味着中庸之道，它可以挫伤革新者和创造者的锐气。”①

所以，模仿是一种手段。学生学习写作可以始于模仿，但不能止于模仿。教师要在仿写过程中有意识地引导学生，发展其创造性思维，使其逐渐由以模仿为主走向独立的创造性写作。必须强调，不应当让仿写沦为“套路”，那种着眼于“套路”的仿写，肯定是束缚个性的，甚至会形成“新八股”。

（三）观察、体验、探究是组织写作活动的基本途径

观察是个复杂的思维过程。观察首先要用到我们的五种感觉器官，即用眼看、用耳听、用鼻嗅、用舌尝、用手触。其实，换个器官去感觉往往能带给我们新的写作视角，如用听觉去感受春天，以触觉去感受文化等。但是，感受到的东西要真正成为作文材料，还需要大脑对其进行综合，这就是卢梭所说的“第六感觉”。“第六感觉”并不是由某个单独的器官产生的，它源自每个人的内心。“第六感觉”的核心是：思维能力和情感感受力。“第六感觉”使文字更具生命力和感染力。

【案例】用“五觉”去感知

“……那时，泪水是酸的，透过它，我看到了母亲那慈祥的脸。”从“泪水是酸的”到“那慈祥的脸”，这中间发生了情感与想象的飞跃，正是这个飞跃，使这句话具有了动人的力量。

假设要以“手”为观察对象写作文。如果仅仅是盯着手本身来写，则难以写出好文章。手没有思想、没有情感，但是如果我们能想到“手”背后的故事，可能会有不一样的收获。妈妈的那双手托起的爱、岳母刺字的那双手寄托的报国情怀、董存瑞炸碉堡的那双手寄托的为人民求解放的情思……这就是我们所说的“第六感觉”。

① ［美］J.M. 索里、C.W. 特尔福德：《教育心理学》，高觉敷、刘范、林传鼎等译，246～247页，北京，人民教育出版社，1982。

现在，让我们来设计以“一张A4纸”为观察对象的写作思路（见图2-15）。

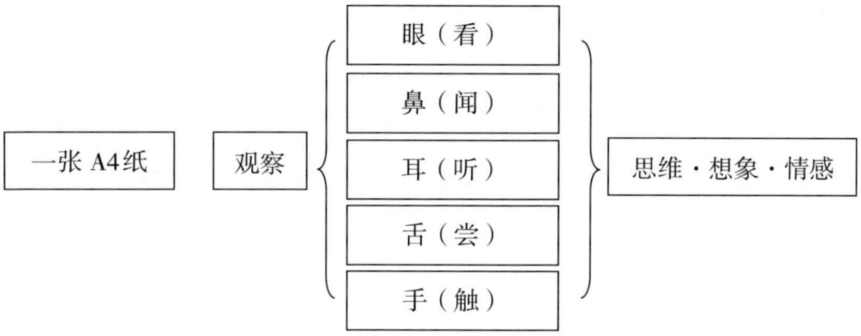

图2-15　以“一张A4纸”为观察对象的写作思路

作家不仅善于用眼睛去看、用鼻子去闻、用耳朵去听、用舌头去尝、用手去触，还善于用他们的头脑和内心将调动“五觉”所得到的东西进一步提炼、品味，从而得到更具深度和高度的东西。所以，比观察能力看的是谁的大脑管用。面对我们周围的世界，每个人观察到的、感受到的、体验到的、想象与联想到的都不同。每个人生命的丰富性恰是在这样的一种动态过程中不断延展的。

写作是表达个体内心体验和感受的个性化的创造性活动。所以教师要重视引导学生在生活中体验，在活动中感受，进而表达真情实感。儿童的生活世界、生活体验和成人不同，是丰富而独特的。贴近学生生活的写作教学，不仅使学生有内容可写，而且使他们所写的恰恰是对自己真实的成长足迹的记录，这样的表达过程会促进他们理解生活、自我。

【观点·孙绍振】没有个人体验的生活，就不能成为写作意义上的“生活”

作文并不仅仅是客观生活的反映，而且是自我情思的升华和结晶，是生活的特征和情思特征的猝然遇合。作文的冲动以情思的活跃为前提。……没有体悟，哪怕自以为“贴近”了生活，充其量也只是感觉到了人所共知的现象。生活是离不开体验的，没有个人体验的生活，就不能成为写作意义上的“生活”。一些理论家，把那种与作者情感和思绪无关的现象当成了“生活”，是极大的误导。①

所以，作文表现生活，最终就是表现真实的自我。明代思想家李贽说：“夫童心者，绝假纯真，最初一念之本心也。若失却童心，便失却真心；失却真心，便失却真人。”

【案例】妈妈回来了

前段时间，妈妈去杭州学习，去了好长时间，可能有一个月吧。今天，妈妈终于从杭州回来了，我非常高兴！因为妈妈的怀抱很暖和，因为妈妈回来了，爸爸的生日就能过得更好，因为

① 孙绍振：《经典、“去蔽”和教学的主体性》，见刘正伟：《名家解读：语文教育意蕴篇》，112页，济南，山东教育出版社，2009。

妈妈在家里会给我读书……

妈妈不在家的时候，我很想她，想妈妈的感觉，是一种想哭的感觉。[①]

这就是童心，真切地表达了“妈妈回来”带给自己的温暖之感和喜悦之情，以及曾经有过的伤感和思念之情。透过文字，我们看到了儿童的语言本身，没有矫揉造作、刻意拔高的内容，也没有成人化的语言。

要引导学生经历真实的体验和表达过程，教师需要注意以下几点：第一，尊重并设法去了解、体验丰富而独特的生活；第二，引导学生留意并学会观察周围看似平淡的生活；第三，引领学生学会体悟和思考身边的生活；第四，指导学生从多角度有创意地反映身边的生活。在具体的写作教学指导中，教师则应该鼓励并组织学生更广泛地参与校园活动和社会活动，也可以有目的、有计划地设计一些活动，创设一些生活情境，如比赛、游戏、小实验、走访、调查等，以供学生参与、体验、观察和思考。

离开了真实的生活和体验，追求大而空的思想，往往会使写作落入胡编乱造或者套用别人文章的境地，以至于造成说的、做的、想的不一致，甚至出现严重的人格背离现象。所以，我们要倡导小学生写成长体验作文，让写作伴随学生成长。

探究，即探索研究。以对现实社会的探究为出发点，并在此基础上组织学生写调查报告、研究性文章，这是一种非常好的写作训练方式。这有利于激发学生积极的写作动机；有利于丰富学生的写作内容，将写作活动与社会生活紧密结合起来；有利于培养学生的创新思维和实践能力。

【案例】日本四年级教材中调查作文一例

调查报纸的形式和内容

1. 有哪些报纸？有哪些报道？有哪些写作手法？调查之后进行发表。

2. 思考制作怎样的报纸，在报纸上登怎样的文章。向其他小组、班级、年级或者家里的人展示自己制作的报纸。

· 阅读对象

· 内容

· 报纸的大小、排版、报道的量

3. 根据选定的话题进行取材。

4. 写下报道的草稿。

5. 制作报纸。

a. 决定报纸的名称

① 本文的小作者是浙江省诸暨市实验小学教育集团城东小学一年级（5）A班的郦思哲同学，这篇作文获得了首届“冰心作文奖”。郦思哲：《妈妈回来了》，见《首届冰心作文奖获奖作品集·小学卷》，93页，杭州，浙江少年儿童出版社，2006。

b. 进行排版

c. 与大家一起讨论排版

d. 将内容刊登在报纸上，注意错别字[①]

会观察周围世界，会思考，能提出疑问，会表达自己的所见、所思、所想，这是学生应该发展的重要的学习能力。探究性作文的价值也正在于此。通过一系列综合性活动，学生的主动性和创造力被唤醒，在这一基础上发现、探究、表达，正是写作从书本向生活世界的回归，从技术主义向促进个体整体发展的回归。

（四）良好的动机和习惯是开展写作活动与发展能力的保证

动机是行动的直接动力。人天生就有表达与交流的愿望。就小学生的写作动机而言，在写作活动中遇到的困难、来自他人的消极评价以及读者意识模糊等因素，影响了他们写作的动力。

【观点·吴忠豪】创设自由表达情境，激发学生的习作动机

美国学者克莱默认为，能促进儿童习作能力发展的主要因素是创作，因此，在教学中，应当创设鼓励学生自由表达的情境，以激发学生的习作动机。在这样的情境中，最为重要的有以下三点：（1）让儿童有机会运用自己的经验。每个儿童都拥有一定的词汇贮备和决定这些词语意义和作用的经验，教师应当帮助儿童整理自己的经验，并在经验和语言之间建立恰当的联系。（2）激励儿童写符合自己需要和感兴趣的东西。（3）应当使儿童的作文具有实用的目的。[②]

“当前许多学生在写作时并没有意识到这是一种人与人的交流活动，只感到是在完成一项要交给老师看的作业，奉命行事，毫无写作兴趣可言。”[③]所以，只有从单一的应试功能走向多元的交际功能，突出作文的实际社会效用和写作的读者意识，才能真正激发学生自主写作的内驱力。

习惯是行为的动力定型。写作习惯主要包括：对生活的留心观察与思考体验；用心积累自己的语言库和素材库；心里装着读者，认真书写与表达；乐于分享，自主修改；等等。下面重点强调一下修改的问题。教师必须认识到修改环节在学生写作能力发展中起着超乎我们想象的作用。写作是一个复杂的智力、心理、社会和技术过程，修改不仅是这个过程中的一个重要步骤，而且更准确地说，它还贯穿整个写作过程始终。[④]

【案例】美国母语教材二年级“写一个自述”的修改环节举隅

读你的草稿：

---

① 吴忠豪：《外国小学语文教学研究》，192页，上海，上海教育出版社，2009。
② 吴忠豪：《小学语文课程与教学》，209～210页，北京，中国人民大学出版社，2010。
③ 陶本一：《谈谈作文教学中的两个问题》，载《课程·教材·教法》，2005（1）。
④ 祁寿华：《西方写作理论、教学与实践》，176页，上海，上海外语教育出版社，2000。

抄写下面的句子，对你的自述做自我评价。

优秀	有待提高
我的开头很精彩。 我写了很多细节来说明5“W”。 所有的句子有条理并围绕一个主题。 最后一部分说了故事是怎样结束的。 我有什么感受和我学到了什么。 只有一点儿拼写错误。	开头可以更有趣。 需要更多的细节来说明5“W”。 有些句子没有条理，没有围绕一个主题。 故事需要一个更好的结尾。 拼写有许多错误。

修改你的自述：

思考你和你的同学交谈的内容。为你的草稿做一些改动。下面的修改策略会帮助你。

修改策略
●单词的选择 通过使用恰当的词，你可以加一些细节使你的作文更清晰。 在故事中找一处可以通过使用恰当的词语来添加的细节。 使用“我的第一本词典”，来找寻恰当的单词。 ●流利的语句 开头的句子使用不同的方法。 在故事中的每个句子的开头单词下面画一条线。如果2个或多个句子以同样的单词开始，那么就改用别的单词开头，使句子有变化。

校对你的自述：

校对草稿，使用校对清单和校对符号。

校对清单	校对符号
每句句首使用大写字母。 句末使用正确的标点。 每个句子都有名字部分和动作部分。 每个单词拼写正确。	∧添加≡大写字母。 ∽删除/小写字母。 ¶另起一节。 校对前回顾语法与拼写规则。

发表你的自述：

写：通过电子邮件发送给你认识的人。

把故事制作成一本连环画。

说：以作者的身份来朗读这个故事。

当你或同学表演的时候说这个故事。

展示：加照片或为故事画图。

把故事做在一件滑稽的运动服上。①

美国母语教材对写作活动的过程性非常重视，从选择话题到构思、起草、修改、校对，再到最后发表，都有具体的要求与策略。该案例选取的是“读”“修改”“校对”“发表”环节的内容。

---

① 吴忠豪：《外国小学语文教学研究》，75～77页，上海，上海教育出版社，2009，有改动。

可以看出，每个环节都编写得非常具体，有明确的要求，并提供相应的有可操作性的策略。比如，修改策略、校对清单，而在“发表”这一环节，通过写、说、展示的不同要求，指引学生将自己的作品以不同的形式进行展示与交流，在这一过程中，学生不仅获得了写作价值的情感体验，同时更锻炼了综合实践的能力。

探究与思考

1. 观察一节低年级识字课，做好相关记录，从识字心理的角度分析教学环节或识字方法的合理性，也可以发现其中的问题并提出自己的建议。

2. 观察一节中年级阅读课，做好相关记录，从阅读心理的角度分析阅读教学过程或教学方法的合理性，也可以发现其中的问题并提出自己的建议。

3. 针对小学高年级学生设计一个访谈提纲，了解学生在写作活动中遇到的困难和问题，并从“为什么”和“怎么办”两个层面进行思考和讨论。

第三章

小学语文教材的整体把握与使用

【知识地图】

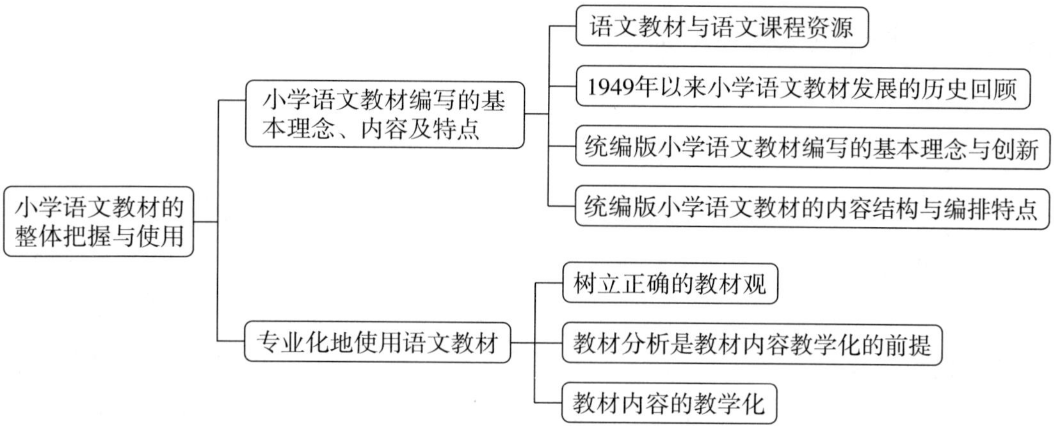

【学习目标】

- 了解语文教材、语文课程资源的内涵。
- 整体把握统编版小学语文教材编写的基本理念、内容及特点。
- 树立正确的教材观，掌握教材分析的基本方法，具备将教材内容教学化的基本能力。

第一节 小学语文教材编写的基本理念、内容及特点

一、语文教材与语文课程资源

（一）语文教材的内涵及功能

语文教材“是指实现语文课程与教学目标，承载、呈现语文课程与教学内容的基本材料或媒介系统，它是课程标准的具体化，是师生实施课程标准的重要凭借，是实现语文课程目标最重要的课程资源”①。广义的语文教材是指对人的语言文字修养产生影响的一切书面的、非书面的语言材料。狭义的语文教材是指根据“语文课程标准”编写的、供语文教学中师生使用的材料：既包括提供给学生的语文课本，又包括提供给教师的教学参考书；既包括纸质的教学材料，又包括多媒体教学资源。

语文教材又专指语文教科书，即我们所说的“课本”。它是对语文课程目标与内容的具体体现，是依据课程标准编制的，由教育部审定通过的，供语文教师在课堂上指导学生学习和掌握语言的文本材料，在语文教材系统中处于核心位置。本书中的语文教材专指语文教科书，准确一点儿说，专指由教育部统一组织编写并审定的小学阶段的语文教科书。

教材内容的筛选与组织要实现学科知识的内在逻辑、学生经验与认知发展的逻辑、社会发展的需求逻辑三者之间的协调与统筹。编写语文教材实际上是依据课程与教学目标对语文课程内容“系统化”“文本化”的过程。语文教材应具备如下一些功能：按照课程标准提供语文教与学的材料；合理组织所提供的语言材料，引导语文教与学按一定程序进行；激发学生学习语文的动机、兴趣；提供各种语文实践活动的练习、设计，以便于巩固、检验学习效果；与其他各学科的学习做横向联系，促进知识整合与跨学科学习；便于自我学习并提供知识拓展的路径。

小学语文教材的编写和研究包括两个方面的内容：一方面是教材内容的筛选与组成，另一方面是教材内容的组织与呈现方式。关于现行教育部统一组织编写并审定的小学阶段语文教材的具体编写特点，我们将在下面做具体阐述。

（二）语文课程资源的开发和利用

语文学习是母语学习，在母语的环境中，学生能时时处处接触到语文。因此，语文课程资源既不限于教材和教师，也不限于课堂和校园，而与家庭、社会生活紧密相连。具体来说，语文课程资源主要包括：教材及其相关配套材料，各类纸质图书及网络资源，图书馆、博物馆、文化遗产、自然风光等各种社会资源，还有除语文学科之外的其他学科课程内容等。当然，教师本身既是重要的课程资源，又是课程资源的开发者和利用者。

显然，语文教师先要追求的是自我生命的丰富性，并以自身丰富的知识引领学生在语文学习中获得发展。为此，语文教师必须具有面对未来自我更新的勇气和能力。与此同时，开发和使

① 吴忠豪:《小学语文课程与教学》，33页，北京，中国人民大学出版社，2010。

用语文课程资源又是语文教师应具备的一项基本能力。正如《义务教育语文课程标准（2022年版）》所指出的那样："教师要充分发挥自身优势与潜力，积极利用和开发各类课程资源，不断增强课程资源意识。"[①]

二、1949年以来小学语文教材发展的历史回顾[②]

教材建设，尤其是涉及意识形态领域的语文教材建设，一向都是国家事权。"中华人民共和国成立以来，教材建设作为国家事权先后经历了统权—分权—统分结合的发展历程，逐步形成了国家主导下合理分工的权力结构。"[③] 相应地，1949年以来的小学语文教材建设大致经历了三个发展阶段：由全国通用教材到"一纲多本"教材，再到统编、统用教材。

（一）统权、统编阶段的小学语文教材

1949年10月，陆定一指出："教科书要由国家办，因为必须如此，教科书的内容才能符合国家的政策。"到1950年12月，人民教育出版社成立，我国从政策方针层面确定了教材建设的基本方略，从权力执行层面保证了教材建设的国家性质。自此至20世纪80年代中后期，小学语文实行全国通用教材，人民教育出版社共计组织编写、出版、发行了7套小学语文教材，确立了"一纲一本"的教材管理制度。

这7套教材分别如下。

①改编老解放区的《初级小学国语课本》《高级小学国语课本》，属于过渡性教材。

②"五年一贯制"小学试用课本《语文》，1953年因学制变化被暂缓推行，只编写出版了前三册。

③"四二制"语文课本《初级小学课本·语文》《高级小学课本·语文》，前者于1955年秋季开始试教试用，后者于1957年秋季开始使用。该套教材是人民教育出版社编写的第一套完整的小学语文教材。

④1960年下半年，根据相关指示精神，全日制中小学的年限缩短为10年，因而编写了《全日制十年制学校小学课本（试用本）·语文》这套教材。

⑤《十二年制学校小学课本·语文》这套教材是根据1963年颁布的《全日制小学暂行工作条例（草案）》和《全日制小学语文教学大纲（草案）》的要求编写的，其显著特色是"以培养学生的读写能力的顺序为主线"，重视基础知识传授和基本技能训练，注重知识的系统性，体现了语文学科的工具属性。

---

① 中华人民共和国教育部：《义务教育语文课程标准（2022年版）》，54页，北京，北京师范大学出版社，2022。

② 本节主要内容参见陈先云：《新中国成立以来小学语文课程教材的发展历程与思考》，载《课程·教材·教法》，2019（12）。

③ 罗生全：《论教材建设作为国家事权》，载《课程·教材·教法》，2019（8）。

⑥依据 1978 年颁布的《全日制十年制学校小学语文教学大纲（试行草案）》编写的《全日制十年制学校小学课本（试用本）·语文》，总的指导思想是正确地反映思想政治教育和语文知识教学的辩证关系，使学生扎扎实实地学好语文。

⑦《五年制小学课本·语文》《六年制小学课本（试用本）·语文》，这两套教材总结了十年制小学语文教材的经验，并进行了适当的调整和改进。

（二）分权、“一纲多本”阶段的小学语文教材

从 20 世纪 80 年代中后期开始，我国开始实行中小学教材“一纲多本”、教材审定制度。国家成立了全国中小学教材审定委员会，将教材建设事权由中央下放到地方，鼓励各主体参与教材编写，但需要按规定向教育部和省级教育行政部门申报，合格后才能进行国家课程和地方课程的教材编写，各出版社组织编写的中小学语文教材经审查通过后方能推广使用，呈现出教材多样化的格局。

自 1989 年开始，有“八套半”之称的教材依据新颁布的教学大纲着手编写，其中包括人民教育出版社编写的两套五年制、六年制小学语文教材。此后，《九年义务教育全日制小学语文教学大纲（试用）》和《九年义务教育全日制小学语文教学大纲（试用修订版）》先后颁布，又分别于 1992 年和 2000 年对这两套教材进行了修订、改编。

2001 年，教育部印发《全日制义务教育语文课程标准（实验稿）》。按教育部统一部署，人教版、北师大版和苏教版义务教育课程标准实验教科书率先进入 38 个国家级基础教育课程改革实验区，供小学一年级新生使用。此后，语文 S 版、西师版等 9 个版本的小学语文实验教材也陆续使用。各套教材综合起来有以下一些特点：一是教材内容与时俱进，有时代性；二是注重探究发现，注重对学生语文综合实践能力的培养；三是重视弘扬中华优秀传统文化，凸显人文内涵；四是地方特色鲜明。

（三）新时期统编小学语文教材阶段

自 2012 年开始，根据中共中央关于加强义务教育道德与法治、语文、历史三科教材建设的要求，教育部组织专家编写了义务教育阶段道德与法治、语文、历史三科的教材。2017 年 3 月，国务院决定成立国家教材委员会，将教材审定的权力上升到国家层面。

2016 年秋季，小学语文统编教材开始在起始年级投入使用，至 2019 年秋季，全国所有地方的小学语文教材全部一次性更换为统编教材。统编版语文教材突出了德育为魂、能力为重、基础为先、创新为上的编写理念。

三、统编版小学语文教材编写的基本理念与创新[①]

（一）基本理念

1. 立德树人，体现社会主义核心价值观

2022 年 10 月 16 日，习近平在中国共产党第二十次全国代表大会上指出要“加强教材建设项目和管理”[②]。教材建设是育人育才的重要依托。建设什么样的教材体系，核心教材传授什么内容、倡导什么价值，体现国家意志，是国家事权。小学是儿童接受学校教育的起点，是树立人生观、价值观的起始阶段。教育部统一组织编写的语文教材其编写理念中最重要的一条就是“立德树人”，即突出社会主义核心价值观和中华优秀传统文化教育，以培养具有“理想信念”“文化自信”“责任担当”的社会主义建设者和接班人为教育目标。

“立德树人”的目标是以“整体渗透”的方式蕴含在教材的单元划分、课文选择、结构框架、内容编排之中的。从课文选择来看，增加了体现中华优秀传统文化、革命文化和社会主义先进文化的内容，同时也兼顾到其他类型的文化。从教材的结构框架来看，教材是以双线来设计教学单元的，一条线是人文主题，另一条线是文体和语文素养等要求。每个单元都用格言或者诗句做导语，以比较灵活的方式把单元的人文主题标示出来。

需要注意的是，“立德树人”不是贴在教学框架上的一个标签。这一目标应当通过对语言文字运用的学习而落实，要结合语文学科的特点，让语言教育、情感教育、价值观教育、优秀传统文化教育融为一体，潜移默化、润物无声地教育学生。

2. 立足发展学生的核心素养，构建语文知识体系

统编版小学语文教材第一次提出了“语文要素”这一概念。所谓“语文要素”就是尝试将核心素养具体化，作为语文学习的基本元素并统筹规划，以建立语文知识训练体系。教材以语文要素作为单元训练的主线、明线，在单元内容的组织上，以双线组织单元内容，强化语文学习的综合性和实践性。双线组织的结构设计，表现为每单元、每课都含有宽泛的人文主题和语文要素两条线，均衡递进。[③]

3. 重视教材编写的科学性，创新教材编排体系

教材改变了传统的完全以阅读为中心的教材编排体系，科学地安排语文策略与能力序列，在重视培养阅读理解能力的同时，加大了书面表达训练在教材内容中的比重；同时采用双线组织单元，即以宽泛的人文主题为中心将课文组织在一起，将语文要素作为主线、明线，分成若干个知识点或能力训练点，由易及难地分布在各个单元。这样，增强了语文学科内容的系统化设计，合理地安排了内容，将选文、活动、知识等有机结合，帮助学生学会阅读，对阅读产生兴趣。

---

① 本节中的相关内容更多参考了如下文章。温儒敏:《“部编本”语文教材的编写理念、特色与使用建议》，载《课程·教材·教法》，2016（11）。

② 习近平:《高举中国特色社会主义伟大旗帜　为全面建设社会主义现代化国家而团结奋斗——在中国共产党第二十次全国代表大会上的报告》，34 页，北京，人民出版社，2022。

③ 陈先云:《课程观引领下统编小学语文教科书能力体系的构建》，载《课程·教材·教法》，2019（3）。

4. 体现时代性，贴近当代学生生活

教材在课文选取、习题设计和学习活动安排等方面，努力贴近当代学生的语文生活，适应社会转型和时代需求，体现时代性。教材选入了不少新课文，比如，四年级下册中的第三单元是一个诗歌单元，其中作为选文的诗歌都是新进入教材的，而且以诗歌（新诗和外国诗歌）这种文体为主角来组织，这种现象本身也是在过去的教材中未曾出现过的；六年级下册中《表里的生物》《他们那时候多有趣啊》等，这些新课文内容生动，符合儿童的审美需求，价值观更贴近当代生活实际，有利于学生学习语文。

除了选文以外，习题和学习活动也具有向时代发展看齐的特点。例如，四年级下册第二单元中的“口语交际”板块（见图 3-1），就列举了几则新闻：成功举办第 24 届冬季奥林匹克运动会、成功发射火星探测器等，体现出教材对当代生活的重视。

口语交际

说新闻

通过报纸、电视、广播、网络等，我们看到或听到过各种新闻，如：

◇ 据阿拉山口铁路部门2022年8月30日统计，今年新疆阿拉山口口岸进出境“一带一路”中欧班列已突破4000列，货运量超350万吨

◇ 2022年，C919国产大型客机首次亮相中国航展

◇ 我国成功举办第24届冬季奥林匹克运动会

◇ 我国在2020年发射火星探测器

◇ 本市新增一座儿童游乐园

图 3-1　四年级下册第二单元中的“口语交际”

（二）变化与创新

基于上述基本理念，统编版小学语文教材在各方面都与以往的教材有着较多的不同点，这些不同点也正是本套教材的创新之处，主要体现在选文标准、单元结构、知识体系、阅读课型、课外阅读、识字与写字、写作教学七个方面。

1. 选文标准

通过对整套教材的统计，不难看出，在选文的数量上，统编版小学语文教材相较于以往的其他版本的教材而言有一定程度的缩减。在质量上，选文标准更加严格，主要遵循以下四个标准：经典性、文质兼美、适宜教学、更兼顾时代性。教材在选文上最具代表性的一个变化就是有关优秀传统文化的篇目明显增多，从一年级开始便有古诗文出现。小学阶段的 12 册教材，选入古诗文百余篇，占所有入选篇目数量的 30%。同时，有关革命传统文化的课文也有所增加，鲁迅的作品更是以独立单元的形式出现在六年级上册。

2. 单元结构

统编版小学语文教材依然采取分单元组织教学的结构。不同的是，对单元模块的区分更加清晰，设计了具有多种不同教学功能的单元模块，既彼此区别又相互融合。此外，教材以双线组织单元结构，以人文主题和语文素养两条线索编排内容。针对以往教学中经常出现的因注重人文性而不顾知识能力的落实这一现象，教材的编者设计了人文主题与语文要素，并在单元导语中有所体现，从而为师生指出了有针对性的单元学习目标。

3. 知识体系①

统编版小学语文教材最重要的创新点之一就是落实了语文课程的知识体系，重视核心素养，以语文要素的形式将核心素养中所要求的知识和能力具体化。从三年级开始，每个单元一般从阅读与表达两个方面各安排一个训练要素，每册有两个重点训练要素。每个单元的教学目标直接体现在单元导语中，课后思考练习题则围绕单元训练要素而设计，目标明确，为学生构建起了知识体系。

从单元外部纵向上看，在语文知识与能力、方法与习惯等方面，教材统筹规划训练目标序列，力求做到目标精准，体现出语文要素安排的系统性和发展性。具体表现为：在先前册和本册前面的单元出现的语文训练要素在之后的语文实践中也会反复运用，以不断提升核心素养。如关于“复述”这个语文训练要素，在二至五年级分别安排了一个单元，训练要求呈螺旋式上升状态。

从单元内部横向上看，从三年级开始，每个单元的导语一般围绕阅读、表达两个方面展开，明示本单元的重点语文要素，课后的练习题落实本单元的语文要素，“语文园地”中的“交流平台”对重点学习方法进行回顾、总结。每个单元的单元导语、课后思考练习题，以及“交流平台”“词句段运用”等内容作为一个整体，使语文要素的学习环环相扣，将语文学习方法的掌握、语文能力的发展落到实处。

此外，教材加强了阅读与表达之间的横向联系。比如，练习表达的要求是“按照一定顺序把过程写清楚”，这与复述故事有着紧密联系，在阅读教学中则要求按照起因、经过、结果的顺序复述故事，实际上也是为把过程写清楚做铺垫；在阅读中创造性地复述这一要求，也与创编故事（童话故事、生活故事）相关。这体现出为阅读铺路、由读到写的编写理念。

4. 阅读课型

阅读教学实施“三位一体”，区分不同课型。所谓“三位一体”的阅读教学指的是“精读—略读—课外阅读”这三种阅读教学课型相结合。在以往的教学中，阅读教学主要以精读课文为主，通常不过多关注略读课文。统编版小学语文教材则将两者相结合，精读课文的功能有所改变，它的作用在于举例子、讲方法，激发学生的阅读兴趣，鼓励教师运用多种方式教学；略读课文更大的作用在于促进学生进行自主阅读，向学生提出阅读要求，力求让学生运用通过精读课文学到的方法进行阅读。

① 参见陈先云：《课程观引领下统编小学语文教科书能力体系的构建》，载《课程·教材·教法》，2019（3）。

5. 课外阅读

课外阅读一直被视为课程体系之外的内容，统编版小学语文教材将其课程化，纳入语文课程体系，在教材中设置了相应的板块。例如，低年级教材中的“和大人一起读”“我爱阅读”，以及各年级教材中的“快乐读书吧”等，这些板块的设置为教师指导课外阅读提供了大致的方向和思路。为落实课外阅读在课程中的地位，教材将课内阅读与课外阅读相联系，采用“阅读链接”这种方式，一篇课文同时附带多篇课外阅读文章，将课内阅读与课外阅读相结合，以课内阅读激发学生课外阅读的兴趣。此外，六年级下册第二单元节选了外国长篇儿童小说，实际上就是对整本书阅读的指导，开启了课外阅读课程化的尝试。

6. 识字与写字

一直以来，一年级上册都是先学习汉语拼音然后再识字。汉语拼音的重要作用体现在帮助学生识字、帮助学生学习普通话、帮助学生阅读三个方面，是语文学习不可或缺的基本内容。统编版小学语文教材在一年级上册则先安排了“天地人”的识字内容，后安排了汉语拼音的内容。这一编排方式打破了过去的惯例，帮助学生从识汉字向学拼音过渡，激发起学生对汉字、汉语以及中华文化的学习兴趣和热情。

在识字与写字内容的安排上，为了让学生尽快认识更多的字，教材采纳了儿童字频研究的成果，把儿童读书需要先认识的300个基础汉字安排在一年级教材中，努力体现识字顺序的科学性。①

7. 写作教学②

教材改变了传统的完全以阅读为中心的编排体系，引导语文教学关注表达。以习作能力发展为主线，组织独立的习作单元内容，这是教材的一个重要创新点。除了在阅读单元有序地安排习作训练外，从三年级上册开始，按照学生习作能力的发展序列，教材的编者有计划地逐册编排了8个习作单元，聚焦习作能力发展的某一方面，以增加习作在教材中的分量，使习作教学更具系统性、针对性和可操作性。

习作单元自成体系，分为精读课文和习作例文两类。精读课文在理解内容、积累语言方面不做过多要求，而是注重引导学生体会课文在表达上的特点，学习课文的表达方法；习作例文选取的文章贴近生活，便于学生仿写。其间，通过“交流平台”对本单元的习作方法与策略进行梳理和归纳，通过“初试身手”提供一些片段练习或实践活动，让学生试着用学到的方法练一练。在学生充分获得感性认识的基础上，再让他们运用一定的习作方法进行习作练习。习作单元的各项内容都是围绕此次习作编排的，各项内容之间环环相扣，体现出整体性和综合性。

---

① 温儒敏：《“部编本”语文教材的编写理念、特色与使用建议》，载《课程·教材·教法》，2016（11）。

② 陈先云：《课程观引领下统编小学语文教科书能力体系的构建》，载《课程·教材·教法》，2019（3）。

四、统编版小学语文教材的内容结构与编排特点

（一）内容结构

统编版小学语文教材的结构，主要是按照单元的形式来划分的。在小学阶段的 12 册教材里，第一学段（1～2 年级）按“课文”“识字”和“汉语拼音”三个板块划分；第二、第三学段（3～6 年级）按单元划分。识字与写字、阅读、习作（第一学段为“写话”）、口语交际和综合性学习这几部分的内容，按照年级变化，以不同的比重分散在各个板块或单元中。下面分别结合教材的具体内容进行说明。

1. 第一学段（1～2 年级）按板块划分

教材在第一学段按板块划分，整个学段的教学内容大体分为三个板块：课文、识字和汉语拼音，但是汉语拼音板块只出现在一年级上册，完成教学任务后，便不再单独出现，拼音内容分散在课文内容的注音部分，让学生在学习课文的过程中借助拼音自主识字，以此巩固所学。

虽然第一学段在整体上是按照板块的形式来设计教材内容的，但是依然有教学单元的影子——“语文园地”。每册书都有八个“语文园地”，使教师可以借此划分每一个教学周期。可以这样说：各板块是用来明确教学内容和教学任务的；“语文园地”是用来帮助教师把握教学节奏的。当然，教学内容、教学任务与教学节奏不能决然分裂。

2. 第二、第三学段（3～6 年级）按单元划分

教材在第二、第三学段按单元划分，除六年级下册考虑到毕业，只设置六个单元以外，其余每册各有八个单元，每个单元后都设有“语文园地”，以针对该单元的内容完成知识的沉淀和巩固。

3. 以双线组织单元

教材以双线组织单元：一方面像以往一样按照“内容主题”的线索组织单元，同一单元选取的课文大致都能体现该单元的主题；另一方面还以“语文素养”中的各种基本要素为线索组织单元，依次彰显各个单元的教学重点。这种“双线组织单元结构”的方式，明确地体现在每个单元的单元页上。

与过去的教材一样，每个单元都有自己的内容主题，但是不像先前那样给出明确的主题名称，而是通过一段话、一首诗或者其他形式灵活展现。与以往教材不同的是，每个单元都针对语文要素设有导语，主要指出该单元的学习要点。这种改变是前所未有的，为教师确定教学目标和教学内容提供了重要参考标准。

在单元内部，基本构成板块如图 3-2 所示。其中，“双线结构”的“人文要素”线属于暗线，渗透在课文和“日积月累”内容当中；“双线结构”的“语文要素”线属于明线，分布在单元的各个板块中（见图 3-3）。

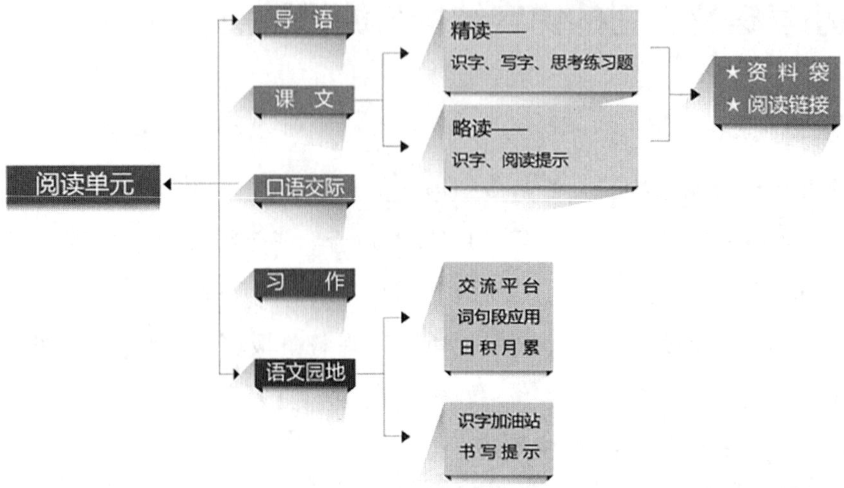

图 3-2　单元构成板块示例

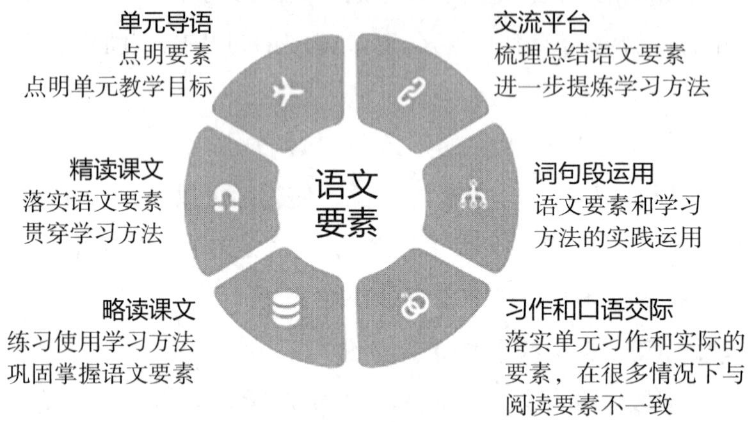

图 3-3　单元中的语文要素

【观点·温儒敏】采用“双线组织单元结构”的原因

为何要采用“双线组织单元结构”？是因为现有各种版本语文教材，基本上都是主题单元结构。这是前些年实施课改，提倡人文性的结果。但主题单元结构有问题，只照顾到人文性，而可能忽略了语文教学的规律。选文也往往只顾一头，只考虑所选课文是否适合本单元主题，难以照顾到本单元应当学习哪些知识、训练哪些能力。语文教学也就失去必要的梯度。这个问题是严重的，教学中大家都不满意。所以“部编本”语文教材采用“双线组织单元结构”，既适当保留人文主题，又不完全是人文主题来组织单元，有的则是文体组织单元，还有，就是适当淡化单元的主题，以便把必要的语文教学的要点、重点，按照一定顺序落实到各个单元中。教师教学实践中可以按照新教材的单元顺序来安排教学，但不能拘泥于人文主题，要特别注意语文知识、能力的落实这条线。还要注意把单元中阅读、写作、综合性学习等几方面结合起来。[①]

① 温儒敏：《“部编本”语文教材的编写理念、特色与使用建议》，载《课程·教材·教法》，2016（11）。

（二）编排特点

1. 紧扣学段要求，体现年级特点

统编版小学语文教材充分体现出义务教育语文学习的基础性、阶段性特征，充分考虑学生的认知特点和身心发展水平，在学段之间做到了有机衔接。

以阅读教学为例，在第一学段，教材编入了大量适合儿童诵读的朗朗上口的作品，如《四季》（一上）、《怎么都快乐》（一下）、《分不清是鸭还是霞》（二上）、《彩色的梦》（二下）等。童话作品的出现频率也很高，如《动物王国开大会》（一下）、《蜘蛛开店》（二下）。古诗从一年级开始出现，放在了“语文园地”中的“日积月累”里（见图 3-4）。到了第三学段，教材在六年级下册安排了“名著阅读单元”，选入《鲁滨逊漂流记》《骑鹅旅行记》《汤姆·索亚历险记》等名著的节选片段，在紧扣记叙性文本的同时，让学生学习概括作品，锻炼写作技能。

图 3-4　一年级上册第一单元中的“日积月累”

2. 注重语文知识的建构，落实语言文字运用能力

教材的每个板块或单元中都有“语文园地”，单元导语中还包含对语文要素的提示，这两部分集中体现了教材在编排上注重学生语文知识的建构、发展学生语言文字运用能力的特点。下面从“语文园地”“单元导语”这两方面各举一例。

“语文园地”中的“词句段运用”（第一学段为“字词句运用”）集中负责协助教师完成小学阶段现代汉语知识的教学任务，教学内容包括语音拼读、标点符号的使用、基本的词汇知识和语法知识以及简单的修辞知识。如图 3-5，展现的是三年级上册第四单元“语文园地”中的“词句段运用”，其中有三道习题。第一道习题体现的是现代汉语的语音知识，即普通话发音训练；第二道习题体现的是现代汉语的构词知识；第三道习题体现的是标点符号的使用。

词句段运用

① 读词语，根据加点字的意思读准字音。

假期	假扮	假装	假日
几乎	几百	茶几	窗明几净
中枪	中奖	中间	猜中
处罚	处分	到处	处理

② 下面的成语有什么特点？你还能说出类似的成语吗？

百发百中	四面八方	七上八下
百战百胜	四通八达（dá）	七嘴八舌
百依百顺	四平八稳	七手八脚

③ 读句子，说说你有什么发现。照样子写句子，注意引号的用法。

◇ 蚂蚁队长说："照样要受处罚。"

◇ "救命啊！救命啊！"红头拼命地叫起来。

◇ "不要紧，"小公鸡说道，"第一次能这样就很不错了。"

图 3-5　三年级上册第四单元中的"词句段运用"

前面提到过，单元导语包含两部分：内容主题和语文要素。这里主要说说语文要素。语文要素部分体现的是各个单元的教学要点，其中不乏语文知识的提要。如图 3-6，展现的是五年级上册第三单元的单元导语。探究这一单元的语文要素，可以析出"缩写"这一语文能力，其背后的语文知识既包括现代汉语中的句法知识，也包括基本的文章学和写作学知识（从文章中提取信息和用简洁的语言表达信息），从这里可以看出：语文要素线在一定程度上也是教材的语文知识线。

图 3-6　五年级上册第三单元中的单元导语

3. 口语交际与习作各成体系，综合性学习的主题性和可操作性增强

在过去的人教版教材中，口语交际和习作总是捆绑在一起的，要么直接以“口语交际与习作”板块的形式出现，要么二者的主题相同，虽然这样安排符合学生“先说后写”的说写习惯，但是难免会使口语交际变为“口头作文大赛”。对此，统编版小学语文教材做出了改变，将口语交际与习作分开，同时脱离“语文园地”的控制，成为板块或单元中的独立部分，以此提高教师对二者的重视度。如图 3-7 和图 3-8 展示的是四年级上册第三单元中的口语交际和习作内容，前者的具体内容是“爱护眼睛，保护视力”，后者的具体内容是“写观察日记”，可见二者不但在结构上互不相扰，在具体内容上也大不相同。

图 3-7　四年级上册第三单元中的“口语交际”

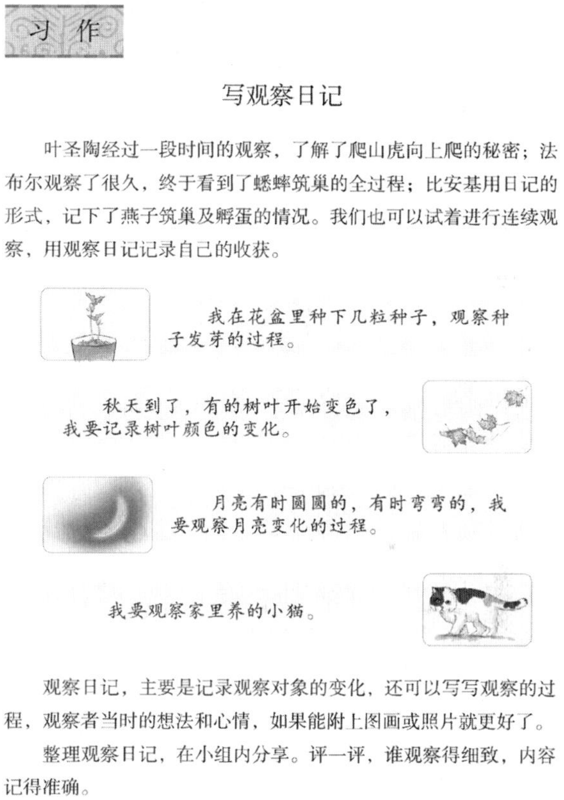

图 3-8　四年级上册第三单元中的“习作”

统编版小学语文教材设置了 4 个单元的综合性学习内容：三年级下册第三单元的“中华传统节日”、四年级下册第三单元的“轻叩诗歌大门”、五年级下册第三单元的“遨游汉字王国”和六年级下册第六单元的“难忘小学生活”。

4. 单元设计灵活丰富

教材以双线结构组织单元内容，既可提高学生的学习兴趣，又可有效辅助教师教学。教材还设计了具有各种不同功能的特殊单元，例如，在低年级有集中识字的识字单元、专门学习汉语拼音的拼音单元；在中高年级安排了专门练习写作的习作单元、专门学习阅读策略单元。又如，教材中有各种文体单元，如二年级上册的寓言单元、三年级上册的童话单元、四年级下册的现代诗歌单元、五年级上册的民间故事单元、六年级上册的小说单元等；还有专题单元，如六年级上册的革命文化单元、鲁迅单元等。这种灵活的设计在很大程度上发挥了单元的整体教学功能。

探究与思考

1. 阅读下列论文。

郭戈:《我国统编教材的历史沿革和基本经验》，载《课程·教材·教法》，2019（5）。

陈先云:《新中国成立以来小学语文课程教材的发展历程与思考》，载《课程·教材·教法》，2019（12）。

温儒敏:《“部编本”语文教材的编写理念、特色与使用建议》，载《课程·教材·教法》，2016（11）。

2. 梳理教材，思考并完成实践活动。

①请梳理出教材中与理解课文内容相关的语文要素及其分布情况，结合具体课例论述其在教材中的教学梯度。

②请梳理出教材中的童话单元，结合单元语文要素，用具体课例说明小学童话教学的教学目标和教学内容。

第二节　专业化地使用语文教材

一、树立正确的教材观

（一）为什么说“语文教材无非是个例子”

人们在习惯上称教师为“教书先生”，简称“教书的”。这种称法体现出人们对于教师工作的认识。作为教师，我们需要静心自问：我们只是“教书的”吗？我们投入精力所进行的工作，就是为教完、教好那一本或几本教材吗？不，这其实并不是我们工作的初衷。说起我们所从事的工作，先浮现在脑海中的应是成长中的学生，而不是静默的书本。我们为“教人”而选择了这一职业，为“教人”而“教书”。换言之，我们凭借教材育人，通过“教书”而“教人”。澄清这一点非常重要，它会帮助我们建立起正确的教材观。

“语文教材无非是个例子”，这是叶圣陶语文教育思想中的一个基本观点。之所以有这样的观点，是因为他对当时的语文教学的如下思考。第一，错误的教学观。一些教师认为“教”就是讲课本、讲自己的教案给学生听；“学”就是学生听老师讲课本、讲教案。好像课本、教案就是教师用来讲的，而在一“讲”一“听”之间，语文教学就能收到效果吗？第二，语文教学效率低下。倾筐倒箧容易，画龙点睛艰难。知识是教不尽的，文章是讲不完的，如何通过一篇篇课文的学习达到“举一反三”“用不着教”的效用？就此叶圣陶指出，要善于凭借、运用教材所提供的诸多语言学习的例子，在学生身上实现相应的语文教育意义。①

知识链接：
叶圣陶先生的
语文教材观

然而时至今日，在语文教学的实践领域，一些教师仍以教完教材的内容、按准备好的教案上完课作为判断自己完成教学任务的标准，以教课文代替教语文，而不是以学生语文能力提高的程度、语文教学目标达成的效果去判断自己教学任务完成的情况。②教材，究竟是用来教的，还是拿来用的？教学，是“教教材”还是“用教材教”？其背后所传达出的是教师的教学观。前者的教学立足点是语文学习内容，所追求的是如何把书本知识较为完整、全面、高效地传递给学生；后者的立足点则放在学习对象身上，更加关注如何凭借这样的学习内容、过程培养能力、开发潜能。

（二）用教材教什么

小学语文教材体现了语文课程的性质，是课程目标与课程内容的载体。韩雪屏教授梳理了语文课程从目标设计到课程实施的“三重转换”过程（见图 3-9）。③

---

① 可参照阅读叶圣陶先生的两篇讲稿：《大力研究语文教学　尽快改进语文教学》《关于探讨教材教法的几点想法》，见张定远：《重读叶圣陶·走进新课标：教是为了不需要教》，70～77、79～81 页，武汉，湖北教育出版社，2004。

② 吴忠豪：《教课文？教语文？》，载《小学语文教学》，2010（10）。

③ 洪宗礼、柳士镇、倪文锦：《母语教材研究（7）：外国语文教材译介》，9 页，南京，江苏教育出版社，2007。

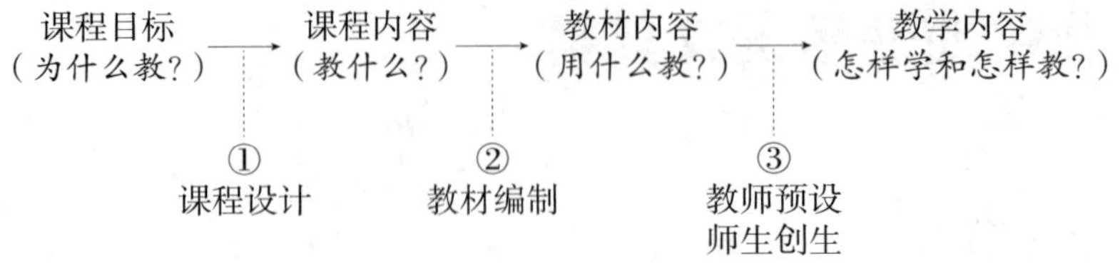

图 3-9 从目标设计到课程实施的“三重转换”过程示意图

《义务教育语文课程标准（2022 年版）》从发展学生的核心素养角度出发，清晰地阐述了课程目标、学段要求，明确了“为什么教”的问题，在此基础上研制出了语文课程内容，确定了课程内容的主题和载体，以及基于学习任务群的组织与呈现方式，解决了“教什么”的问题。这就使语文教材的编写（课程内容的教材化）有了基本的参照和依据。小学语文教材具体体现了语文课程目标和语文课程内容，是教师实施语文教学的凭借物，也是学生学习语文的凭借物，解决的是用什么去教和通过什么去学的问题。所以，教师在面对教材时，只有深入理解其背后所承载的课程目标与课程内容，才能将教材分析好、使用好。

统编版小学语文教材以学习单元为基本单位，每个单元又由多篇选文组成，每篇选文都蕴含着丰富的语文教育资源，那么，怎样凭借单元内容用好课文，去实现语文课程的教育意义呢？显然，教师不能以意为之，要基于语文课程的性质、功能，深入理解发展核心素养的内涵，准确把握课程目标、学段要求、学业质量评价标准，从整体上认识课程内容的主题、载体以及各学习任务群的宗旨、内容。教师只有在这一基础上下功夫，才能深入教材研读与分析其内容，并进一步通过教学设计将其转化为教学内容。教材无非是个凭借物，教师如果只埋头于教材而不结合课程标准，不去深入思考凭借教材应该促进学生哪些核心素养的发展，就不能很好地发挥教材的功能。所以，使用教材的关键是解决用它去做什么和如何用的问题。

教师只有进行理性、系统的思考，才会形成合理、有效的行动策略。用教材教什么，取决于教师对语文教学意义（价值实现）的理解和追求，取决于教师对课程标准中目标系统、内容体系的把握，取决于教师对学生在语言学习过程中所存在问题的认识。只有了解了目标和意义，教材分析与教学设计才会有着落，一切教学方法、技术、策略等才能更好地为我所用。

（三）怎样用好教材

第一，整体把握教材。要做到教材为我所用，前提是要对它做整体把握。一名优秀的语文教师在进行课堂教学时，脑子里装的不是一篇课文、一册书，而是整个小学阶段的十二册书。有了这样一个宏观的教材把握背景，便能考虑到知识（含能力）的前后勾连关系，将每个单元、每篇课文、每一节课的教学准确定位。当然，这一准确定位还有赖于教师头脑中对另外两条线的把握，即一至六年级语文教学目标的纵向序列和不同年龄段学生语言能力发展的心理基础。能做到把握好内容序列、目标序列、心理发展序列不是件容易的事，许多教师教了一辈子语文也未能达到“会当凌绝顶，一览众山小”这种境界。教师整体把握教材能力的高低，影响着局部钻研教材的成败。

第二，不能把单篇课文或某一单元按完整的语文知识与能力体系来教。优秀的语文教师知道应该用一篇课文去教什么，会根据课文的特点、目标定位和学情而有所选择和侧重，从而体现出教学的针对性和目的性。做不到这一点，教师就总会觉得“课时不够”“讲不完”，其根本原因是教师未能做到整体把握课程、用好教材。

知识链接：
言意兼得

第三，不能掉入内容的窠臼。仅重视内容仍然是目前语文教学中存在的一个严重问题。教师在研究一篇课文时，对“写了什么”这种内容问题讨论得多，对“怎么写的”这种语言表达问题探究得少，误以为引导学生理解了课文内容就算完成了教学任务。这种漠视语言形式本身而“妄起浮论”的教学现象是必须警惕的。阅读教学，不仅要关注课文的内容问题（写了什么、为什么写），而且要关注语言表达的形式问题（怎么写的、为什么这样写），从而做到“言意兼得”。此外，更为重要的是，以课文为中心的课堂教学并不能仅着眼于这篇课文本身。教师应通过课文培养学生读的兴趣，让学生在日后愿意阅读，掌握阅读方法从而学会如何阅读，提高阅读能力并尝试自主阅读。这样，才能做到由篇达类、举一反三，学习教材内容也就成了核心素养形成与发展的途径。

第四，“潜心会本文”。这是叶圣陶在《语文教学二十韵》中指出的。用好教材是以准确分析、理解教材为前提的。于永正老师用经验表明，要提高教学艺术就必须把力气花在钻研教材上。他说：“这法儿那法儿，不钻研好教材就没有法儿，这恐怕是所有老师的共同体会。任何一篇课文，只读一两遍是很难找到好的教的方法的。但当我们读了若干遍之后，读出味来了，就会有豁然开朗之感，方法也常常随之产生了。”[①] 这里需要强调的是：教师在“潜心会本文”时，要学会从三个角色切入进去——普通读者、学生、语文教师。首先，作为普通读者，要找到这篇课文从内容到表现形式对自身的“触动点”，假如没有则应积极寻找其他“突破口”。其次，作为即将学习这篇课文的学生，应该找到相应的问题或兴趣点。最后，作为语文教师，再次研读这篇文章时，所关注的应该是如何取舍，如何运用文章中的语言材料对学生进行语文能力和人文情感的培养与熏陶。教师只有以这种方式“潜心会本文”，才有可能做到知己知彼，从而设计好教学方案。

二、教材分析是教材内容教学化的前提

（一）“这法儿那法儿，不钻研好教材就没有法儿”

有的老师在备课时，一上来总是愿意先从方法上入手，想方设法地在形式上别出心裁，以求与众不同。其实，这法儿也好，那法儿也罢，都是以推敲与琢磨教学内容为前提的。凡是成功的课堂教学，莫不如此。那么，该如何钻研好教材呢？

【观点·于永正】“这法儿那法儿，不钻研好教材就没有法儿”

教学艺术（即高明的教学方式、方法）来自执教者对所教内容的准确理解和把握，大到一篇课文的结构，小到一句话、一个词，都要了然于心，把它弄清楚，弄明白，否则就不能教，也无法教。连一般的方法都不会有，还谈什么艺术呢？

① 雷玲：《小学语文名师教学艺术》，3页，上海，华东师范大学出版社，2008。

这法儿那法儿，不钻研好教材就没有法儿。一个人读不懂，就和同事们一起读，人多力量大，好多高明的方法是我和同事们一起“读”出来的。

一定要下功夫钻研教材，否则就不会有得心应手的方法、行之有效的方法，没有好的方法，也就谈不上艺术。教材把握不好，甚至于把握偏了，方法越高明，越会南辕北辙。①

于永正老师的话，使我们看到了优秀教师对于钻研教材这一环节的认识和基本经验。诚然，语文课程资源是多元的，教师也应以开放的态度有创造性地使用教材，而不应把语文教学封闭、拘泥于语文教材中。但是，只有“入乎其内”，才能“出乎其外”；只有立足教材，才谈得上有创造性地使用教材。语文教师一项重要的基本功就是钻研并恰当使用教材。对此，人们积累了许多经验，基本做法是从整体到局部。

首先，教师要做好对教材整体上的钻研和把握，通读教材，统观全局，避免只顾局部不顾整体、只见树木不见森林。教师要确切了解学段与学段之间、年级与年级之间的知识内容、能力训练点等方面的联系，从而认清所教学段、所教年级的教材在全套教材中的地位、作用，正确地、有效地使用教材。有研究者提出了钻研教材的基本步骤，即“通览全套，了解教材编排体系”—“通读全册，把握教材的基本结构”—“通研整组，掌握训练序列与重点”—“逐课琢磨，吃透教材”。②需要注意的是，在如上从整体到局部钻研教材的过程中，教师心中一定要装着目标和学生，即将课程标准中所规定的总目标和学段目标与所钻研的教材建立起联系，以便准确定位每篇课文、每堂课的教学目标，将学生学习语文的具体情况与所钻研的教材建立起联系，增加教材使用的针对性与适应性。

其次，要做好单篇课文的钻研。每篇课文都是一个例子，教师应组织学生学习课文，以提高其核心素养。例子吃不透，挖掘不出语言学习的探究点，课堂教学就会流于形式，在表面上“游来游去”，时效性也会大大降低。

从整体把握到单篇钻研，不同的教师所采取的具体途径和方法肯定有所不同，但他们的目的都是要弄清怎样利用课文和教材去更好地实现语文教学的目的。那么，从课堂教学的事实本身来看，钻研教材是如何影响教学行为的呢？

（二）钻研教材从而影响教学行为

1. 字词的钻研与教学处理

王充在《论衡·正说》中说：“文字有意以立句，句有数以连章，章有体以成篇。”字（词）义是句义乃至篇章义的基础，它们之间的关系，正如刘勰在《文心雕龙》中所说——“振本而末从，知一而万毕矣”。字词是构成汉语书面语的最基本单位，同时它又是小学阶段重要的教学任务之一。钻研语文教材自然也应从字词入手。教师抓住关键字词，不仅可以引导学生更深入地走进文本，理解、感受文本内容，还能帮助他们增强语感、丰富语言积累，并形成一种阅读习惯。

① 雷玲：《小学语文名师教学艺术》，4～5页，上海，华东师范大学出版社，2008。
② 江平：《小学语文课程与教学》，76～79页，北京，高等教育出版社，2004。

【案例·于永正】“饱经风霜”的教学处理

在周晔写的《我的伯父鲁迅先生》中，作者描写车夫外貌时，使用了一个很传神的词——“饱经风霜”。教学时，老师解释一下含义，说一说，当然不是不可以，但我没有这样做。因为我每次读到这句话时，脑海里便出现了车夫的形象，出现了他那一张令人同情的脸。我相信学生也会这样想，于是我请他们展开想象，并要求写出他们想象中、理解中的车夫的“饱经风霜的脸”。学生们沉思起来，动情了，动笔了。学生描写出来的脸，虽然语句不同，但都表达了一个意思——饱经风霜。听课老师为学生的精彩描写鼓掌，也为我这个教学环节鼓掌。[①]

【案例·黄亢美】“理字析词”，突出汉语特点的文本研读与教学处理

《趵突泉》主要描写趵突泉的泉水喷涌而出、水花翻滚的情形。在进行教材研读时，黄老师敏锐地抓住了文题中的关键词并依据字理进行了分析。“趵”是足字旁，足就是脚，“趵”的本义是“跳跃”；“突”是指犬突然从洞穴里窜出来，表示非常急速。顾名思义，“趵突泉”是跳跃的泉，是奔涌而出的泉！这样，在教学时，就可以从文题入手引导学生理解“趵”与“突”的本义，之后再引导学生去品读课文是怎样通过语言描写表现出趵突泉水势之“趵”与“突”的。显然，这样处理十分有利于学生理解文本。

《五彩池》中有“水池周围的树木花草长得很茂盛，五光十色的倒影使水池更加瑰丽”一句。把句中的“瑰丽”换成“美丽”行吗？哪个更好呢？黄老师依据字理析词，先把“瑰丽”分解为“瑰”和“丽”。“瑰”是斜玉旁，斜玉旁的字与碧玉、瑰宝有关；“丽”是美丽，词义学生容易理解。由此可知，“瑰丽”即像碧玉般美丽。那么，在这个句子里，“瑰丽”为什么要比“美丽”更贴切呢？联系句段内容来看，原来五彩池中的水清澈透底，在阳光的映照下是五光十色的，就像碧玉般晶莹透亮、闪耀着光泽。如果换成“美丽”，就显得空泛了。[②]

在日常教学中，很多老师都力求让自己的语文课更扎实一些、更有“语文味儿”。据我们观察，凡扎实而充满“语文味儿”的课，大都有与上述案例类似的教学环节。

“饱经风霜”在文本中只是一串文字符号，但它却有着强烈的“召唤性”[③]。用心研读，我们就会想：在日常生活中孩子们见到过“饱经风霜”的脸吗？透过课文中的这几个字，他们能看到人力车夫那张“饱经风霜”的脸吗？透过“饱经风霜”的脸，他们能读懂那张脸背后那些有关人生与生活的更加深沉的东西吗？在研读文本过程中，于永正老师感觉到了、想象到了、思考到了，于是便有了如此的教学设计。

---

① 雷玲：《小学语文名师教学艺术》，3～4页，上海，华东师范大学出版社，2008。

② 本案例是根据作者与黄亢美老师讨论教学问题时黄老师的谈话内容整理而成的。

③ 按接受美学的理论，任何文学文本都具有不确定性和意义空白，是召唤性的语符结构。持这一观点的德国美学家、文学批评家沃尔夫冈·伊瑟尔（Wolfgang Iser）认为：“作品的意义不确定性和意义空白促使读者去寻找作品的意义，从而赋予他参与作品意义构成的权力。”所以说，作品的意义存在于阅读之中，是读者和作品相互关系的产物。

“依据字理，品词、品句、品读”是黄亢美老师倡导的语文教学理念。在上述案例中，黄老师抓住了课题，从字理出发引导学生理解“趵”“突”二字的本义，进而体会趵突泉的基本特点，在此基础上引导学生去品读——课文是怎样通过语言写出趵突泉水势之“趵”与“突”的？在教《五彩池》时，黄老师抓住了文中关键句子中的关键词——“瑰丽”，引导学生理字析词，并与“美丽”进行比较，对整篇文章的学习而言，这一处理方式可以说是切中肯綮的。在这里，字词教学与文本、语境实现了完美融合，在充盈着浓浓“语文味儿”的课堂中，既培养了学生扣住语言理解文本的能力，又使学生在体会作者遣词造句的得体与精妙之处的过程中积累了语词、语感。

2. 句段的钻研与教学处理

句段是构成文章的基础，是理解文章的基础，也是培养学生基本阅读能力的重要“抓手”。句段教学直接影响学生的阅读积累量、阅读思维水平、阅读理解能力，同时也通过“读写迁移”影响学生的写作能力。教师只有抓住关键句段进行钻研，才有可能进行合理而有意义的教学处理。

【案例·于永正】“大约是星期六”，这个交代是多余的吗？

鲁迅写的《藤野先生》，记叙了藤野先生检查鲁迅所抄的讲义的事。这件事的开头是这样交代的：“过了一星期，大约是星期六，他使助手来叫我了。……我交出所抄的讲义去，他收下了，第二三天便还我。”鲁迅打开一看，发现藤野先生改得非常仔细，连文法的错误都一一订正了。鲁迅为什么要在故事的开头交代“星期六”“第二三天便还我”？第二天是星期几？第三天又是星期几？那么藤野先生最迟是在什么时间改的？他都是在该休息的时间改的！而且改得那么认真！藤野先生是个怎样的人，还要多说吗？都在字里行间！

我的“发现”使我很兴奋。在课堂上，当我引导学生也这样“发现”后，学生也变得很兴奋。我对学生说：作者这样写，叫“前后照应”；我们这样读，叫“前后联系”。在学生恍然大悟的同时，听课的老师也恍然大悟了。①

【案例】《花钟》第一自然段的教材分析与教学处理

“鲜花朵朵，争奇斗艳，芬芳迷人。要是我们留心观察，就会发现，一天之内，不同的花开放的时间是不同的。凌晨四点，牵牛花吹起了紫色的小喇叭；五点左右，艳丽的蔷薇绽开了笑脸；七点，睡莲从梦中醒来；中午十二点左右，午时花开花了；下午三点，万寿菊欣然怒放；五点，紫茉莉苏醒过来；月光花在七点左右舒展开自己的花瓣；夜来香在晚上八点开花；昙花却在九点左右含笑一现……”

用这一段语料可以引导学生学什么呢？在听了校本研修活动中两位老师“同课异教”的两节课并进行课后讨论之后，我们发现至少可以从如下一些方面去发展学生相应的核心素养（见表3-1）。②

---

① 雷玲：《小学语文名师教学艺术》，3页，上海，华东师范大学出版社，2008，有改动。
② 本案例是根据作者在北京某小学参加该校校本研修活动时采集到的教学案例整理而成的。

表 3-1　《花钟》的教学反思

语词积累	“争奇斗艳”“芬芳迷人”“欣然怒放”“含笑一现”……
发展朗读能力及积累语感	在理解、感悟的基础上，引导学生朗读。抓住“吹起了紫色的小喇叭”“绽开了笑脸”“欣然怒放”“舒展开自己的花瓣”等，通过想象和联想读出情感
培养阅读能力：提取信息、把握顺序、概括内容	①完成表格：开放时间—花的种类—开放形态，交流修改；②用一句话概括出段落的主要内容
体会作者是怎么写的：发现与体会	①按时间顺序；②使用时间词，注意位置的变化；③用不同的写法写不同的花，抓住特点写具体；④使用拟人手法，带来生动性与情趣
以读促写	①仿写：参照前面的写法，抓住省略号，再续写几种你所了解的花；②在想象与联想的基础上写：艳丽的蔷薇绽开了怎样的笑脸？写出你和它的一段对话
品味文学情趣	将这一段改写成一首小诗并朗读： 凌晨四点， 牵牛花吹起了紫色的小喇叭； 五点左右， 艳丽的蔷薇绽开了笑脸； 七点， 睡莲从梦中醒来； …… 月光花在七点左右舒展开自己的花瓣； …… 昙花却在九点左右含笑一现……

句和段都是学生借以发展核心素养的“抓手”，怎么用这些“抓手”，取决于教师在研读基础上的发现。教师对“大约是星期六”这一文本内容的研读结果及教师以此为中心展开的相应的教学活动，至少可以使学生在如下几个方面有所得：了解作家严谨的写作态度、从字里行间把握人物的性格、学习“前后照应”的写法与“前后联系”的读法。于永正老师游刃有余的教学智慧取决于他深厚的研读文本的底子。

就《花钟》的第一段而言，如表 3-1 所示，我们至少发现了六个教学点。这正是语文教师的教学阅读与一般人的日常阅读的根本区别。在语文教师的教学过程中，我们可以发现明显的教学意识。当然，这些教学点是否真的要出现在课堂教学中，还要由教师根据本班学生具体的学习情况灵活选择和处理。

3. 篇章的钻研与教学处理

教师对篇章的钻研与教学处理往往决定着课堂教学的基本思路和结构，也决定着学生学习语文的基本方向和步骤。有的课文可以从标题入手，探求其表达的主旨、情感、思路。如《狼牙山五壮士》，为什么不用“五战士”而用“五壮士”？他们的“壮”体现在哪里？有的课文可以从其结构入手，把握文章顺序、脉络，进而引导学生学会提炼信息、整体把握文本。有的则可以从课文的主旨、思想和情感基调入手，揣摩、思考、体验，锻炼思维，发展审美。总之，篇章的钻研与教学处理要基于整体感知，进而探究思路、结构、情感、思想等，教师要培养学生提取信息、理解体验、概括分析、评价鉴赏等基本能力。

【案例·窦桂梅】备课要抓住课文的“课眼”

比如教学《圆明园的毁灭》，我紧紧抓住“毁灭”这个中心词进行如下建构：“圆明园毁灭的究竟是什么？不应该毁灭的是什么？永远也毁灭不了的是什么？”比如教学《秋天的怀念》，仔细阅读文本，发现“课眼”在文中两次出现在“好好儿活”上。于是整个课堂就围绕“咱娘儿俩在一块儿，好好儿活”一直思考到“我俩在一块儿，要好好儿活”。……再比如讲《长征》，我围绕“红军不怕远征难，万水千山只等闲”这两句诗设计，先带领学生走进文本体会红军长征是怎么个“远征难”，然后“再柳暗花明”——红军是怎么个“只等闲”。这样，红军的大无畏的英雄气概就凸显出来了。

…………

主题即“课眼”……教师拿到教材不要急于收集课外资料和教学参考教案，一定要“啃”教材，钻进去……用创意进行设计。如何找到“课眼”？形式、手段都显得次要了，关键靠底蕴——靠独立思考的勇气与能力。①

盛新凤说：“文本是个丛林，茂盛幽深，那么深邃神秘地诱惑着我们去探险，去走进它的深处。然而我们也很容易在其中迷路。教师解读文本的过程是个‘披荆斩棘’的过程。”② 窦桂梅老师告诉教师在钻研“篇”时，要以“我”为主，抓住课眼创造设计。自然，这需要教师具有较高的文学修养和文本解读能力。

“用教材教”，取决于教师对语文教学目标的准确理解和对学生学习起点的准确把握。有了这一基础，教师就会清楚地意识到“用教材去教什么”，进而也就能够有所取舍地扣住篇章，为学生设计出相应的语言实践活动。这是在钻研篇章时教师应该把握的一个基本出发点。

4. 单元内容分析与学习活动设计

现行小学语文教材以单元组织学习内容，每个单元承载的是课程目标、学段要求，是发展学生的核心素养的基本学习单位。在进行单元内容分析时，教师需从发展学生的核心素养的整体性出发，围绕大观念、大概念，思考单元所承载的任务，对单元内容进行结构化分析，包括知识间的关联、知识与方法的关联、知识与生活的关联、知识与经验的关联等。教师应在此基础上围绕学习主题，采用问题、任务等方式进行活动化、情境化教学设计。

【案例】统编版五年级上册第五单元教材分析与整体设计③

本单元的学习主题是：说明文以“说明白了”为成功。单元学习要点是：阅读简单的说明性文章，了解基本的说明方法；搜集资料，用恰当的说明方法，把某一种事物介绍清楚。为此，教材编排了两篇精读课文——《太阳》《松鼠》，并安排了“交流平台”“初试身手”两个活动环节，随后，为学生提供了两篇习作例文，并安排了习作任务——“介绍一种事物”。

---

① 肖川：《名师备课经验·语文卷》，47～48页，北京，教育科学出版社，2006，有改动。

② 肖川：《名师备课经验·语文卷》，88～89页，北京，教育科学出版社，2006。

③ 本案例是根据北京市通州区芙蓉小学的一次教研活动整理而成的。

那么，如何从单元整体角度理解内容之间的关联，提取大的学习任务，进而为学生设计好学习任务和活动呢？语文教研组的教师以“学方法、明事物、享生活”为主题，关联日常生活，设计了一个大概念下的直播活动（见图3-10）。

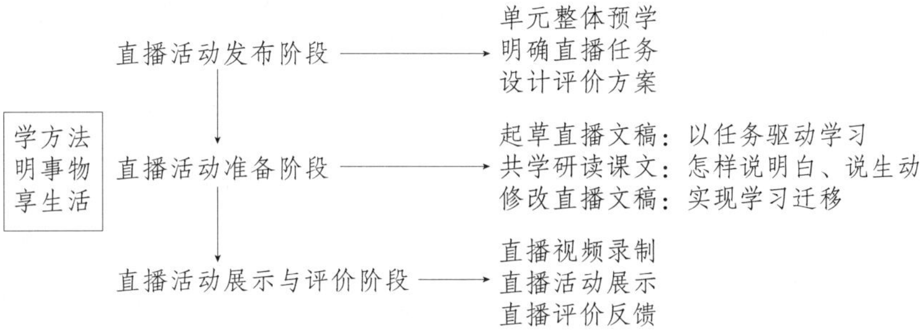

图3-10　“学方法、明事物、享生活”主题活动流程图

如何把单元承载的知识转化为学生身上的必备品格与关键能力呢？教师在认真研读单元内容的基础上，联系日常生活，创设学习情境，以问题、任务、活动为主线，为学生设计出了能够引发学习兴趣、愿意积极参与的“学习场”。这一单元学习活动的设计，满足了钟启泉教授所指出的六个条件：情境、协同、支架、任务、展示（外化）、反思。

总之，面对语文教材，教师应意识到以下三点。

第一，教师在专业发展过程中，尤其是在起步阶段，要如叶圣陶在《语文教学二十韵》中所说，要“潜心会本文”，要“一字未宜忽，语语悟其神”。小学语文教师要想使自己的教学做到扎实、有深度，就要潜心研读教材。

第二，教师自身对文本的解读有怎样的高度，就会引领学生登上怎样的高度。教师对文本解读的程度直接影响着教学行为本身。小学语文课堂教学要想有高度，在文本解读这一环节上，就必须从“照本宣科”走向个性化的独立思考，从单一、封闭走向多元和延展。这样，学生在语文课堂中才会调动思维、涌动情感，欣赏语言的“粼粼波光”。

第三，教师必须清楚地意识到，基于教学需要的文本研读不同于一般的日常阅读，必须从学生的学习起点和语文课程目标出发审慎考虑如下问题：该如何使用这样的语言材料？要从哪些角度发展学生的语言能力？要发展学生的哪些核心素养？如此，才能做到有所取舍、张弛有度。否则，很容易在文本研读过程中“迷路”，为了教课文而教。事实上，教师研究教材、把握教材的诸多问题，大都基于对于“教什么”不甚了了。对此，必须重申一点：语文教学不是单纯地“讲好一篇篇课文”的问题，不能只是看谁讲得精彩，讲得有深度、有新意、有水平，而是要看教师在文本研读的基础上基于何种目的、利用什么文本，为学生设计了哪些有意义的语言实践活动，这一过程即教材内容的教学化。

三、教材内容的教学化

（一）教材内容与教学内容

教师应凭借什么去完成语文课程的内容与目标呢？最基本的是教材。语文教材是将课程内容与目标教材化的结果。“在课程内容教材化的同时，也要求将教材内容‘教学化’。教学化，包括人们一再重申的心理化，也包括贴近教学实际的要求、形成具体而有效的教学设计。教材并不是课程内容的简单传递，也不等于课程内容的精练表述；教材内容和编排的理想境界，是形成可供选择的教学设计。”①

抛开教材编写问题不谈，在当前的教材使用过程中，教材内容的教学化水平显然已成为决定语文教学效率的一个关键。要做好教材内容的教学化，我们需简单区分一下“语文教材内容”和“语文教学内容”两个基本概念。

王荣生的观点是：“语文教材内容，是语文教材具体形态层面的概念，指为了有效地反映、传递课程内容诸要素而组织的文字与非文字材料及所传递的信息。……语文教学内容，则是语文教学具体形态层面的概念，从教的方面说，指教师在教的实践中呈现的种种材料及所传递的信息。它既包括在教学中对现成教材内容的沿用，也包括教师对教材内容的‘重构’——处理、加工、改编乃至增删、更换。”②

曾天山则指出：“教学内容又是教材内容的教学化。教学内容是师生在教学过程中各项活动对象及活动方式的组合，是具体而动态的，是主体与客体相互作用的过程和结果，是对静态的教材内容进行多次教学法处理的过程与结果。”③

显然，教师在教学过程中，先面对的是教材内容。而在研读教材的基础上，则要根据课程目标、学生语言学习的具体情况，将这一静态的内容“教学化”，并通过实践转化为教学内容。那么，在这一转化过程中，面对这样的学生、文本内容，实际上应该教些什么呢？这是教师需要思考的核心问题。为了使学生掌握这样的内容、发展相应的能力，最好应该怎样去教呢？如上思考过程恰恰反映出了教师职业的研究性和创造性品质。

（二）课堂教学是教材内容教学化的过程

【观点·周益民】走近文本的不同角色

我喜欢将自己设想成不同的角色身份走近文本：

——我是作者

“我是作者”是求其“真”的过程。……“识真”既是对作品的尊重，也是进一步求解的前提。……“缀文者情动而辞发，观文者披文以入情。”……要识得其“真”，就须真切地走进，实在地揣摩，从而还原抑或再建。叶老说：“作者思有路，遵路识斯真。作者胸有境，入境始与亲。一字未宜忽，语语悟其神。”

——我是孩子

“我是孩子”是对母语学习规律的认识。教材的主要阅读对象是孩子，阅读学习教材是他们语文素养提高的重要途径。儿童的阅读心理与成人有着很大差异，他们重直觉把握，重感性体验。教学的成功建筑在对儿童的理解上，需要教师拥有一双孩子的眼睛。

——我是教师

① 王荣生：《语文科课程论基础》，299页，上海，上海教育出版社，2003。
② 王荣生：《语文科课程论基础》，301页，上海，上海教育出版社，2003。
③ 曾天山：《教材论》，116页，南昌，江西教育出版社，1997。

“我是教师”是多种角色的融合。……我们还要斟酌，作者所寓之意是否适于向孩子揭示？应该领着孩子求解到何种程度？……“我是教师”是一种专业解读。……同时还是一种“为他”式解读，一切皆是为着更好地辅助儿童，考虑的是如何以文本为凭借促进学生的言语发展。①

教学内容是教材内容教学化的结果，它以课堂教学的形态具体呈现出来。解读教材文本，是这一切的开始。以上是周益民老师从作者、孩子、教师三个视角解读教材的经验，给了我们相应的启发。对于教师来讲，要追求优质课堂，必须考虑清楚以下三个问题。

1. 研读教材，知道凭借这样的教材内容可以教什么

教师要用好教材内容，因为学生是凭借教材内容发展核心素养的。而用好教材内容的关键是教师要在研读的基础上有所发现。研读教材的首要任务就是发现它潜在的语文教育因素，发现能够用它来教什么、学什么。没有发现，就谈不上取舍，更谈不上为我所用。

还需强调的是，教师在研读单篇课文时，必须将其置于本册教材甚至整套教材中去做整体考虑，以把握好教学的逻辑起点。因为，一篇文章，一旦选入教材，它便不再是独立存在的个体，而是整个“语文大厦”的有机组成部分。所以，那种绝对化的“我的课文我做主”的做派是要不得的。“这部分教师往往打着‘教师是课程资源的开发者’这个幌子，对教材进行随意解读和处理，置整个语文教材逻辑体系于不顾，一味求新和求巧，结果完全曲解了编者的意图和教材本身具有的‘例子’功能。”②

2. 把握学段目标，找准学生的学习起点，清楚凭借这样的教材内容应该教什么

语文教材是关于“教”和“学”的内容的载体，而具体用它来教什么、学什么，则取决于教师对学段目标及学生的学习起点的把握。基于课堂观察，我们认为这是当前语文教学迫切需要解决的问题之一。如果把整个小学语文学习的过程比作一次长长的旅行的话，那么，教师必须随时了解我们的孩子从何处而来，他们正在什么地方，他们将继续往哪个地方前进。所以，我们要对学生曾经掌握了什么和将要掌握什么，孩子已经有了哪些本领和将要练习哪些本领，有一个通盘的了解。③

学段目标，是教师对在研读时所发现的教材中的语文教育因素进行取舍的标准。依据这个标准，教师可以判断该教什么、不该教什么，从而避免面面俱到。而学生学习的起点恰恰是课堂教学的起点。通过课堂，教师要解决的是学生“不会”和“不能”方面的问题。那么，学生“已知的”和“已经能做的”是什么？“不会”和“不能”的方面到底是什么？这一起点找不到、找不准，就谈不上有效教学，就谈不上以学定教，就更不可能对教材内容进行有针对性的教学化处理。换言之，有效教学必须建立在对学生的学习起点的准确把握和了解上，“零起点”或“教师起点”的教学不但不能激发学生语文学习的积极性、主动性，而且不能对学生的核心素养的发展真正产生效果。

---

① 余文森、林高明、许玉兰：《名师怎样观察课堂（小学语文卷）》，4～5页，上海，华东师范大学出版社，2009。

② 张祖庆：《张祖庆讲语文》，62页，北京，语文出版社，2008。

③ 张祖庆：《张祖庆讲语文》，62页，北京，语文出版社，2008。

3. 把握学生学习语文的心理，知道根据这样的内容与目标怎样教才能取得更好的效果

显然，在语文课堂仅有的几十分钟时间里，学生的主要任务是按照教师所预设的初步规划进行一系列的语言实践活动，并实现相应的个体发展目标。为此，在教学化处理过程中，教师必须了解学生的学习心理，并在此基础上，利用教材所提供的语文材料，设计出相应的任务、活动和作业，把学生带到语言的世界中去。这样，教师就需要考虑下面几个基本问题。

第一，引导并激发学生参与语文学习活动的兴趣、动机与期望。即让学生对教材内容产生探究热情和认知欲望，使教材内容同学生的经验与体验建立联系，搭建起教材内容通向学生生活世界的桥梁。这取决于教师能否真正把握学生的学习心理。

第二，将具有整体性的教材内容任务化、问题化。即用具体的、富于挑战性的、序列化的任务和问题组织并推进教与学的活动，使学生处于任务或问题情境中，而不只是坐下来听讲。显然，设计哪些问题、哪些任务，设计何种程度的问题与任务，取决于教师对文本特点的把握、对本课教学的预期、对学生起点的了解。

第三，将静态的教材内容活动化、实践化。现代课程理论的奠基者美国课程论专家 R.W. 泰勒说过："学习是通过学生的主动行为而发生的；学生的学习取决于他自己做了些什么，而不是教师做了些什么。"就语文学习来说，学生的核心素养的发展取决于其自身语言实践活动的质量与数量，而不取决于教师在课堂上说了些什么。因此，我们坚信，学生能否在语文课堂上有效地进行语文实践活动，取决于教师能否设计有意义的语文实践活动、能否组织学生积极参与。

当我们把目光都聚焦在学生身上的时候，并不意味着应忽略教师的作用。正好相反，教师的作用在各方面都得到了强化并反映到了学生身上：教师要根据文本特点、教学目标、学生起点，为学生设计出有意义的学习活动；要想尽办法高效地组织学生学习；学生在学习活动的进程中遇到问题或发生错误时，教师要具有相应的策略和智慧对学生进行指导、给出建议；还要具有相应的评估和激励策略，对学生的学习活动进行评价和提升。这样，在教材内容教学化的过程中，教师的角色就由单一的讲授者转变为设计者、组织者、指导者、评价者。图 3-11 呈现了"以学为中心"的语文教师教学工作流程及所应具有的基本能力。

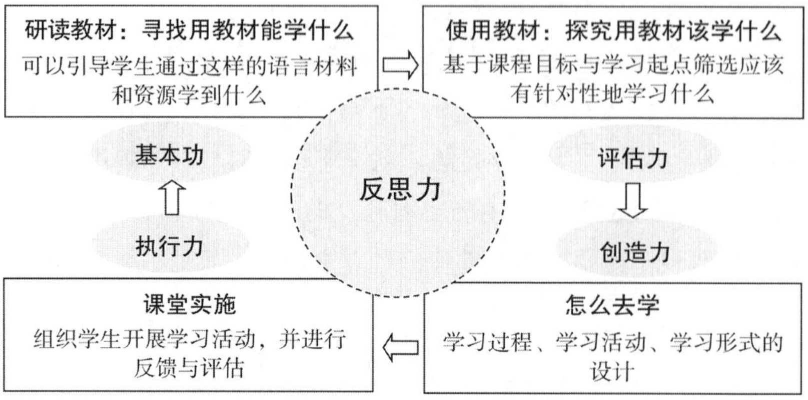

图 3-11　语文教师教学工作流程与基本能力

总之，作为教材内容和学生实际的语文课堂学习之间的媒介，教师要善于通过教学化过程把学生带到语言文字的活动中去。而教材内容的教学化，又以钻研好教材为基础，以理解学生语言学习的心智发展状况为条件，以教师个人的文化底蕴与教学智慧为依托。

探究与思考

1. 阅读相关文献，检索并摘录特级教师分析教材的经验和方法，看看有哪些是值得我们借鉴和学习的。

2. 收集语文同课异构的典型案例并进行具体描述，在此基础上讨论教材分析是怎样影响教学设计与课堂教学行为的。

第四章

“识字与写字”的课程理解与教材分析

【知识地图】

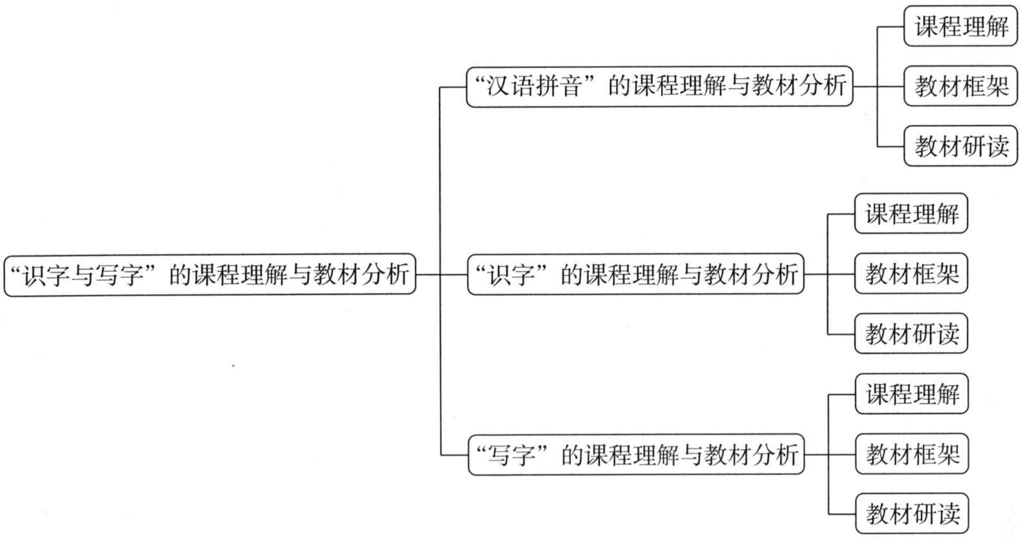

【学习目标】

- ◆ 了解并掌握“汉语拼音”的课程内容和本体性知识。
- ◆ 理解并掌握“识字与写字”的课程内容和目标要求。
- ◆ 理解并把握“识字与写字”的课程内容在教材中的编排特点和分布情况。
- ◆ 能够对教材中的“识字与写字”的课程内容进行深入分析并确定教学内容。

第一节 “汉语拼音”的课程理解与教材分析

一、课程理解

小学阶段的学生以认读和运用汉语拼音为主要学习内容。汉语拼音既是学生识字的基础和保障，也是学习普通话的重要依据，同时还是处理中文信息的重要工具。

（一）《汉语拼音方案》

议一议

《汉语拼音方案》的内容与小学语文课程中的汉语拼音的内容有什么异同点？

1958 年 2 月 11 日，第一届全国人民代表大会第五次会议批准颁布《汉语拼音方案》，同时要求在师范院校、中小学进行教学。自此，汉语拼音就成为小学语文教学的一项重要任务。汉语拼音的主要功能为：第一，以给汉字注音的方式帮助学生识字；第二，帮助学生学习汉字和推广普通话。

《汉语拼音方案》包括五部分内容：字母表、声母表、韵母表、声调符号以及隔音符号。

1. 字母表

知识链接：哥特体

字母表中共有 26 个字母。为了运用方便并符合国际习惯，以拉丁字母的传统顺序进行排列。

字母表的作用如下：①明确了该方案的构成材料是拉丁字母；②明确了每个汉语拼音字母的读音；③明确了汉语拼音字母的体式是哥特体；④明确了汉语拼音字母的先后顺序，这是用汉语拼音字母做索引的基本依据。

2. 声母表

声母表中有普通话的 21 个声母，根据传统方式按发音部位排列在一起，共六组。声母表规定了声母的呼读音，在拼读音节时要用声母的本音。

3. 韵母表

韵母表规定了普通话中的 35 个韵母和 6 条拼写规则。小学汉语拼音课程整理出了 16 个整体认读音节，是为了便于学生理解和运用。可见，《汉语拼音方案》的内容不等同于小学语文课程中的汉语拼音的内容。

4. 声调符号

知识链接：中古汉语中的“平、上、去、入”

声调是汉语音节中重要的组成部分，具有区别意义的作用，是一个音节不可缺少的要素。《汉语拼音方案》专门规定了普通话声调的调类、调值和书写符号。声调符号比较直观地显示了汉语普通话四声的高低升降特征。阴平、阳平、上声、去声是传统的音韵学术语，小学多采用大众习惯称说的第一声、第二声、第三声、第四声给声调符号命名。

5. 隔音符号

ɑ，o，e 开头的音节连接在其他音节后面的时候，如果音节的界限发生混淆，则应该用隔音符号隔开。

（二）“汉语拼音”课程的学段要求

在《义务教育语文课程标准（2022 年版）》中，学习汉语拼音的目标并未单独出现，而是置于第一学段“识字与写字”的学段要求中：“学会汉语拼音。能读准声母、韵母、声调和整体认读音节。能准确地拼读音节，正确书写声母、韵母和音节。认识大写字母，熟记《汉语拼音字母表》。”“学习独立识字。能借助汉语拼音认读汉字，学会用音序检字法和部首检字法查字典。”[①]

这说明“汉语拼音”不是小学语文课程中一个独立的课程内容，而是作为识字的工具出现的。

“汉语拼音”课程的目标和内容主要包括：声母、韵母、声调，以及音节的认读、拼读和书写，这是第一学段需要让学生掌握和运用的内容。在上述基础上，进一步要求“能借助汉语拼音认读汉字”。《义务教育语文课程标准（2022 年版）》还要求熟记《汉语拼音字母表》，学会用音序检字法查字典，这说明了记住汉语拼音字母表顺序的重要性。学生只有熟记《汉语拼音字母表》，才能够根据字母表顺序用音序检字法查找汉字。“能借助汉语拼音认读汉字”“学会用音序检字法和部首检字法查字典”这些要求是根据培养学生的独立识字能力提出的。“汉语拼音”课程是“识字与写字”课程的重要组成部分，并对阅读和学习普通话产生直接影响。

知识链接：
声母、韵母、声调、音节

表 4-1 比较了《九年义务教育全日制小学语文教学大纲（试用）》和《义务教育语文课程标准（2022 年版）》中汉语拼音的教学要求，可以发现对汉语拼音的教学要求呈现出降低难度的趋势。

表 4-1　《九年义务教育全日制小学语文教学大纲（试用）》与《义务教育语文课程标准（2022 年版）》中汉语拼音的教学要求

文件	识记要求	拼读要求	书写要求
《九年义务教育全日制小学语文教学大纲（试用）》	学会汉语拼音的声母、韵母、声调和整体认读的音节； 能背诵《汉语拼音字母表》	能够准确、熟练地拼读音节，有条件的可以逐步做到直呼音节	能默写声母、韵母和抄写音节；掌握字母的笔画、笔顺，利用四线格把字母和音节写得正确、工整
《义务教育语文课程标准（2022 年版）》	能读准声母、韵母、声调和整体认读音节； 熟记《汉语拼音字母表》	能准确地拼读音节	正确书写声母、韵母和音节

① 中华人民共和国教育部：《义务教育语文课程标准（2022 年版）》，7 页，北京，北京师范大学出版社，2022。

从识记、拼读、书写三个方面的要求来看，从“背诵”到“熟记”，从“准确、熟练”到“准确”，难度要求降级，体现出了教育部对汉语拼音的定位变化。《义务教育语文课程标准（2022年版）》重新定位了汉语拼音的功能和作用，适当降低了对小学生学习汉语拼音的要求，对减轻学生的负担具有重要意义。

《义务教育语文课程标准（2022年版）》分三个层面设置了学习任务群，第一层设“语言文字积累与梳理”1个基础型学习任务群，该学习任务群规定了第一学段的学习内容，其中对汉语拼音的学习内容进行了说明：“认读拼音字母，拼读音节，认识声调，借助汉语拼音认读汉字，学习音序检字法；在日常交际情境中学习汉语拼音和普通话。”[①]

统编版语文教材第一册的第二、第三单元是汉语拼音单元，但并不意味着汉语拼音的教学随着这两个单元教学任务的完成而结束，它与学说普通话、识字、阅读以及写作等相结合，贯穿整个义务教育阶段的语文教学的始终。

二、教材框架

如上所述，汉语拼音教学是义务教育阶段语文教学的重要内容。本节所讨论的“教材框架”和“教材研读”，均是针对统编版语文教材一年级上册中的第二、第三单元而言的。这两个单元的具体内容包括：声母、韵母、整体认读音节，以及音节的拼读、拼写等。

统编版语文教材一年级上册第二、第三单元中的每一课都提供了拼音书写范例，学生应根据规范的书写字体来正确书写汉语拼音字母，以上具体落实在教材中的教学内容的分布情况如下（见表4-2）。

表4-2　“汉语拼音”课程内容在教材中的分布

一年级上册第二单元	一年级上册第三单元
第一课：ɑ　o　e 第二课：i　u　ü　y　w（yi　wu　yu） 第三课：b　p　m　f 第四课：d　t　n　l 第五课：g　k　h 第六课：j　q　x 第七课：z　c　s（zi　ci　si） 第八课：zh　ch　sh　r（zhi　chi　shi　ri）	第九课：ɑi　ei　ui 第十课：ɑo　ou　iu 第十一课：ie　üe　er（ye　yue） 第十二课：ɑn　en　in　un　ün（yuɑn　yin　yun） 第十三课：ɑng　eng　ing　ong（ying）

汉语拼音字母分散在每课内容的最后部分，在一年级上册“语文园地三”的练习中，有关于汉语拼音的整体学习内容，教材将这些内容与学生的生活实际相联系，更加体现了汉语拼音的工具性（见图4-1）。

① 中华人民共和国教育部：《义务教育语文课程标准（2022年版）》，20页，北京，北京师范大学出版社，2022。

b p m f　　d t n l　　g k h　　j q x
zh ch sh r　　z c s
(y w)

a o e　　i u ü
ai ei ui　　ao ou iu　　ie üe er
an en in un ün　　ang eng ing ong

zhi chi shi ri　　zi ci si
yi wu yu　　ye yue yuan　　yin yun ying

图 4-1　一年级上册第三单元中的汉语拼音

（一）整体分布

汉语拼音的内容在统编版语文教材一年级的第二、第三两个单元集中出现。教材将拼音的分类打乱，重新按照一定的顺序进行编排，这样更有助于学生对拼音进行整体感知。

需要注意的是，统编版语文教材对拼音单元进行了调整，将拼音单元编排到了识字单元之后，把汉语、汉字摆在第一位。这对我们的启示如下。第一，教材明确了拼音与识字的关系——汉语拼音只是辅助学汉字的工具。换言之，学习语文的目的是学习语言和汉字。第二，学生对汉字的熟悉程度要远远高于拼音，这是由现实的语言环境决定的，先识字后学拼音是考虑到这一现实情况而设计的，先安排识字课有助于实现幼小衔接平稳过渡。“对于刚上一年级的学生而言，一上来就学拼音，比较难，等于给了一个‘下马威’，不利于培养学生对语文课的兴趣。现在把拼音学习推后一点，能减少他们的畏难情绪。”①

此外，在这两个单元中，不仅有拼音内容的学习，还有对生字的认读、词语的拼读和阅读练习。生字、词语、阅读的学习与拼音的学习紧密融合在一起。

（二）内容分析

教材中每一课的汉语拼音内容大体先以单韵母或声母开始，后过渡到整体认读音节，单元间的内容由简单的单韵母和声母过渡到复杂的复韵母。

1. 声母

统编版语文教材一年级上册第二单元的第二课便开始出现声母“y”“w”，但是在《汉语拼音方案》中只有 21 个声母，不包括“y”“w”。教材将“y”“w”算作声母是因为：以“i”开头的韵母自成音节时，按《汉语拼音方案》的要求，应将“i”改写为“y”；以“u”开头的韵母自成音节时，应将“u”改写为“w”。这些音节统一被称为“零声母音节”。为了减少韵母的数量，也就把“y”“w”当声母来看。这样，根据《汉语拼音方案》的拼读规则，韵头字母“i-”“u-”“ü-”有两种写法：一种是“-i-”“-u-”“-ü-”，用于有声母的音节；另一种是“y-”“w-”“yu-”，

① 温儒敏：《如何用好“统编本”小学语文教材》，载《课程·教材·教法》，2018（2）。

用于无声母音节。把“y”“w”当声母教，不教名称音，直接与韵母相拼，可以省教5个复韵母（“iao”“iou”“ua”“uo”“uai”）和6个鼻韵母（“ian”“iang”“uan”“uang”“ueng”“iong”），也省去了教“y”“w”的拼写规则。所以，虽然《汉语拼音方案》中有21个声母，但是教材将“y”“w”也算入其中，共计23个声母。

其余21个声母根据传统方式按发音部位排列进行编排，分布在第二单元的第三至第八课，这也符合《汉语拼音方案》中的规定。由于数量较多，又进行了细致划分：“b”“p”“m”“f”为唇音，“d”“t”“n”“l”为舌尖中音，“g”“k”“h”为舌根音，“j”“q”“x”为舌面音，“z”“c”“s”为舌尖前音，“zh”“ch”“sh”“r”为舌尖后音。

2. 韵母

统编版语文教材一年级上册第二单元是拼音单元，开篇就要学习单韵母，将单韵母放在最开始，是因为它们是学习拼音的基础。

复韵母主要安排在第三单元进行学习。这是因为复韵母是由2个或2个以上的单韵母组合而成的，在读和使用时难度较大，学生应先掌握基本韵母和声母，在了解拼音组成和拼读规律后，再进行复韵母的学习，这样由易到难更符合学生的学习规律。

第三单元共出现了18个复韵母，但是在《汉字拼音方案》的韵母表中并没有“ui”“iu”这两个韵母。这主要是因为“ui”是《汉语拼音方案》中“uei”的省写式，“iu”是“iou”的省写式，如果教材按照《汉语拼音方案》的要求进行编排，学生可能会将这两个韵母与其他韵母混淆。为了方便学生记忆和理解，教材选用了这两个韵母的省写式进行教学。

3. 整体认读音节

在声母和韵母教学中，穿插着16个整体认读音节。在这16个整体认读音节中，“zi”“ci”“si”“zhi”“chi”“shi”“ri”的声母后面都有一个韵母“-i”（不是“i”），由于不易掌握，只能整体认读。“yi”“wu”“yu”“ye”“yue”“yuan”“yin”“yun”“ying”这9个整体认读音节则是为了简化“y”“w”的拼读规则，所以让学生整体认读。上述整体认读音节都是与前面或后面的声母或韵母一起出现在同一课中进行学习的，所以它们在教材中的呈现顺序是按照声母、韵母、整体认读音节的出现顺序安排的，从而形成了由单韵母或声母开始，后过渡到整体认读音节这一形式。

综上，从“汉语拼音”课程的整体内容来看，第二单元所学的汉语拼音内容在数量上虽然多于第三单元，但以单音节韵母、声母为主，识读和记忆起来较为简单，是学习第三单元的基础。第三单元的汉语拼音内容，开始将单韵母进行组合，学习复杂韵母及整体认读音节等较复杂的拼音知识。汉语拼音的课程内容虽然集中在这两个单元，但在第一学段甚至整个小学阶段，都会持续出现汉语拼音的内容，以分散的方式让学生学习和巩固。

三、教材研读

（一）教材呈现

下面以统编版语文教材一年级上册第二单元第六课《j q x》为例进行研读（见图4-2）。

图 4-2　一年级上册第二单元第六课《j　q　x》

本课典型地体现了汉语拼音教学内容的 7 大组合板块：字母、情境图、音节、词语、儿歌、识字、拼音书写。下面分别对 7 个板块的内容进行分析和研读。

（二）内容研读

1. 字母

教材的第一部分是字母。以醒目的颜色突出要学的声母，在呈现“j”“q”“x”三个字母时，使用了规范的书写字体——哥特体。这可以让学生直观地观察所学的字母，对字母产生初步印象。

2. 情境图

教材将“j”“q”“x”三个字母的音、形融入情境图中。院子里，一只母鸡正在追赶着空中飞舞的蝴蝶，母鸡身边还有两只小鸡。“鸡”提示了“j”的音，母鸡和蝴蝶共同组合成“j”的形。有一个小姑娘仰着头，面带笑容地数着气球的个数。气球一共七个，呈现出七种颜色，以此提示“q”的音，气球的形状则展示了“q”的形。在茂盛的大树下，有一张小方桌，桌旁摆了西瓜，桌上也有半个切好的西瓜。“西”提示了“x”的音，西瓜被切出的形状代表“x”的形。

情境图带来了趣味性和故事性，培养了学生的观察能力。以相应的事物提示音或形，有助于学生学习汉语拼音字母。此外，图中场景将拼音学习与生活建立起了联系，有利于学生充分利用生活经验学习拼音。

3. 音节

教材的第三部分是拼读音节。在这部分中，“j”“q”“x”和韵母组成两拼音节、三拼音节，体现出音节的拼写规则和特殊规则。

知识链接：
介母

左边呈现“j”“q”“x”与“i”组成的两个带声调的两拼音节，与介母“i”以及韵母“a”组成的两个带声调的三拼音节。这一部分都以“j”与韵母的拼写为例展示拼写过程，也体现了声调的位置。以“q”“x”为中心，通过两拼音节、三拼音节和不同声调进行巩固练习。

右边呈现“j”“q”“x”和“ü”相拼，这是特殊规则，需要重点学习。“ü”遇到“j”“q”“x”时，两点要省略。教材用直观的、纵向排列的方式呈现出“j”“q”“x”与“ü”相拼后的结果——“ju”“qu”“xu”，并配有颜色鲜明的漫画，以促进学生对这一规则的记忆和掌握。

音节学习和练习的安排强调了带调拼读，紧密联系学生的口语实际。教材精选常用音节，提高了学习效率；注重拼读结果，优选了呈现方式。

4. 词语

这一部分由图片和带拼音的词语组成，词语与图之间存在内在的逻辑关系。

小兔子正在搭积木的情境图，主要是巩固“jī”的发音和积累带“jī”这个读音的字和词。“搭”和“木”也有预习和复习拼音、汉字的功能。

猩猩和七星瓢虫对坐着下棋的这个情境可以将“猩猩”与“x”相联系，将“七星瓢虫”与“qī”相关联。通过图片在汉语拼音与字词之间架起桥梁，帮助学生逐渐认识汉语拼音和字词的关系。

本课积累了“搭积木”“下棋”两个词语，其中，“棋”是要认识的生字。这样在词语中学习汉字、积累词语，进一步体现了学习汉语拼音的价值。

5. 儿歌

教材选用了李秀英编写的《在一起》，儿歌总字数不长，读起来朗朗上口。其中，“qǐ”“jī”“xǐ”“xì”是本课新学的音节，在教材中用红色重点突出，这里可以进行巩固复习。儿歌中的“鸡”字是本课要认识的生字。此外，儿歌中也有之前学过的音节，如“yì”“tǔ”“dì”等，在这里进行巩固。这首儿歌主要描写的是小黄鸡和小黑鸡在一起玩耍，教材还配了与儿歌内容相匹配的插图：有的小鸡在捉虫子，有的小鸡在刨土，栩栩如生地描绘了当时的场景。

这部分的作用重点表现为复现音节、巩固拼音。同时，利用儿歌在语言上合辙押韵、内容上生动真实的特点，增加了拼音学习的趣味性。此外，学习儿歌还可以积累语言、培养语感。

6. 识字

本课要认识“棋”“鸡”两个字。“棋”字是在“词语”板块进行学习的，“鸡”字是在“儿歌”板块进行学习的。

“棋”字是个形声字，但是在一年级学生刚开始识字时不必提及形声字的概念，可以联系插图中的棋盘引导学生体会。

7. 拼音书写

本课主要书写“j”“q”“x”三个字母。在四线格上面，对应着字母的，是该字母的跟随笔顺。在四线格里面的是用哥特体书写的本课所要写的三个字母，每一个字母有黑体字和红体字两种形式。黑体字是为了让学生观察该字母在四线格中的位置，而红体字则是为了让学生进行描红练习。

“j”由两笔写成，且是这三个字母中唯一一个在四线格中占据上、中、下三格的。“q”由两笔写成，占中格和下格。“x”由两笔写成，只占中格。

（三）教材分析

1. 内容具体

教材中的拼音内容主要涉及字母的字形、音节拼读、拼音运用、拼音书写等。

有关字母的字形的内容主要分布在“字母”“情境图”“拼音书写”三个板块中。其中，“字母”板块的作用是直观展现字母的字形；“情境图”板块的作用是结合具体生动的图片，展示字母的字形，使学习更有趣味；“拼音书写”板块的作用则是通过字母在四线格中的位置展现字母的书写规范。

有关音节拼读的内容主要分布在“情境图”“音节”“词语”“儿歌”“识字”等板块。“情境图”和“音节”主要以单独字母、音节为主，从单字入手，随后过渡到词语、句子的拼读。

有关拼音运用的内容主要分布在“词语”“儿歌”“识字”等板块。这一内容主要是让学生借助拼音积累一定的词语和句子，学会读词语、读句子，教材将学习拼音与识字相结合，体现了拼音是识字的工具这一特点。

有关拼音书写的内容在教材的最后部分进行呈现，主要从笔画顺序和占格位置两方面考虑。

2. 编排合理

教材中有关拼音的各个板块的编排顺序符合教学规律，安排逻辑合理。

教材首先出示要学习的拼音字母，并以不同颜色区分拼音的类别：红色表示韵母，蓝色表示声母，黑色加色框表示整体认读音节。帮助教师和学生厘清拼音的归类，方便记忆。

教材在呈现字母时，利用生动有趣的情境图，将字母置于图画中，这样使学生理解起来更加容易，记忆更加深刻。

学习完拼音后，便直接进入“音节”环节。学习拼音是为了通过拼读进行识字。所以，在学完字母后，教材就开始重点强调带调拼读，将声调和拼读联系在一起。这样能紧密联系学生的口语实际，增加拼音的实用价值。同时，这一部分精选了情境图中呈现的音节，或是前面学过的音节，可以让学生将前面学过的知识结合起来，更好地练习拼读。

带调拼读完后，马上进入应用状态，即利用拼音进行识字。这是统编版语文教材的一个新思路，在学习完音节后开始让学生借助拼音学习词语。这部分主要出示了用学生已可以拼读的音节组成的常用词语，这些词语之间存在内在的逻辑关系。每次都呈现一组词语，每组词语或有相似的结构，或是构成一个情境，或是有一个故事画面。这样可以让学生初步了解词语的规律，不需要教师过多讲解，学生通过大量积累，自己就会发现。

学习词语后，教材又将拼音和词语放入句子中，以儿歌的形式展示出来。以押韵的儿歌复现音节、巩固拼音，能帮助学生循序渐进地学习拼音，积累语言，培养语感。

教材中拼音学习的最后一项内容是书写，主要以四线格的形式出现，展示了拼音的书写顺序和在四线格中的占位情况。目的在于培养学生正确、规范地书写拼音的能力。

综上，汉语拼音在教材中的编排脉络是：以单独的字母展开，伴随具体的情境图进行理解和记忆；随后学习音节，进行拼读练习；接着用拼音带出词语，进行词语的认识和积累，并将拼音教学与认字结合起来，学拼音结合认字，彼此融通；紧接着再延伸到对儿歌、句子的拼读学习，增强学习兴趣和语感；最后学习如何规范书写拼音字母。

3. 体现教学重点

合理的编排顺序向我们展现了拼音教学的重点应集中在对拼音的拼读教学上这一教学原则。教材中大部分的板块均是围绕拼音拼读内容展开的，如情境图、音节、词语、儿歌。这些内容按照逐层递进的顺序对拼音的拼读进行训练和巩固，将拼音代入不同的环境中，引导学生逐渐开始利用拼音进行识字。拼写在教材中则占很少一部分，没有过多的书写练习。这说明教材对拼音的书写要求降低了，重点是对拼读的练习和指导。

4. 暗示教学策略

基于教材呈现的上述特点，教师在教拼音时应注意以下几点：第一，准确把握目标要求，重视对拼音的拼读，降低对拼写的要求；第二，合理利用教材，依据教学重点组织教学过程，由于教材呈现出以拼读为主要内容这一特点，所以教师在教学时可主要以“音节”板块为中心，在具体语境中复习巩固，在生活中运用拼音；第三，重视学生的情感体验，借助周围环境、图片等，为学生营造愉快的学习气氛，避免学生对拼音产生畏难情绪。

探究与思考

1. 了解《汉语拼音字母表》，正确书写汉语拼音字母。选取教材中某一有关汉语拼音的内容，分析板块之间的关联点。

2. 研究一节汉语拼音课的教学设计（或观察一节汉语拼音课的教学），分析教学设计（或课堂教学）的教学目标是否合理，教学环节是否体现出了教材特点和编写意图。同时，请汇总本组意见，提出修改建议。

第二节　“识字”的课程理解与教材分析

一、课程理解

识字是儿童由口头语言过渡到书面语言学习的桥梁。“汉字是唯一的非拼音的语素文字，它的书写符号是语素。汉字以外的文字都是形音结合，唯有汉字是音、形、义三结合。”① 每个汉字都有完整的字形、读音、相应的字义，在知觉上具有整体性。因此，识字不仅要分别认识音、形、义这三个因素本身，特别是字形本身的结构关系，同时还要建立音、形、义三者之间的统一联系。②

知识链接：
语素、汉字、词语

（一）汉字的本体性知识③

我们今天所称的“方块字”，是在楷书的基础上进一步简化了的汉字，是由笔画组合而成的方块形符号文字。

1. 汉字的构成单位

汉字的构成单位主要有笔画、部件、偏旁、部首。

（1）笔画

写字时，按楷书的书写要求，从起笔到抬笔，叫作“一笔”或“一画”。笔画是汉字最小的构字单位。现行汉字的基本笔画有 5 种，即横、竖、撇、点、折。这些笔画的组合方式主要有 3 种，即相接、相离、相交。

（2）部件

部件是由笔画组成的具有组配汉字功能的构字单位。它介于笔画和整字之间。一般说来，部件大于或等于笔画，小于或等于整字。

（3）偏旁

偏旁是组成合体字的结构单位。狭义的偏旁仅指合体字左、右两旁的结构单位，广义的偏旁可指合体字上、下、左、右、内、外任意一部分的结构单位。

（4）部首

部首是指“一部之首”。为了查检方便，人们在编纂字典时，把具有相同偏旁的字编在一起，成为一部，并把该偏旁作为标目，排在该部之首，叫作“部首”。一般来说，部首是表示意义的偏旁，但由于独体字只能拆分出笔画，不能拆分出偏旁，为了检索方便，便把独体字的起笔笔形——横、竖、撇、点、折也作为部首。

知识链接：
附形部首

---

① 董蓓菲：《语文教育心理学》，130 页，上海，上海教育出版社，2006。
② 朱作仁：《小学语文教学法原理》，264 页，上海，华东师范大学出版社，1988。
③ 参见邢福义、汪国胜：《现代汉语》，17～30 页，北京，高等教育出版社，2010。

当部首处于汉字字形中的不同位置时会产生变体，《义务教育语文课程标准（2022年版）》中的识字、写字教学基本字表明确标出了13个附带部首变体的字：“人（亻）、刀（刂）、水（氵）、手（扌）、爪（爫）、火（灬）、心（忄）、玉（王）、肉（月）、竹（⺮）、衣（衤）、足（⻊）、金（钅）。”[①] 所谓“附带部首变体”，其实就是《新华字典》中的“附形部首”，之所以会出现变体，是为了使汉字的字形保持方正。

2. 汉字的字形归类

汉字是由部件组成的，根据部件的多少，可以把汉字分成独体字和合体字。

独体字是由笔画组成，不能或不宜再行拆分，可以构成合体字的汉字。

合体字是由两个或两个以上构字成分组成的汉字。

汉字的造字方法分为象形、指事、会意和形声等。

象形，即把客观事物的形状描写出来，是一种最简单的造字方法。例如，“日”字的古文字形像太阳的形状。象形字多为独体字，它们的字形简单，构字能力强，做偏旁的较多。

指事，即用象征性符号、指示性符号来表示意义的造字方法。如“本”“末”“刃”等就是指事字。指事字在汉字中的数量很少。

会意，即会合成意，是把几个象形字或指事字组合在一起。如“休”，左边的单人旁表示“人”，右边“木”代表“树”，整字表示人在树下休息。

形声，即以形符和声符构字，形符表示字的义类，声符表示字的读音。在统编版小学语文教材中，形声字占大部分。

3. 汉字的性质和特点

汉字是表意体系的文字。大部分汉字的字形预示了部分或全部字义。象形字是用描摹事物形状的方法来记录意义的字；指事字是用象征性符号或指示性符号来表示意义的字；会意字是合两个或两个以上的独体字形体，构成可以意会新义的字；形声字由形符和声符组成，形符表示意义范畴。从字形与字义的关系来看，汉字的字形与它们所表示的语素有明显的直接联系。换言之，汉字的形象刺激着人们将其意义感受和义类联想系统地联系在一起，因此，汉字的字形具有表意功能。

（二）“识字”课程的学段要求

《义务教育语文课程标准（2022年版）》对小学阶段“识字”课程的学段要求如下（见表4-3）。

---

① 中华人民共和国教育部：《义务教育语文课程标准（2022年版）》，66页，北京，北京师范大学出版社，2022。

表 4-3　小学阶段“识字”课程的学段要求[①]

第一学段	喜欢学习汉字，有主动识字、写字的愿望 认识常用汉字 1600 个左右 学习独立识字 能借助汉语拼音认读汉字，学会用音序检字法和部首检字法查字典
第二学段	对学习汉字有浓厚的兴趣，养成主动识字的习惯 累计认识常用汉字 2500 个左右 有初步的独立识字能力 能用音序检字法和部首检字法查字典、词典
第三学段	有较强的独立识字能力 累计认识常用汉字 3000 个左右

可以看到，对“识字”的要求主要集中在第一、第二学段，第三学段相对较少，这说明应在第一、第二学段重点展开识字教学。《义务教育语文课程标准（2022 年版）》从识字兴趣、识字数量、基本笔画和常用的偏旁部首、识字能力几个方面对识字教学做出了具体要求。

1. 识字兴趣

汉字记录、保存了我们祖先创造的灿烂文化，其中蕴含着哲学、美学、社会学、民俗学等各个方面丰富的文化信息，体现着语文工具性和人文性的统一。

【观点・王宁】学汉字、懂汉字、爱汉字

学习汉字不能只靠记忆，要从感性走向理性，使汉字教育和语言结合，和文化结合，和读书结合，和审美结合，并把古今沟通起来，让字变得不再枯燥、不再无趣。要做到这些，就需要我们了解汉字的知识、明白汉字的道理，逐渐懂得汉字。懂汉字才能更好地学习汉字和教别人汉字，才会爱汉字并有写好汉字的兴趣。[②]

《义务教育语文课程标准（2022 年版）》对识字教学的首条要求就是从识字兴趣的角度提出的。第一学段强调“喜欢学习汉字，有主动识字、写字的愿望”；第二学段则要求“对学习汉字有浓厚的兴趣，养成主动识字的习惯”。所以，在第一、第二学段，教师应多关注学生主动识字的兴趣。

2. 识字数量

《义务教育语文课程标准（2022 年版）》对义务教育阶段识字、写字的数量有明确规定：累计认识常用字 3500 个左右，其中 2500 个会写。这项标准是依据国家语委、国家教委联合发布的《现代汉语常用字表》的具体内容制定的。《现代汉语常用字表》选定了 2500 个常用字和 1000 个次常用字。这些字都出现在《义务教育

知识链接：
现代汉语常用字表

① 中华人民共和国教育部:《义务教育语文课程标准（2022 年版）》,7～11 页，北京，北京师范大学出版社，2022。

② 王宁:《汉字与中华文化十讲》，257 页，北京，生活・读书・新知三联书店，2018。

语文课程标准（2022 年版）》附录部分的义务教育语文课程常用字表中。其中，字表一呈现的是要求会写的 2500 个字，字表二呈现的是要求认识的 1000 个次常用字。

同时，《义务教育语文课程标准（2022 年版）》还附有识字、写字教学基本字表，表中的字构形简单，重现率高，大多数字能成为其他字的结构成分。所以先学这些字，有利于打好识字、写字的基础，发展识字、写字能力。这些字也就成了第一学段识字的重点内容。

知识链接：识字、写字教学基本字表

此外，小学阶段各学段对识字数量的要求也有所不同。第一学段要求掌握常用字 1600 个左右，第二学段要求积累 2500 个左右，第三学段要求积累 3000 个左右。通过数量的比较，我们可以发现，第一学段是识字的重要学段，识字任务较重，第二学段为识字的过渡阶段，第三学段虽然还需达到一定的识字数量，但是识字教学已经不是该学段的教学重点了。

3. 基本笔画和常用的偏旁部首

《义务教育语文课程标准（2022 年版）》在第一学段提出了明确的要求：“掌握汉字的基本笔画和常用的偏旁部首。”这意味着汉字的基本笔画和常用的偏旁部首应是第一学段的教学重点，这是汉字的基础知识，是识字的起点。学生需要掌握的 13 个附带部首变体的字，均出现在该标准附录部分的识字、写字教学基本字表中。

由于第一学段的学生刚开始接触汉字，所以应从基本笔画和常用的偏旁部首开始了解汉字的结构特点，这样才能为第二、第三学段的识字、写字打下基础。基本笔画和常用的偏旁部首是第一学段的重点内容，其他学段不做重点要求。

4. 识字能力

识字能力是指学生掌握了识字的方法，从而能够独立识字，具有了自主学习汉字的能力。识字能力主要包括以下几个方面：运用汉语拼音读准字音的能力；运用汉字的笔画、笔顺、偏旁、部首、间架结构及构字规律，分析字形结构、辨清字形、牢记字形的能力；能够借助字典，或通过上下文、联系生活实际等理解字义的能力。

知识链接：音序检字法和部首检字法

《义务教育语文课程标准（2022 年版）》对小学三个学段识字能力的要求的表述有所不同，体现了梯度变化。例如，第一学段要求“学习独立识字”，第二学段要求“有初步的独立识字能力”，第三学段则要求“有较强的独立识字能力”。这说明独立识字能力是随着学段不断提高而逐渐加强的。关于音序检字法和部首检字法这两种查字典的方法，第一学段要求学生“学会用”，第二学段要求学生“能用”，还增加了词典这种工具书，进而引导学生自主识字。

《义务教育语文课程标准（2022 年版）》对各学段关于识字的学习内容进行了说明。识字是整个义务教育阶段的重要教学内容。

二、教材框架

“识字”课程内容分布于统编版小学语文教材的课文、识字单元和“语文园地”中。每册书都以识字表的形式对识字量和识字内容做了要求（见表 4–4）。

表 4-4 统编版小学语文教材的识字量

学段	年级	识字量	总数
第一学段	一年级	上册：300 个	700 个
		下册：400 个	
	二年级	上册：450 个	900 个
		下册：450 个	
第二学段	三年级	上册：250 个	500 个
		下册：250 个	
	四年级	上册：250 个	500 个
		下册：250 个	
第三学段	五年级	上册：200 个	400 个
		下册：200 个	
	六年级		

通过表 4-4 可以看出，一、二年级学生的识字量较大，随后逐渐减少。在具体编排上，教材呈现出先识字后拼音、识写分开、先学基本字和基本偏旁、集中识字与分散识字相结合、重视识字方法等特点。

（一）先识字后拼音

教材将部分识字内容放在了拼音学习之前。这样编排主要考虑到以下两点：第一，汉语是传承中华文化的工具，而拼音是辅助学汉字的工具；第二，帮助学生平稳度过幼小衔接阶段，培养学生对语文的兴趣。

入学后，第一篇识字课文就是《天地人》，“天”“地”“人”“你”“我”“他”6 个大的楷体字映入眼帘，给入学的学生留下了很深的印象。“天”覆盖万物，“地”负载万物，天地之间以“人”为贵，“你”“我”“他”则是生活中常见的 3 个人称代词。这 6 个字是在生活中常用的汉字，不仅反映了中华文化对“人”的重视，还表现了人与人之间平等交往的关系，是人认识宇宙、认识世界的起点，体现了人与自然、人与社会之间的关系。

知识链接：
中华传统文化中的“天、地、人”及“五行”

接下来学生认识的是“金”“木”“水”“火”“土”，“向我们揭示古人认识世界的一种思维观念，即以自然界的 5 种物质——金、木、水、火、土，作为构成宇宙万物及各种自然现象变化的基础”[①]。这是学生认识自然的起点，体现了人与自然之间的关系。

随后，学生要认识代表身体部位的“口”“耳”“目”，这 3 个字与学生的自身和生活有一定的联系，体现了“人与自我”的人文要素。

“日”“月”“水”“火”这 4 个字是简单的象形字，学生学习它们，可以感受汉字的文化内涵，初步树立以字理识字的意识，对识字产生兴趣。

知识链接：
《笠翁对韵》与《声律启蒙》

① 人民教育出版社课程教材研究所小学语文课程教材研究开发中心：《义务教育教科书教师教学用书·语文·一年级》上册，17 页，北京，人民教育出版社，2017。

第五课《对韵歌》是根据启蒙读物《笠翁对韵》和《声律启蒙》编写而成的韵文。教材以自然景物为题材，借助对韵歌的形式，让学生在识字的同时初步感受汉语的韵律与节奏，提升识字兴趣。

教材在安排上述内容之后，才呈现有关汉语拼音的内容。语文学习的开始不是拼音“a”“o”“e”，而是汉字“天”“地”“人”。“这个顺序的改变是别有意味的：把汉语、汉字摆回到第一位，而拼音只是辅助学汉字的工具，不是目的。”①

（二）识写分流，多识少写

“识字”课程安排上的另一个特点是“识写分流，多识少写”。

“识写分流”又称为“多认少写”“多识少写”“先识后写”。② 教师在进行识字教学时，要紧扣教材，不要求所有的字都能认会写，其中一部分可以只认不写，以后再提出“会写”的要求。这样，把“会不会认”和“会不会写”分开来要求，识字课解决“识”的问题，写字课解决“写”的问题。小学阶段的学生需要认识3000个常用字，会写其中的2500个常用字。识字量多于写字量。

不同年级的教材同样体现了“识写分流，多识少写”的特点。比如，一、二年级的教材中需要认识的汉字较多，分别有700个和900个，而要求书写的汉字分别只有300个和500个。五、六年级的教材中需要认识的汉字一共只有400个（六年级的教材已经没有识字表了），而要求书写的汉字却有700个（五年级400个、六年级300个）。

从整体上来看，在第一学段，识字量明显高于写字量，说明第一学段主要以“识”为主，其中，二年级的识字量最大。在第二学段，识字量和写字量较为均衡。到了第三学段，识字量明显少于写字量，五年级结束后，累计识字量达到3000个，已完成小学阶段的要求，所以六年级不再出现识字内容，但仍对写字有要求。

“识写分流，多识少写”这一编排方式主要考虑的是如下两点。第一，尽早进入阅读状态是小学生语言发展及综合素养发展的关键，而识字则是阅读的基础。如果从一开始就要求小学生对课文中出现的汉字既会认又会写，不仅会影响小学生的阅读，也会影响小学生学习语文的兴趣和热情。第二，低年级是小学生识记汉字的黄金时期，但这一年龄段的小学生的手部肌肉和神经发育不够完善，写起字来比较费劲。③ 为充分利用低年级学生在识字能力上的优势，满足小学生阅读的需求，发展语言能力、思维能力，教材增加了识字量，减少了写字量，将识字与写字分开要求。

（三）先学基本字和基本偏旁

小学一年级以300个常用字为识字重点内容。其中，分布在一年级上册教材中的约有200个字，分布在一年级下册教材中的约有100个字。这300个常用字，构词率很高，覆盖面很广，可以说是最基本的汉字。借助这些基本字形，学生在后续的学习中就可以更好地分析汉字，提高识字能力。

---

① 温儒敏：《如何用好“统编本”小学语文教材》，载《课程·教材·教法》，2018（2）。
② 董蓓菲：《语文教育心理学》，144页，上海，上海教育出版社，2006。
③ 吴忠豪：《小学语文课程与教学论》，208页，北京，北京师范大学出版社，2004。

这300个基本常用字的字义比较简单，要么可以单独成词，要么可以与另一个字组成词语，学生很容易理解其意思。在字形方面，由于识字和写字是分开的，两者之间的认知难度有所不同，有些笔画多的字，学生也能识别，因此这些字虽在字形方面相对比较复杂，但仍被视为构词率高的常用字。

在教材中，这些字在总体上是按照由简单到复杂、由独体到合体的顺序呈现的。当然，在具体安排上会面临一些问题，因为语文教材不是单独的识字教材，而是跟阅读材料合编的统一教材。这样来看，受到阅读材料的制约是不可避免的，所以在总体上，这些字是按照由简单到复杂、由独体到合体的原则安排的，但也会出现其他可能。

此外，一年级上、下两册教材对常见偏旁部首进行了讲解。为了控制难度，每一课最多涉及三个偏旁，所学习的都是最常用的，是在二年级学习查字典的时候可以作为部首的。

（四）集中识字与分散识字相结合

教材采用集中识字与分散识字相结合的方式对识字内容进行了编排。

集中识字，即先识字，后读书；识一批字，读一批课文；识字和阅读交替进行，教学任务相对集中且难点分散，有利于高效完成教学任务。集中识字利用学习的迁移规律，简化了学生识字的心理过程，提高了识字效率。集中识字体现了汉字本身的规律，有利于培养学生的识字能力。

知识链接：
集中识字和分散识字

分散识字，重视语言实践，为培养学生的读写能力打下了扎实的基础。分散识字体现了识字是阅读的基础这一理念，将识字与阅读紧密结合，极大提高了识字质量。分散识字符合儿童认知规律和语言规律，有助于儿童智力和语言的发展。

教材将集中识字主要安排在低年级。一年级教材中共有4个集中识字单元，二年级教材中共有2个集中识字单元，教材还在“语文园地”中加入了“识字加油站”等集中识字板块。此外，在一、二年级的教材中，还有一些课文单元，这些单元主要体现了分散识字的特点。

教材将分散识字主要安排在中、高年级。从三年级开始，教材取消了识字单元，所选内容全部编为课文单元，识字教学开始以随课文识字为主。当然，三、四年级的教材会在“语文园地”中加入“识字加油站”等集中识字的内容，将集中识字与分散识字结合。不过到了五、六年级，基本上是随课文进行自主识字，教材的“语文园地”中也不再出现集中识字的内容。

综上，教材在识字内容的处理上有以下特点：低年级主要以集中识字为主，中、高年级主要以分散识字为主，集中识字与分散识字相互配合。在总体上，分散识字居多，呈现出大分散、小集中的特点，这也体现了教材希望学生能够借助识字尽早阅读，或在阅读的过程中促进识字的理念。

（五）重视识字方法

教材呈现了很多识字方法，主要集中在一、二年级，其中，一年级主要有韵语识字、拼音识字、字理识字、字族文识字、归类识字、基本字带字识字、字谜识字、借助图画识字、反义词识字等方法，二年级在此基础上增加了查字典等识字方法。

韵语识字、拼音识字是借助字音的特点归类的识字方法；字理识字、字族文识字、归类识字、基本字带字识字和字谜识字等则是依据汉字字形特点归类的识字方法；借助图画识字、反义词识字等方法是从字义的角度进行归类的识字方法。

韵语识字是一年级重要的识字方法。由于一年级学生刚刚接触汉字，所以识字单元的选文内容较为简单，主要以儿歌、童谣等形式出现，具有韵律和节奏感，韵语识字这种方法更方便学生记忆和理解。在二年级下学期，由于已经学习过其他识字方法，同时随着识字量的增多，选文篇幅增长，韵语识字方法出现的次数减少。

一年级教材开始涉及拼音，在课文中也标出了所有汉字的拼音，拼音识字成为低年级学生识字的主要方法。直到二年级下学期，课文不再一一注音，拼音识字方法的使用频率有所下降。

此外，字理识字和字族文识字也是整个识字教学中的重要识字方法。一年级主要以简单的独体字、会意字为主进行字理识字，二年级以后逐渐加入合体字、形声字等内容。

如上识字方法主要出现在一、二年级，意味着第一学段的识字教学不仅要重视识字，还要重视识字方法。学生只有掌握了足够的识字方法，才能逐渐培养自主识字的兴趣和能力。

三、教材研读

（一）集中识字

1. 教材呈现

下面以统编版小学语文教材一年级上册第五单元第九课《日月明》为例进行研读（见图4-3）。

图4-3　一年级上册第五单元第九课《日月明》

2. 内容研读

教材中集中识字的内容主要以题目、课文、识字表、写字表、课后题5个板块为主。

（1）题目

这一板块展示了本课集中识字的学习内容，主要学习的不是“日”“月”“明”这 3 个字，而是会意字的构字规律和特点。

（2）课文

“日月明，田力男。小大尖，小土尘……”朗朗上口的儿歌，解释了会意字的构字特点。节奏明快，音韵和谐，易于学生诵读、记忆。前四句采用三字一顿的形式，每一个停顿的小短句，都构成了一个会意字，揭示出会意字“合二字三字之义，以成一字之义，使人观之而自悟”的构字特点。后两句是五字句式，进一步诠释了“林”“众”等字的构字含义，揭示了团结就是力量的主题。

课文配有一幅图片，三个小朋友合作植树，三人为“众”，团结协作力量大。远处的小树形象地表现出“多木成林”的意境。为学生读文识字、理解主题提供了“抓手”。

（3）识字表

本课意在借助会意字的构字特点，让学生认识 11 个生字，这些生字均以带拼音的形式出现在课后的生字表中。其中，还要认识一个重要偏旁“日字旁”。这个偏旁是由“明”字引出的，因此在生字表中“明”字的上方，用红色呈现，作为重点突出。

本课所识生字大部分是由独体字组成的会意字，例如，“明”“尘”“从”“众”“双”“林”“森”等。教材列举这些生字，主要为了讲授“会意字归类识字”的识字方法，为学生以后的识字学习奠定基础。也有一些字不是会意字，例如，“力”“木”“条”“心”。这样的安排说明，教材在安排汉字时并没有完全按照汉字规律，而是兼顾了课文内容。

（4）写字表

本课要写“木”“林”“土”“力”“心”这 5 个生字，写字量明显比识字量少，所要求书写的大多为简单的独体字，这一点也说明了教材在识字编排上“识写分流，多识少写”的特点。此外，写字表对每一个字的笔顺做了跟随示范，其中还包含一个基本笔画“卧钩”，这是“心”字的重要一笔，教材将“卧钩”标红，并进行了单独标记，起到了重点提示的作用。

（5）课后题

为了强调生字的复习和巩固，本课课后设置了“读一读”和一道思考题，以帮助学生积累词语、学习识字方法。

“读一读”中出现的词语并不是随意编排的，而是具有一定规律和意义的。这些词语中包含了部分本课所要认识的生字，以巩固识字。此外，词语中的其他生字均是已经学过的简单的生字，建立起了新旧知识的联系。从字义上讲，这些词语的意思简单，且多与实际生活有关，学生在积累词语的同时，也提高了学习的效率和兴趣。

教材从“你能猜出下面这些字的意思吗？”这个问题出发，分别出示了“泪”“休”“歪”三个字，并将这三个字进行拆分：把“泪”字拆分成了“氵”和“目”；把“休”字拆分成了“亻”和“木”；把“歪”字拆分成了“不”和“正”。这一练习题旨在引导学生进一步感受构字方法，从而体会“加一加”这种识字方法，这是对识字方法的巩固和再利用。

3. 教材分析

通过研读教材中集中识字的内容，我们发现了以下三个方面的特点：明确识字内容、强调识字方法、培养识字兴趣。

（1）明确识字内容

集中识字的内容主要分布在题目、课文、识字表、写字表、课后题中。题目部分会出现本课所要认识的生字，同时明确了本课要认识生字的种类或是特点；课文部分包含了所要认识的全部生字；识字表和写字表则将识字与写字的内容细化，落实到具体的汉字，并对其笔画和偏旁部首进行了更为细致的说明；课后题则是对个别汉字的再次巩固。教材以从题目到课文、从识字表和写字表到课后题这样的顺序将识字内容逐步具体化。

（2）强调识字方法

集中识字的方法主要体现在课文和课后题中。课文主要采用了学生喜闻乐见的韵文形式，这是韵语识字的基础，同时在课文中也会出现对识字方法的介绍；课后题部分，主要选择利用给熟悉的字组词的方法进行识字，或是根据本课的主要内容加入相似的识字方法。教材主要在课文中传授识字方法，并在课后以相关的练习进行巩固，达到培养学生自主识字的目的。

（3）培养识字兴趣

教材较为重视对学生识字兴趣的培养，具体表现在题目和课文中。教材中的课文的题目一般较短，内容大多与学生生活有关，这样更能促使学生对学习汉字产生动力；课文大多以生动有趣的童谣或儿歌等形式出现，具有韵律和节奏，学生能通过朗朗上口的韵文，感受到汉字、汉语的魅力。同时，课文中配有多彩的图画，这也为学生学习识字方法、了解汉字构字特点提供了帮助，增强了学生识字的兴趣。

（二）分散识字

1. 教材呈现

下面以统编版语文教材一年级上册第八单元第十四课《小蜗牛》为例展开研读（见图 4-4）。

⑭ 小蜗牛

蜗牛一家住在小树林的旁边。

春天来了，蜗牛妈妈对小蜗牛说："孩子，到小树林里去玩吧，小树发芽了。"

小蜗牛爬呀，爬呀，好久才爬回来。它说："妈妈，小树长满了叶子，碧绿碧绿的，地上还长着许多草莓呢。"

蜗牛妈妈说："哦，已经是夏天了！快去摘几颗草莓回来。"

小蜗牛爬呀，爬呀，好久才爬回来。它说："妈妈，草莓没有了，地上长着蘑菇，树叶全变黄了。"

蜗牛妈妈说："哦，已经是秋天了！快去采几个蘑菇回来。"

小蜗牛爬呀，爬呀，好久才爬回来。它说："妈妈，蘑菇没有了，地上盖着雪，树叶全掉了。"

蜗牛妈妈说："哦，已经是冬天了！你就待在家里过冬吧。"

109

图 4-4　一年级上册第八单元第十四课《小蜗牛》的课文

2. 内容研读

《小蜗牛》是典型的分散识字课，主要以题目、课文、识字表、写字表、课后题 5 个板块为主。

（1）课文

本篇课文是一篇童话，以一只可爱的小蜗牛和它慈爱的妈妈之间有趣的对话呈现故事情节。这是教材中首次出现的一篇没有全文注音的课文，只对部分汉字注了拼音，配有 4 幅色彩艳丽、季节特征明显的插图，以连环画的形式呈现。考虑到这是本册教材中的最后一篇课文，同时考虑到学生之前已经学过一些识字方法，所以本课没有对全文进行注音，而是鼓励学生利用插图联系生活，初步进行自主识字，独立阅读。

（2）识字表

本课利用多种方法，指导学生认识了 12 个生字，这些生字均以带拼音的形式出现在课文后面的识字表中（见图 4–5）。另外，还要认识一个重要偏旁“斜玉旁”，这个偏旁由“玩”字引出。在识字表中，“玩”字上方的“斜玉旁”的字体颜色为红色，是被作为重点突出的。“斜玉旁”的字多和玉有关。

王

zhù hái wán ba fā yá pá ya jiǔ huí quán biàn
住 孩 玩 吧 发 芽 爬 呀 久 回 全 变

图 4–5 一年级上册第八单元第十四课《小蜗牛》的识字表

（3）课后题

本课课后有两道习题，都是以图文识字的方法引导学生识字（见图 4–6）。第一题主要是借助图片帮助学生理解课文内容；第二题将图片和对应的词语联系在一起，使学生更加具体地认识借助图片识字的方法。这两道习题将课文内容与识字内容相结合，引导学生对照课文图片，自己读课文，遇到没有注拼音的生字时，可以借助图片猜出字音和字义。这部分的练习为学生识字提供了方法，不再是围绕一个字或词生硬地讲解，学生可以通过直观的图片，发现规律，猜测字义或词义，读准字音，进而对识字产生兴趣。

duì zhào tú huà dú yi dú kè wén
对 照 图 画 ， 读 一 读 课 文 。

zài tú huà de bāng zhù xià nǐ cāi chū le xià miàn jiā diǎn de shì shén me zì ma
在 图 画 的 帮 助 下 ， 你 猜 出 了 下 面 加 点 的 是 什 么 字 吗 ？

图 4–6 一年级上册第八单元第十四课《小蜗牛》的课后题

3. 教材分析

通过研读教材中分散识字的内容，我们发现了以下两方面的特点：明确识字内容和强调识字方法。

（1）明确识字内容

分散识字的内容主要分布在课文、识字表、写字表中。课文部分内容更加具体，篇幅更长，几乎对所有字都标注了拼音，包含了所要认识的全部生字；识字表和写字表则将识字与写字的内容细化，落实到具体的汉字上，标记了偏旁部首，对生字做了笔顺跟随示范，所选的汉字没有固定的规律和特点。

（2）强调识字方法

分散识字的方法主要是将识字表、写字表中的生字与课文相结合，进行随文识字。学生可根据识字表中生字的特点，利用结合语境和生活经验的方法、与熟悉的字组词的方法、基本字带字识字的方法、借助图画识字的方法进行识字练习。

总之，分散识字主要以随文识字为主，教材的课后题部分，更加侧重对课文的理解，只有少数的课后题侧重讲授识字方法。显然，分散识字的方法是为理解课文服务的。

（三）“语文园地”

1. 教材呈现

下面以统编版语文教材一年级上册第七单元中的“语文园地七”为例展开研读（见图 4-7）。

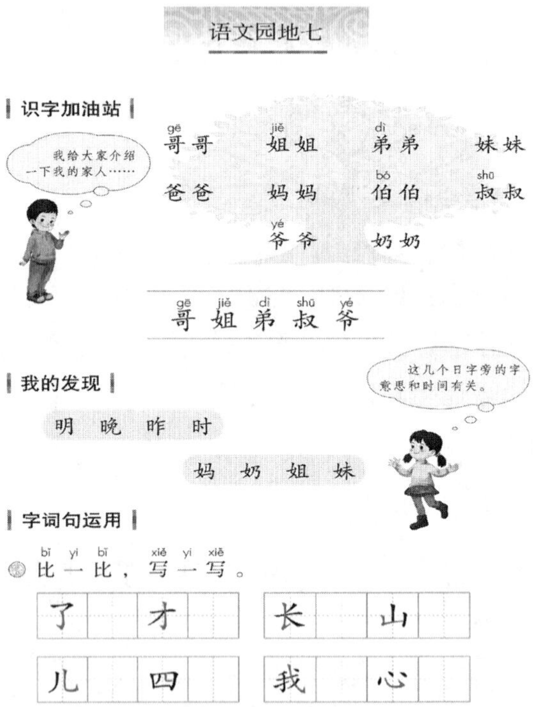

图 4-7　一年级上册第七单元中的“语文园地七”

2. 内容研读

“语文园地”包含了“识字加油站”“我的发现”“字词句运用”“日积月累”4 个部分，前 3 个部分主要为集中识字的内容。

（1）“识字加油站”

这一部分编排了 10 个表示亲属称谓的词语，都是轻声词和叠词，需要认识“哥”“姐”“弟”“叔”“爷”5 个生字。教材从学生的实际生活经验入手，加强了学生对汉字的理解和记忆，体现出识字的使用价值。学生可以先朗读词语，再在介绍家人的过程中认识 5 个生字。朗读时，要注意轻声，这也是识字教学的一部分。此外，这部分有4个字都是由“女字旁”构成的，这与“我的发现”板块中出现的字是一样的，学生可将这两部分结合起来学习。

（2）“我的发现”

这一部分以“发现”为内容，引导学生在自主观察、探索过程中发现汉字的规律。

“明”“晚”“昨”“时”“妈”“奶”“姐”“妹”这8个汉字被分成了两组，前4个为一组，后4个为一组。这样分组有两个目的：第一，使学生了解“日字旁”和“女字旁”这两个基本偏旁所代表的含义，渗透汉字文化；第二，使学生感知偏旁表义的构字规律，学习偏旁归类识字法。一年级所学的偏旁都是表意的，这一部分也给出了提示语，即“这几个日字旁的字意思和时间有关”。显然这里已经为学生指明了“发现”的方向，并且对“日字旁”的意思做了一定的解释。

提示语能引导学生发现第一组字之间的相同点——有“日字旁”且多和时间有关系，从而学习“日字旁”的含义，并了解字形与字义之间的关系，认识到带“日字旁”的字多与时间有关。随后，教材进行了知识迁移，引导学生发现第二组字中都有“女字旁”且字的意思也都与女性有关，从而认识到带“女字旁”的字多和女性有关。教师可归纳“日字旁”和“女字旁”的表意的特点，请学生找一找其他含有这两个偏旁的生字，从而进行拓展巩固练习。

（3）“字词句运用”

这一部分选取“了”“才”“长”“山”“儿”“四”“我”“心”8个汉字，两两一组，分成4组，将每个字的重点笔画用红色标记出来，这里主要强调在书写汉字时要注意相似的笔画，重点比较的是弯钩和竖钩、竖提和竖折、竖弯钩和竖弯、斜钩和卧钩这几组笔画的不同。

弯钩，竖的部分稍弯，最后出钩；竖钩，竖的部分要直，钩要短小，行笔要有力。

竖提，竖的部分要写直，提的部分短小，向右上方行笔；竖折，竖的部分有时要向左或向右微倾，但是要写直，折的部分要写平。

竖弯钩，竖的部分要写直，转弯要圆，最后要出钩；竖弯，转弯要圆，不要写成竖折，最后不出钩。

斜钩：起笔后向右下行笔画弧，弧度不宜过大，到起钩处向上起钩；卧钩，前段斜，后段平，形扁横卧，钩向左上斜出。

3. 教材分析

从识字教学的角度来说，“语文园地”的内容的特点是明确识字内容、强调识字方法。

（1）明确识字内容

识字内容主要分布在“语文园地”的“识字加油站”“我的发现”和“字词句运用”中。“识字加油站”主要用灵活多样的方式介绍常用汉字；“我的发现”展示了一些有规律的汉字；“字词句运用”直接指向运用，低年级侧重字词与基本笔画，中、高年级会涉及词语和利用词语说句子等，体现了从认识汉字、发现汉字特点再到运用汉字的过程。

“语文园地”在识字内容上又分为学习新知和巩固旧知两部分。其中，学习新知识主要在“识字加油站”中进行，这里面的生字是在一定的语境下提出的，学生可通过联系实际的方式对生字进行学习；对已有知识的巩固主要出现在“我的发现”和“字词句运用”这两个部分，涉及总结之前已经学过的汉字、揭示汉语的某些规律等方面，意在引导学生在探究语言规律的过程中巩固已有知识。

（2）强调识字方法

识字方法主要分布在“语文园地”的“我的发现”这一部分中，学生可以一边探索发现规律，一边获得有效的识字方法。

总之，无论是集中识字还是分散识字，教师都应该把握明确的识字内容，强调识字方法，注重培养学生的识字兴趣，与阅读紧密结合，把识字教学落实在培养学生识字能力、提早进入阅读的教学目的上。

探究与思考

1. 观察一节识字课（或视频）的教学，做好记录，以小组为单位讨论、分析本课的识字内容、教学方法和效果，形成一份课堂观察和分析报告。

2. 自主选取一册低年级小学语文教材，从“集中识字”“分散识字”“语文园地”等内容中任选一个进行研读与分析，在此基础上初步进行教学设计，在组间展示与交流。

第三节 “写字”的课程理解与教材分析

一、课程理解

写字，是文字符号运用于书面语言表达的基础，以实用交际为目的，是一项语文基本功，是通过练习而巩固下来的基本技能。“写字”课程，意在训练基本的实用技能，它既是对“汉语拼音”课程和“识字”课程的延伸内容，又是培养学生养成良好的写字习惯、引导学生体会汉字形体美的重要途径。“写字”课程的学段目标涉及汉字书写的相关知识，包括写字习惯、笔画、笔顺、间架结构、字体等。汉字书写知识可以分为写字本体知识、写字过程知识、字体呈现标准这三个方面。

（一）汉字书写知识

1. 写字本体知识

（1）写字姿势

写字姿势指写字时身体应当保持的姿势。写字时，要坐得端正，两肩齐平，保持平衡；头部要正，微向前倾；胸挺直，与桌边间隔一拳的距离（约 10 厘米）为宜；眼与桌面保持约 35 厘米的距离；右手执笔，左手平放在桌上按着纸面，力度与右手执笔的力度相平衡。写字姿势不仅影响写字的质量，而且关系到学生的身体发育。教师要边示范边指导，让学生在书写时保持正确的写字姿势。

（2）执笔姿势

拇指与食指在前面捏住笔杆，中指在后面抵住笔杆，无名指与小指一齐弯曲并拢，小指贴在纸面上起支撑作用。五个手指的骨节自然外凸，笔杆自然地靠在虎口上。执笔应不紧不松，便于运笔。执笔姿势既容易影响学生的书写速度，又容易影响学生在书写过程中眼睛与笔之间的角度和视线，因此正确的执笔姿势对学生的发育也有着重要的影响。

（3）用纸要求

通常，学生应先在田字格中练习写字，因为田字格有四个区域和横竖两条中线，可以帮助学生模仿范字，安排好字的间架结构，将字写得正确、工整。学生应先在田字格中练习写字，进而在方格中写字，在此基础上再尝试在横线格中书写。用纸的变化是与书写汉字的熟练程度相关的。在横线格中书写汉字时，由于没有了横中线、竖中线的辅助，需要注意行款。行款是指字与字之间的有机联系。第一字的末笔与第二字的起笔，第一行的末笔与第二行的起笔，虽不一定相连，但应笔意贯通，看上去是一气呵成的，而不是用互不相干的单字硬凑成文。

2. 写字过程知识

在写字过程中应注意笔画、笔顺、间架结构等，笔画、笔顺要正确，间架结构要合理安排，只有这样，才能将汉字的美表现出来。

（1）笔画

笔画指组成汉字的点和线，如横、竖、撇、点、折等。

（2）笔顺

笔顺指书写汉字时笔画的先后顺序。笔顺在一定程度上关系到书写的速度和美观程度。1997年4月，国家语言文字工作委员会、中华人民共和国新闻出版署发布了《现代汉语通用字笔顺规范》，规定了现代汉语中的7000个通用字的笔顺，采用了跟随式、笔画式、序号式三种形式来展示一个汉字的笔顺。2021年3月，由中华人民共和国教育部、国家语言文字工作委员会发布的《通用规范汉字笔顺规范》正式实施，代替了《现代汉语通用字笔顺规范》。

（3）间架结构

间架结构指笔画搭配、排列、组合成字的形式和规律，包括左右结构、上下结构、包围结构、对称结构。间架结构在一定程度上保证了书写的美观性。

3. 字体呈现标准

在几千年的汉字使用过程中，为了满足记录语言、相互交际的需要，人们在不断地改进着汉字的字体。汉字主要的字体有甲骨文、金文、篆书（主要指小篆）、隶书和楷书五种。

知识链接：
书写工具与汉字形体的演变

目前，楷书是通行的汉字手写正体字。楷书又叫真书、正书。“楷”是规矩、整齐且可为楷模的意思。楷书是从隶书演变来的，兴于汉末，盛于魏晋，成熟于唐代，一直沿用到今天。它清除了隶书中残存的小篆的影响，形成了完善的笔画系统，是通用时间最长的标准字体。楷书字体端正，笔画清晰好认，便于初学，因而历来是学生学习写字的首选字体。

（二）“写字”课程的价值

1. 为书面表达打基础

写字是语文教学的起点，是小学语文教学的首要任务，能为学生由运用口头语言过渡到学习书面语言架桥。写字能为阅读、写作打好坚实的基础。

议一议

在信息时代，电脑键盘输入、语音输入都很方便，那手写汉字的价值是什么？

2. 发展认知能力

“写字”课程对学生的书写内容、书写习惯等都有一定的要求。写字，是对字形进行精细分析和综合的过程，引导学生仔细观察以及一笔一画地书写，不仅能使他们从内心深处产生对汉字的情感，还能积极促进他们在认知方面（感觉、知觉、记忆、思维、想象）的发展。

3. 养成学习态度和习惯

“写字”课程对全面育人有着极其重要的作用。写字过程既能帮助学生加深对汉字的认识、提高书面表达能力，又能培养学生专注、严谨的学习态度和习惯。

4. 发展文化理解与审美能力

汉字是书写型文字，书写汉字可以提高人的文化素养和审美情趣。“写字”课程以书写练习为主要内容，一方面，增强了学生端正、工整地书写汉字的意识，培养了正确书写汉字的姿势和习惯；另一方面，也使学生在书写汉字的过程中感受、体验到了汉字的文化。

（三）“写字”课程的学段要求

《义务教育语文课程标准（2022 年版）》对小学阶段“写字”课程的学段要求如下（见表 4–5）。[①]

表 4–5　小学阶段“写字”课程的学段要求

第一学段	喜欢学习汉字，有主动识字、写字的愿望 认识常用汉字 1600 个左右，其中 800 个左右会写 掌握汉字的基本笔画和常用的偏旁部首，能按基本的笔顺规则用硬笔写字，注意间架结构，初步感受汉字的形体美 努力养成良好的写字习惯，写字姿势正确，书写规范、端正、整洁
第二学段	累计认识常用汉字 2500 个左右，其中 1600 个左右会写 写字姿势正确，养成良好的书写习惯 能用硬笔熟练地书写正楷字，做到规范、端正、整洁 用毛笔临摹正楷字帖，感受汉字的书写特点和形体美
第三学段	累计认识常用汉字 3000 个左右，其中 2500 个左右会写 写字姿势正确，有良好的书写习惯 硬笔书写楷书，行款整齐，力求美观，有一定的速度 能用毛笔书写楷书，在书写中体会汉字的优美

综上，可将“写字”课程的目标内容及要求分为写字态度、写字数量、写字过程、写字习惯、成字要求这五个方面。

1. 写字态度

写字态度是书写汉字的起点，是写好汉字的前提，是培养学生对汉字产生兴趣和情感的基础。在学生学习写字的起始阶段，教师必须想方设法地激发学生愿意写字的热情和动力，让学生对汉字产生兴趣，进而能够主动发现汉字、认识汉字、书写汉字。

2. 写字数量

第一、第二学段都要求学生会写 800 个字，第三学段为 900 个字，三个学段累计达到 2500 个字。《义务教育语文课程标准（2022 年版）》附录部分的义务教育语文课程常用字表中的字表一，列出了 2500 个字，为写字内容提供了依据。从写字量的变化来看，第一、第二学段在量的积累上是相似的，而第三学段的写字量则明显增多。

3. 写字过程

教师应要求学生在书写汉字时按笔顺规则用硬笔书写，并且要关注汉字的间架结构。也就是说，在注意笔顺规则的同时，还要从间架结构等方面了解并体会汉字的形体美。第二学段开始

① 中华人民共和国教育部:《义务教育语文课程标准（2022 年版）》,7～11 页，北京，北京师范大学出版社，2022。

提出“用毛笔临摹正楷字帖”的要求，到了第三学段，进而提出“能用毛笔书写楷书，在书写中体会汉字的优美”这样的要求。

以正确的笔顺来书写汉字，是从第一学段就提出的要求，所以，教师在第一学段要注意培养学生以正确笔顺书写汉字的意识。这不仅能保证自然流畅的书写行为，在成字过程中体现出书写的规范性，而且能在正确的书写练习过程中确保写字的速度。

间架结构也是第一学段重点要求的内容，教师可以利用一年级的两册教材后面的常用笔画名称表和常用偏旁名称表，帮助学生掌握基本笔画和常用的偏旁部首，在书写汉字的过程中把握汉字的结构。

在对笔顺规则、间架结构提出具体要求的基础上，第二、第三学段进一步提出了“熟练地书写”“行款整齐，力求美观，有一定的速度”等要求。显然，笔顺规则、间架结构是保证写字速度和美观性的基础。

第一学段要求“能按基本的笔顺规则用硬笔写字，注意间架结构”，这对低年级的小学生来说，是最基本的。第二学段要求“能用硬笔熟练地书写正楷字”，这一要求是在学生掌握了汉字笔顺、了解了汉字间架结构的基础上提出的。第三学段明确要求书写“有一定的速度”，在这个学段强调书写速度是适宜的，因为小学生到了 10 岁之后，手指和手臂肌肉发展迅速，加之此时的学生已经掌握了基本字形，写字心理也较为成熟了。

4. 写字习惯

写字习惯是从写字姿势、执笔姿势等方面对学生养成良好习惯的要求。在写字过程中要求姿势保持三个“一”，这既能保证写出的字端正、整洁，也能在潜移默化中培养学生良好的写字习惯。

知识链接：
正确书写姿势中的三个“一”

5. 成字要求

在成字要求方面，三个学段的要求体现出递进式变化。第一、第二学段，要求书写“规范、端正、整洁”，到了第三学段则提升一个档次，要求“行款整齐，力求美观，有一定的速度”。

《义务教育语文课程标准（2022 年版）》在“语言文字积累与梳理”这一“基础型学习任务群”层面，对各学段关于写字的学习内容进行了说明，此处不赘述。

总之，小学生从第一学段到第三学段，要在喜爱汉字、有写字愿望的基础上，初步感受汉字的形体美，在书写过程中体会汉字的文化内涵。书写经验是需要日积月累的，书写习惯也需要一步一步地养成。

二、教材框架

（一）写字内容的分布

关于写字的内容主要分布在统编版小学语文 12 册教材的写字表中，具体分散在识字单元后的写字表、课文后的写字表以及“语文园地”中。“语文园地”中的书写提示是对写字的相关指导和拓展。每册书将分散在各个位置的写字内容集中呈现在最后的写字表中。

（二）写字量的分布

小学阶段要求会写的字总量为 2500 个，每册书后都附有写字表，标明了写字量（见表 4–6）。

表 4–6 小学语文教材中的写字量

学段	年级	写字量	总数
第一学段	一年级	上册：100 个（带拼音）	300 个
		下册：200 个（带拼音）	
	二年级	上册：250 个（带拼音）	500 个
		下册：250 个	
第二学段	三年级	上册：250 个	500 个
		下册：250 个	
	四年级	上册：250 个	500 个
		下册：250 个	
第三学段	五年级	上册：220 个	400 个
		下册：180 个	
	六年级	上册：180 个	300 个
		下册：120 个	

在 1～3 册教材中，写字表里需要会写的生字都加注了拼音，也就是说学生需要在低年级借助拼音来练习书写 550 个字。从二年级下册开始，写字表与教材的课文内容一样，不再加注拼音。

据表 4–6 可知，一年级是起步阶段，写字量并不大，但二年级的写字量提高到了 500 个，且课文和写字表不再加注拼音，这意味着二年级教材不仅阅读量增大，阅读难度增强，识字量和写字量也随之增大，这对二年级学生来说是一个挑战。

从二年级到四年级，每册书都保持着会写 250 个字的要求，到了第三学段写字量逐渐减少。这是因为学生随年龄的增长逐渐学会了主动识字和写字的方法，仍然保持一定的写字量是由于写字要求在不断严格化，写字的质量和效率需要保证，这都需要学生经历熟能生巧和积累完善的过程。

（三）书写提示的分布

在 1～12 册教材的“语文园地”中，书写提示为写字提供了相关的书写指导和写字知识方面的拓展内容（见表 4–7）。

表 4-7 书写提示的分布位置及内容

册次	分布位置	内容
一年级上册	“语文园地一”	提示：坐姿、执笔姿势、笔顺规则。写：二、三、十、禾
	“语文园地五”	提示：笔顺规则。写：儿、林、本、天
	“语文园地八”	提示：笔顺规则。写：小、水、月、问
一年级下册	“语文园地一”	提示：笔顺规则。写：国、回、白
	“语文园地四”	提示：笔顺规则。写：主、门、书、我
	“语文园地七”	提示：笔顺规则。写：床、左、居、包
二年级上册	“语文园地一”	提示：坐姿、执笔姿势、间架结构。写：作、法、都、别
	“语文园地五”	提示：间架结构。写：观、呼、忙、如
	“语文园地八”	提示：保持页面整洁、注意间架结构。写：领、群、船、朗
二年级下册	“语文园地一”	提示：间架结构。写：底、原、处、递
	“语文园地四”	提示：间架结构。写：匹、巨、周、团、圆、国
	“语文园地七”	提示：有些字做偏旁后形态、笔顺会变化。写：劝、堆、转、特
三年级上册	第二单元的“语文园地”	提示：执笔姿势、字要写端正。 写：狂、排、铺、票、盖、寒、臂、假
	第七单元的“语文园地”	提示：把笔画写优美。写：父、及、英、柔、蒙、奏、雾、翅
三年级下册	第二单元的“语文园地”	提示：注意笔画。写：艳、静、植、霜、舞、扁、最、捧
	第七单元的“语文园地”	提示：注意笔画。写：止、内、术、斗、露、醒、慧、蘑
四年级上册	第一单元的“语文园地”	横线格示范写一段话。提示：注意字的位置、字距，养成练字的习惯
	第八单元的“语文园地”	横线格示范写一段话。提示：掌握提高书写速度的方法
四年级下册	第四单元的“语文园地”	横线格示范写一段话。提示：注意字距、字的大小、留白
	第八单元的“语文园地”	做书签，写格言。提示：竖写时自右向左，注意字距、美观性
五年级上册	第四单元的“语文园地”	示范写古诗。提示：注意笔画、结构
	第八单元的“语文园地”	欣赏欧阳询的作品
五年级下册	第四单元的“语文园地”	横线格示范写多段话。提示：标题、作者写在醒目的位置，段落要分明
	第八单元的“语文园地”	欣赏颜真卿的作品

续表

册次	分布位置	内容
六年级上册	第二单元的“语文园地”	示范写古诗、摘抄。 提示：注意行款布局，书写要正确，养成自我检视的习惯
	第八单元的“语文园地”	欣赏柳公权的作品
六年级下册	第一单元的“语文园地”	横线格示范写一段话。要求：观察并书写，提高书写速度
	第五单元的“语文园地”	欣赏赵孟頫的作品

书写提示的内容主要包括对笔顺规则、间架结构的提示，对书写汉字、写字习惯的提示，横线格书写作品展示，欣赏书法家的作品等。这些内容都是以图片、气泡、提示栏的方式呈现的，体现了趣味性和灵活性。教材将书写提示与人物、作品、生活相联系，更容易让学生按照书写汉字的要求和方法去写。

“语文园地”中的书写提示既有创新又有拓展。一至三年级的教材以培养学生良好的写字习惯为中心，引导学生注意汉字的笔画、笔顺和间架结构。同时，通过图片、气泡、田字格练习等提示，帮助学生关注写字习惯。四至六年级的教材开始逐渐渗透在横线格中写字的方法和要求，从示范写一段话到写多段话，从示范写横排古诗到竖排古诗，学生能够通过教材中的范例学习在横线格中写字的技巧。此外，教材还展示了书法家的作品，以此来帮助学生逐渐形成自己的书写字体，循序渐进地写出规范、端正、整洁的汉字。

（四）培养学生良好的写字习惯的内容分布

教材没有单独编排专门的有关良好的写字习惯的教学内容，而是将这些内容转化成图片、气泡等能够吸引学生关注的形式（见表 4-8）。

表 4-8 培养良好的写字习惯的内容在教材中的分布情况

册次	单元 / 板块	分布位置	呈现内容
一年级上册	我上学了	我爱学语文	图片：读书姿势、写字姿势等
	识字单元	金木水火土	图片：认识田字格
	“语文园地一”	书写提示	图片：写字姿势、执笔姿势 气泡：写字时注意坐端正，握好笔
	“语文园地五”	书写提示	图片：写字姿势、执笔姿势
	“语文园地八”	书写提示	图片：执笔姿势
一年级下册	“语文园地一”	书写提示	图片：写字姿势、执笔姿势
	“语文园地四”	书写提示	图片：写字姿势、执笔姿势
	“语文园地七”	书写提示	图片：写字姿势、执笔姿势

续表

册次	单元 / 板块	分布位置	呈现内容
二年级上册	“语文园地一”	书写提示	气泡：写字时要保持正确的坐姿和执笔姿势
二年级下册	“语文园地二”	展示台	图片：写字姿势、执笔姿势 气泡：写字的时候我能做到姿势正确，字也写得更端正了
三年级上册	第二单元的“语文园地”	书写提示	图片：写字姿势、执笔姿势 气泡：使用钢笔，注意执笔姿势，把字写得规范、端正、整洁

教材是从写字姿势和执笔姿势这两个方面来培养学生良好的写字习惯的。从学生开始接触“我上学了”时，就已经渗透写字姿势和执笔姿势的知识了。在初次接触田字格时，就配有小女孩执笔的图片。这些细节都能让学生简单、直观地了解写字姿势和执笔姿势。

一年级两册书中的书写提示都展示了写字姿势和执笔姿势。教材在学生入学的第一年，以图片的方式刺激和影响学生，使其对写字习惯产生印象，进而培养良好的写字习惯。二年级到三年级上学期的 3 册教材，减少了对写字习惯的提示，每册书都只涉及一处用图片或气泡来提醒学生注意写字姿势和执笔姿势的内容，并且从二年级上册开始，教材主要以气泡中的文字提示学生注意写字要规范、端正、整洁。从三年级下册开始，教材没有再呈现有关写字习惯的内容。可见，在第一学段重视并培养学生良好的写字习惯是非常重要的。

从气泡中的提醒文字也能够看出教材对写字习惯的要求越来越严格。一年级只是要求能够坐端正、握好笔；二年级开始逐渐提高要求，从要保持正确的写字姿势和执笔姿势，到能做到姿势正确，书写端正；三年级要求用钢笔把字写得规范、端正、整洁，这也与《义务教育语文课程标准（2022 年版）》的要求相吻合。

教材用这样的方式来培养学生良好的写字习惯是科学的、有效的。一年级的学生开始接触写字，写字习惯是需要逐渐培养的。将写字习惯以有趣的图片或文字的形式展现在学生眼前，能够吸引学生的注意力，让学生愿意主动阅读教材，跟随教材中的写字姿势、笔顺规则的要求进行模仿和学习。教材这样具有视觉影响力的编排方式能够先让学生对写字姿势和执笔姿势产生初步的认知和感受，再结合教师的指导和示范养成良好的写字习惯。

（五）用纸要求的分布

在用纸要求方面，教材体现出了由在田字格、方格中书写汉字，到尝试在横线格中练习写一段话的趋势。这些书写细节都体现出了教材编写者的思考和用意。表 4-9 展示的是用纸要求的分布情况。

表 4-9　小学阶段用纸要求的分布情况

用纸要求	年级	位置	备注
田字格	一至四年级	识字单元、“语文园地”、课文后的写字表	
方格	五至六年级	课文后的写字表	
横线格	四至六年级	“语文园地”	部分单元只是展示范写内容

1. 田字格

田字格第一次出现在一年级上册识字单元第二课的课后题中。用田字格书写汉字的要求从一年级上册一直持续到四年级下册。也就是说，学生在第一学段和第二学段都要利用田字格来书写汉字，为写出规范、端正、美观的汉字打下坚实的基础。

2. 方格

在第一学段和第二学段利用田字格书写汉字的基础上，学生应该准确地把握汉字的笔顺和间架结构。于是，从第三学段开始，教材减少了在田字格中书写的要求，让学生在方格中展示自己的书写能力。同时，第三学段的写字要求也有所改变，开始强调美观性和速度，学生在此时用方格练习写字能够提高书写能力和书写速度。

3. 横线格

用硬笔书写汉字的用纸要求通常是按从田字格到方格再到横线格的顺序发展的。四年级上册第一单元“语文园地”中的书写提示首次展示了在横线格中书写段落的范例。此处并没有提出让学生在横线格中书写的要求，只是让学生观察和欣赏。学生能够通过这些内容了解到每个人都可以把字写好，每个人都有自己的书写字体和特色，只要把握和遵守统一的要求且勤加练习，就可以写出美观的汉字，展现出汉字的形体美。

此外，教材在课文后的写字表中设有描红练习。描红是指在印有红色字或空心红字的纸上摹写，是对初学写字的学生的训练方法之一。教材中的写字表的描红部分随年级的增长而逐渐减少。

一年级上册的写字表的书写要求是“描二写一”，这说明一年级上学期重在模仿和熟悉，让学生描两遍，有利于使其熟悉汉字的写法和在田字格中的位置。

从一年级下册到二年级下册，写字表的书写要求由“描二写一”改为“描一写二”。减少描红的量有助于学生学会观察和独立书写汉字，逐渐向不描红过渡。

从三年级上册开始到六年级下册，写字表既没有描红练习，也没有写字练习，只是呈现出会写的字，但在“语文园地”中有“写一”的要求。三年级上册到四年级下册用田字格呈现，五年级上册到六年级下册用方格呈现。

小学语文教材中的描红练习呈现出了按年级递减至无的变化趋势。这说明描红并不是写字的重点，只是入门的辅助方式，学生应逐渐摆脱描红的习惯，学会自主观察和书写汉字，在这个过程中关注笔画、间架结构，提高书写能力。

从整体上看，教材中的用纸要求呈现出了难度的变化、要求的变化。第一学段和第二学段以田字格写字为主，第三学段以方格写字为主，并且从四年级开始逐渐让学生感受在横线格中写字。用纸要求的变化指明了学习方向：学生应在书写能力上有所进步，应能够逐渐适应从有格到没有格、从需要描红到不描红的过程。虽然用纸要求提高了，但也应该保证书写的规范性和美观性。

（六）识字与写字的分布

教材中识字与写字内容是分开教学的，识字表和写字表中出现的汉字，其出现顺序并不是按照字频安排的，而是按照课文主题的顺序根据课文内容进行排序的。可以说，识字和写字内容的分布并没有严格的、固定的规律性。

三、教材研读

（一）书写提示

书写提示呈现在“语文园地”中，一年级至三年级以写字习惯、笔顺规则、如何写好汉字为主要提示内容，四年级至六年级着重呈现横线格的书写范例和书法家的作品。

1. 在田字格中写字的书写提示

统编版语文教材在一年级上册的“语文园地一”中出现了书写提示，由图片、气泡、田字格书写练习组成（见图 4–8）。一年级的书写提示的内容主要包括写字习惯提示、笔顺规则提示、书写练习。

图 4–8　一年级上册“语文园地一”中的“书写提示”

关于写字习惯的提示用气泡呈现：“写字时注意坐端正，握好笔”，并配有正确写字姿势和执笔姿势的图片。这种图文并茂的方式很适合一年级学生，他们能够通过图片来模仿和学习正确的写字姿势和执笔姿势，口语化的文字能加深学生对良好的写字习惯的印象和认识。

关于笔顺规则的提示用气泡呈现：“从上到下”“先横后竖”。教材选取了已学过的“二”“三”“禾”以及要求会写的新汉字“十”作为练习内容，这四个字的共同点是符合上述笔顺规则，这样的设计能让学生在写字过程中集中掌握相应的笔顺规则。

汉字书写练习由范字、两个描红字、一个独立书写的田字格组成。学生先观察范字，再进行“描二写一”的练习，可以记忆汉字的笔画、笔顺，也可以了解汉字在田字格的位置，还可以复习已学汉字，积累新的汉字。

2. 在横线格中写字的书写提示

从四年级上册第一单元开始，“语文园地”中的书写提示不再是关于写字习惯、笔顺规则的了，而变为指导学生如何在横线格中写好段落、古诗。这点变化体现出随着学生年龄的增长，用纸要求也在改变。四年级上册教材不再以写字练习为重点，开始逐渐引导学生学会在横线格中写字，一般会给出范例并进行指导（见图 4–9）。

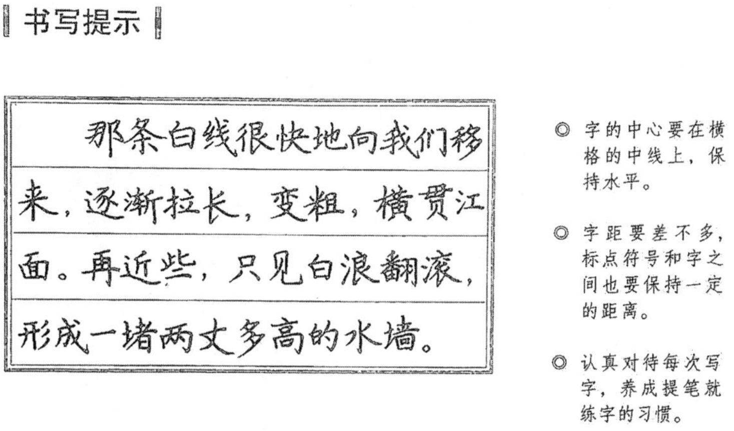

图 4-9 四年级上册第一单元中的“书写提示”

左侧是在横线格中书写的《观潮》的一个段落。范例使用的字体并不是印刷体，是手写体，是有个人色彩的字体。这个范例提示学生：每个人都有自己的书写风格，只要在横线格中写出规范、端正、整洁的汉字即可。

右侧是结合范例所提出的书写要求和指导。从布局角度提示学生“字的中心要在横格的中线上，保持水平”。从字距的角度提示学生“字距要差不多，标点符号和字之间也要保持一定的距离”，帮助学生在离开田字格或方格后，在横线格中把汉字写美观。从书写习惯角度提示学生“认真对待每次写字，养成提笔就练字的习惯”，引导学生勤于动笔。教材用图片展示书写范例，搭配文字提示书写要求，能够让学生直观地看到横线格的页面布局，易于仿写。

（二）写字习惯

对写字习惯的培养主要包括写字姿势、执笔姿势两方面。教材用图片和气泡引导学生学会观察，认识正确的写字姿势和执笔姿势，在认真书写汉字的过程中，养成良好的写字习惯。

1. 写字姿势

统编版语文教材一年级上册“我爱学语文”，以形象的图片清晰地展示了正确的写字姿势（见图 4-10）。图中的小男孩端正地坐在椅子上，头保持正直，微微低头，身体放松前倾，双臂自然展开，正用正确的执笔姿势在纸上书写。图片提示学生在写字的过程中眼睛与纸面要保持一定的距离，不妨碍眼睛看书写的内容。但这幅图有一点不足之处：没有看到下肢的姿势。

图 4-10 一年级上册“我爱学语文”中关于写字姿势的图片

三年级上册第二单元“语文园地”中的书写提示给出了写字姿势的侧面照，学生可直观地看到正确的写字姿势（见图 4-11）。

图 4-11　三年级上册第二单元中的“书写提示”

这幅图从侧面让学生加深和巩固了对正确的写字姿势的印象。小男孩的头部保持正直，背部稍微挺直，双臂轻轻展开，左手自然放在桌面上，右手正确执笔书写汉字，双腿并拢，整个人处于放松的状态，眼睛与桌面保持距离，胸腹距桌边有一拳的距离，这样的写字姿势有助于保证书写的速度，也有助于学生健康成长。

采用正确的写字姿势书写时要遵循“八字要领”：头正、身直、臂开、腿平。此外，还要注意三个“一”：“眼离书本要一尺，手离笔尖要一寸，胸前离桌面要一拳。”教师可将教材中的图片与亲身示范相结合，引导学生以正确的写字姿势进行书写。

2. 执笔姿势

图 4-10 展示出了标准的执笔姿势。小男孩右手执笔，他用拇指、食指握住笔杆下端，用中指在内侧抵住笔杆，无名指和小指依次自然地放在中指的下方并向手心弯曲，笔杆握得松紧适度，笔杆上端稍向右偏，紧贴虎口上，与纸面约成 45 度角，使用这样正确的执笔姿势，能够确保书写的流畅性。总而言之，执笔要做到“指实掌虚”，就是手指执笔要实，掌心要空，形成虚圆的样子，指关节略弯曲，腕关节与手臂在一条直线上，不能弯曲，这样写起来才能灵活运笔。

教材从视觉上对写字习惯的培养做了提示，但没有详细地对写字习惯进行介绍和指导，因此，教师应通过示范和反复提醒，帮助学生逐渐养成正确的写字习惯。

（三）用纸要求

用纸要求主要体现在教材对田字格、方格、横线格的安排上，前文已经以教材中的图片为例介绍了横线格，此处我们选取田字格和方格来进行说明和分析。

1. 田字格

统编版语文教材一年级上册识字单元第二课《金木水火土》的课后题中第一次出现了与田字格有关的内容（见图 4-12）。

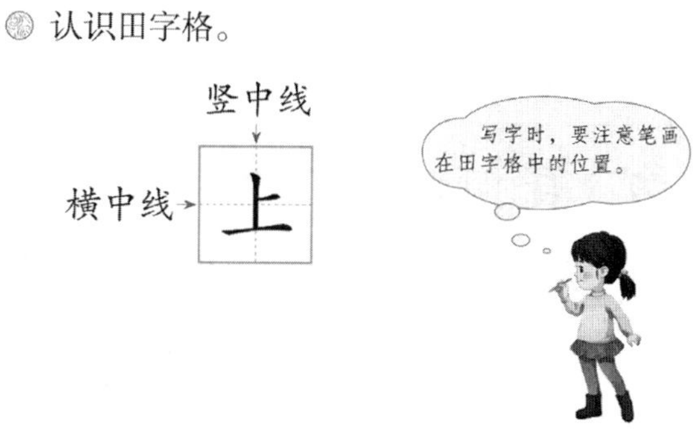

图 4-12　一年级上册识字单元第二课《金木水火土》中的课后题——“认识田字格”

教材以“认识田字格”为中心，介绍了田字格由竖中线和横中线组成，并且以本课中要求会写的“上”字为例，展示其在田字格中的位置。图片中的小女孩展示了正确的执笔姿势，气泡中“写字时，要注意笔画在田字格中的位置”这句话告诉了学生写好汉字的方法。

学生是在此课第一次接触田字格，第一次开始书写汉字的。教师可以让学生认识田字格的横中线、竖中线，并且可以用儿歌帮助学生记忆：“田字格，四方方，写好汉字它来帮。左上格、右上格，左下格、右下格，横中线、竖中线，各个方位记心间。”

教材安排学生在认识田字格之后开始练习写字，写字表也体现了用田字格书写的要求。统编版语文教材以一年级上册识字单元第二课的写字表为提示内容，第一次要求学生用田字格来书写汉字（见图 4-13）。教材在每遇到新笔画时，都会帮助学生熟悉笔画。一年级上册中的写字表给出了需要会写的字的正确笔顺，这也说明教师要在一年级就培养学生以正确笔顺进行书写的意识，为学生后续学习汉字做铺垫。

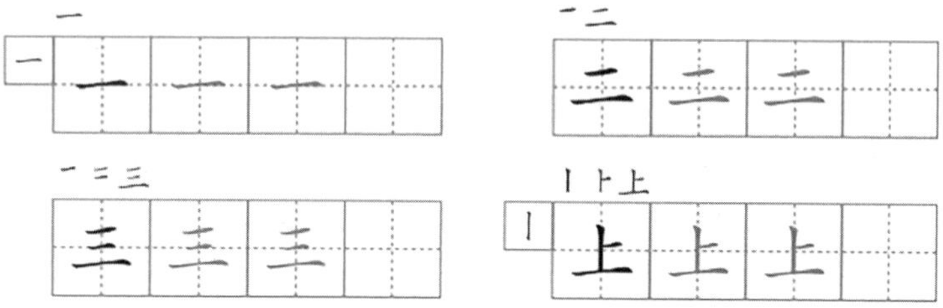

图 4-13　一年级上册识字单元第二课《金木水火土》中的写字表

田字格中的第一个字是范例，引导学生观察汉字在田字格的位置。学生在仔细观察后，要先进行两次描红，熟悉汉字的笔画、笔顺和间架结构，再在空白的田字格中进行仿写练习。这是一个反复描摹和书写的过程，意在培养学生的观察能力和书写能力。

从三年级上册第一单元第一课《大青树下的小学》开始，教材中的写字表明显与第一学段呈现的有所不同，没有笔画介绍和笔顺跟随，也没有描红练习和空白的田字格，只用田字格展示出本课需要会写的字（见图 4-14）。这个变化也在提示学生：在第一学段应该掌握基本的笔画和笔顺，了解汉字在田字格中的位置，关注汉字的间架结构，从第二学段开始要学会自主练习书写。这样的变化意在为学生在第三学段用方格书写打基础。

晨	绒	球	汉	艳	服	装
扮	静	停	孔	雀	粗	

图 4–14　三年级上册第一单元第一课《大青树下的小学》中的写字表

2. 方格

从五年级上册第一单元第一课《白鹭》开始，教材中的写字表变成了方格（见图 4–15）。从图中能够发现，只是取消了田字格的横中线、竖中线，但汉字的位置仍然与在田字格中的位置一致。因此，学生在第一学段和第二学段的田字格书写练习的基础上，用方格书写汉字应该较为容易，这种方格设计意在鼓励学生书写出自己的字体。

宜	鹤	嫌	朱	嵌	框	匣	哨	恩	韵

图 4–15　五年级上册第一单元第一课《白鹭》中的写字表

探究与思考

1. 观察统编版语文教材中的写字表，发现笔顺易错的生字，能够以正确的笔顺规则进行书写。

2. 观察学生的作文本、试卷等，收集（如拍照等）学生写错字的案例，从汉字学和心理学的角度进行归类分析，寻找避免错误的策略。

3. 观察写字指导的教学（或视频）片段，做好记录，以小组为单位讨论、分析本课的写字内容、教学方法和效果，形成一份课堂观察和分析报告。

第五章

“阅读与鉴赏”的课程理解与教材分析

【知识地图】

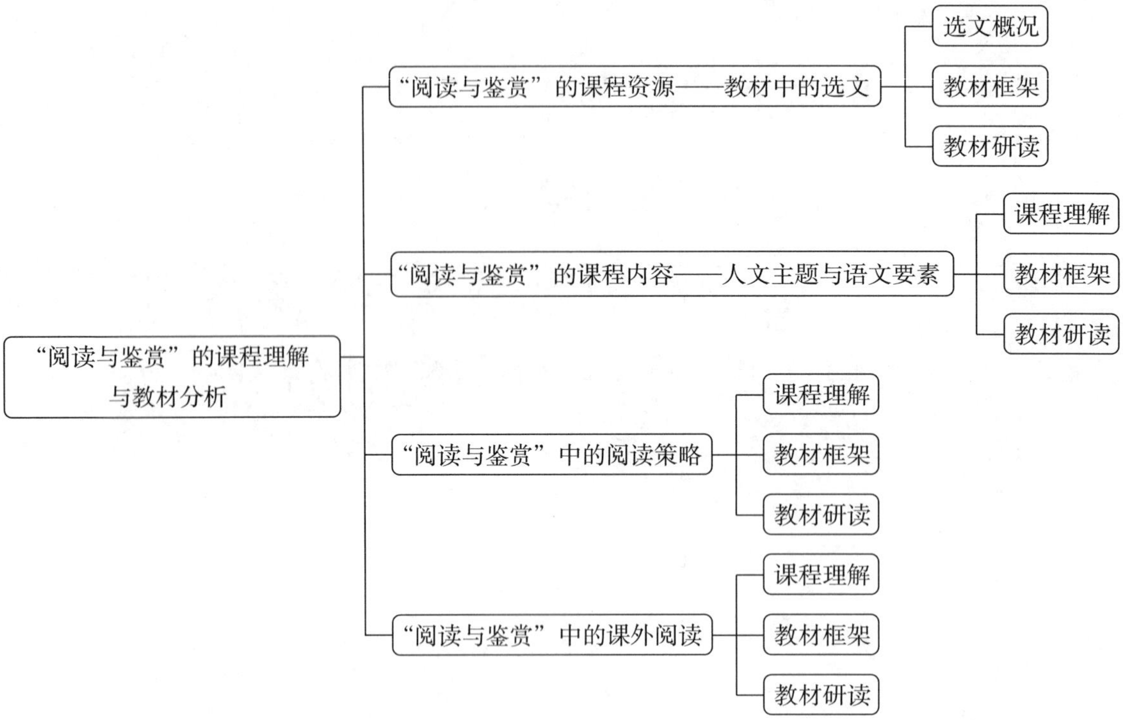

【学习目标】

◆ 了解教材中选文资源的价值和选文标准。

◆ 了解教材中普通单元与特殊单元（专题单元、文体单元、阅读策略单元等）中选文的呈现方式，掌握单元中设置的各个板块的实际用途，并能够对特殊单元进行分析。

◆ 理解并掌握《义务教育语文课程标准（2022 年版）》中“阅读与鉴赏”的学段要求，能够根据学段要求的递进性对教材中单元教学的要求进行梳理与分析。

◆ 领会教材“双线组元”的特点，掌握人文主题和语文要素在教材中的具体体现，掌握各个要素之间的关系，并能够对教材进行分析。

第一节　“阅读与鉴赏”的课程资源——教材中的选文

一、选文概况

开展阅读与鉴赏的教学能发展学生的核心素养，即文化自信、语言运用、思维能力、审美创造。要完成上述任务，须凭借教材中的选文，“有了课本或选文，然后养成、培植、训练的工作得以着手”①。

（一）选文的价值

南朝梁刘勰在《文心雕龙·序志》中说：“选文以定篇，敷理以举统。”在这里，选文指精选出来的文章。语文教材中的选文指的就是教材编写者根据课程标准选入教材中用于语文教学的文章，即我们所说的课文。选文是语文教材的主要构成部分，是发展学生的核心素养的重要载体和媒介。

阅读教学的目的是学生在教师的带领下，解读选文的语言、文字等内容从而提高阅读能力、养成阅读习惯、发展核心素养。选文是实现阅读教学目标的载体，因此，教师要关注阅读教学的材料，即选文。

语文教材的选文不是自然文本，而是教学文本。作为教学文本，教师必须根据教学目的考虑教学功能。厘清并整体把握好教材中选文的分类和编排特点，是为了更清楚地落实不同选文培养学生阅读能力的不同要求。教师应根据教学内容与目标有针对性地用好选文进行教学，以帮助学生提高阅读能力，养成良好的阅读习惯，形成高效的阅读策略和方法。

（二）选文标准

选文标准决定着语文教材质量和教学质量。选文标准与时代精神、社会变迁以及人们对语文学科本身价值的理解和追求紧密相关。统编版小学语文教材的选文体现了兼具经典性与时代性、文质兼美、适宜教学这几个标准。②

1. 兼具经典性与时代性

《义务教育语文课程标准（2022 年版）》指出：“教材选文要体现正确的政治导向和价值取向，文质兼美，具有典范性，富有文化内涵和时代气息。”③语文教材的选文应该平衡经典性和时代性，要做到两者的统一。经典的作品在遣词造句、谋篇布局等方面具有典范性，尤其是其丰富的文化内涵，是不同时代人类精神的典型体现。所谓时代性，是指选文应反映当代社会生活及科学技术的发展变化。加强课程内容的时代性是语文教材选文的重要标准，即选文内容要与社会、科技发展、学生的生活相联系。

---

① 中央教育科学研究所：《叶圣陶语文教育论集》，19 页，北京，教育科学出版社，1980。

② 温儒敏：《“部编本”语文教材的编写理念、特色与使用建议》，载《课程·教材·教法》，2016（11）。

③ 中华人民共和国教育部：《义务教育语文课程标准（2022 年版）》，52 页，北京，北京师范大学出版社，2022。

统编版小学语文教材选文的经典性日益加强，反映优秀传统文化的篇目明显增加。以古诗文为例，贯串12册教材，占所有选篇的30%。同时，选文体裁多样，从《诗经》到明清诗文，从民歌、律诗、绝句到词曲、散文、名言语录等，均有收录。与此同时，教材特别注重选取反映革命文化的文章。在1～6册教材中，反映革命文化的课文多以单篇形式呈现；在7～9册教材中，逐渐增加了反映革命文化的选篇在单元课文中的数量；在10～12册教材中，开始专门编排革命文化主题单元，在"阅读链接""快乐读书吧"等板块也都有涉及。

2. 文质兼美

"文质兼美"是极为重要的选文标准。"美"形容的对象是"文"与"质"："文"即课文的字词句段、篇章结构、表达手法等，"质"即课文的主题意旨、思想情感、人物事件等。统编版语文教材选文"文质兼美"的特点具体体现在如下方面：语言准确、精练、生动、上口，富有韵律和节奏感；塑造的形象具体、鲜明且有个性；篇幅简短，情节单纯，故事性强；主题明确、思想健康、积极，内容源于生活等。

3. 适宜教学

《义务教育语文课程标准（2022年版）》的"总目标"对学生阅读的基本要求是："学会运用多种阅读方法，具有独立阅读能力。能阅读日常的书报杂志，初步鉴赏文学作品，能借助工具书阅读浅易文言文。"[①] "阅读与鉴赏"的学段要求具体对文章的教学分类进行了表述（见表5-1）。[②]

表5-1 《义务教育语文课程标准（2022年版）》中文章的教学分类

学段	教学分类
第一学段	阅读浅近的童话、寓言、故事，向往美好的情境，关心自然和生命，对感兴趣的人物和事件有自己的感受和想法，并乐于与他人交流 诵读儿歌、儿童诗和浅近的古诗，展开想象，获得初步的情感体验，感受语言的优美
第二学段	能复述叙事性作品的大意，初步感受作品中生动的形象和优美的语言，关心作品中人物的命运和喜怒哀乐，与他人交流自己的阅读感受 诵读优秀诗文，注意在诵读过程中体验情感，展开想象，领悟诗文大意
第三学段	阅读叙事性作品，了解事件梗概，能简单描述印象最深的场景、人物、细节，说出自己的喜爱、憎恶、崇敬、向往、同情等感受 阅读诗歌，大体把握诗意，想象诗歌描述的情境，体会作品的情感 受到优秀作品的感染和激励，向往和追求美好的理想 阅读说明性文章，能抓住要点，了解文章的基本说明方法 能从图文等组合材料中找出有价值的信息

可见，支撑课程目标与学段要求的选文可分为三类。第一类是日常的书报杂志中的文章，又可称为普通文章，主要包括说明性文章、记叙性文章、应用性文章、议论性文章等。第二类是文学作品，主要包括诗歌、童话、寓言、神话、小说、故事等。第三类是诗文，特指古诗和文言文。

① 中华人民共和国教育部：《义务教育语文课程标准（2022年版）》，6页，北京，北京师范大学出版社，2022。

② 中华人民共和国教育部：《义务教育语文课程标准（2022年版）》，7～12页，北京，北京师范大学出版社，2022。

区分文章的教学分类，主要是为了清晰地体现不同文章类型的阅读教学对学生语文阅读能力不同方面的培养，引导语文教师有针对性地进行阅读教学。

统编版教材中的选文不仅符合语文的学科要求，还遵循了学生的心理特点，特别是认知特点与审美特点。另外，充分考虑不同学段学生的实际接受水平，教材改编选文的情况比较多。

二、教材框架

统编版小学语文教材中的选文是以单元形式组织起来的，教材共编排了 90 多个单元，选入了 300 多篇选文。这些单元主要可分为普通单元和特殊单元两大类：普通单元为双线结构单元，特殊单元为专题单元、文体单元、阅读策略单元等。

（一）普通单元

普通单元是教材中数量最多的单元，主要以双线结构组织单元。

以双线结构组织单元有如下特点：第一，提供单元导语，对单元主题略加提示，主要指出本单元的学习要点；第二，按照内容主题组织单元，形成一条贯串全套教材的隐性线索；第三，同时又有另一条显性线索，即将核心素养的各种基本因素，包括基本的语文知识、必需的语文能力、适当的学习策略和学习习惯，以及写作、口语交际训练等，由浅入深、由易及难地安排在各个单元的课文导语和习题设计之中。这样以双线结构进行组元，凸显了语文教学的工具性和人文性相统一的特征。

以三年级上册的第一单元为例，单元主题为“小学生活”，在单元的篇章页点明了“学校”的重要作用，配以小女孩在雨中畅想的插图，能够让学生对本单元的学习充满期待。课文部分选了《大青树下的小学》《花的学校》《不懂就要问》3 篇文章。在内容上，《大青树下的小学》描写了一所边疆小学欢乐祥和的校园生活，《花的学校》表现了孩子和妈妈之间深厚的感情，《不懂就要问》讲述了孙中山小时候向私塾先生提问的故事。本单元的语文要素之一是“阅读时，关注有新鲜感的词语和句子”，课后题针对这一语文要素也进行了系统安排：既有比较开放的提示——“在文中画出有新鲜感的词句和同学交流”，也有具体的指向——仿写拟人句；既提示学生自主学习有新鲜感的词句，又提倡在相互交流中提高认识。教材不但重视课内阅读学习，而且关注课外阅读拓展。

（二）特殊单元

1. 专题单元

专题单元一般会比较集中地讨论某一人物、著作或者一段历史、一个话题。专题单元在实质上集中呈现了一类文本，是一种用量变促质变的阅读方式。

以统编版语文教材六年级上册的第八单元为例，整个单元都是以鲁迅为中心进行编排的。本单元以臧克家对鲁迅的评价、鲁迅的照片以及有关鲁迅的资料等内容开篇。课文部分主要选了《少年闰土》《好的故事》《我的伯父鲁迅先生》《有的人——纪念鲁迅有感》几篇由鲁迅所写的或者是关于鲁迅的文章。此外，教材在“语文园地”中选入了大量鲁迅的名言警句。本专题单元意在让学生集中阅读鲁迅的作品或关于鲁迅的作品，更深刻地感受和体悟鲁迅的思想、价值观和创作特点，从而拉近鲁迅与学生之间的距离，塑造鲁迅有血有肉的形象。

2. 文体单元

文体指文章的体裁，整个单元的选文都是同一文体的单元为文体单元。设置文体单元是为方便教师和学生学习和掌握一类文体的特点。教材中共有 10 个文体单元（见表 5-2）。

表 5-2 统编版小学语文教材的文体单元分布情况

册次	单元	文体
二年级下册	第七单元	童话
三年级上册	第三单元	童话
三年级下册	第二单元	寓言故事
四年级上册	第四单元	神话
四年级下册	第二单元	说明文
	第三单元	诗歌
	第八单元	童话
五年级上册	第三单元	民间故事
五年级下册	第二单元	小说
六年级上册	第四单元	小说
六年级下册	第二单元	小说

从二年级开始，教材中开始出现文体单元，说明低年级学段已经开始涉及文体方面的内容。文体单元涉及了广泛的内容，包括童话、寓言故事、说明文、诗歌、小说等文体，这些文体都在《义务教育语文课程标准（2022 年版）》的文章的教学分类中，且非常明确。这有助于让学生对同一类文体的特点产生更深刻的认识和了解，通过不断地阅读巩固，学会积累且运用相关阅读方法，提高阅读能力，同时也方便教师在备课和讲课过程中牢固掌握这一类文体的教学方法。

3. 阅读策略单元

阅读策略单元以阅读策略为主线进行组织，旨在引导学生学习并掌握基本的阅读策略，形成运用阅读策略的意识，帮助学生成为积极的阅读者。

本章第三节将专门进行教材研读，此处不赘述。

三、教材研读

（一）教材呈现

下面以三年级上册的童话单元为例进行研读（见图 5-1、图 5-2）。

教材的单元架构主要包括如下板块：单元导语、选文、课后题与课前导语，以及“交流平台”“快乐读书吧”。

第三单元……27
8 卖火柴的小女孩……28
9* 那一定会很好……33
10 在牛肚子里旅行……35
11* 一块奶酪……38
◎ 习作：我来编童话……40
◎ 语文园地……41
◎ 快乐读书吧：
在那奇妙的王国里……43

图 5-1 三年级上册第三单元的目录

图 5-2 三年级上册第三单元中的单元导语

1. 单元导语

三年级上册第三单元是一个童话单元。从“乘着想象的翅膀，游历奇妙的童话王国，看花儿跳舞，听星星歌唱”一句中，我们就可以看出本单元是一个充满想象的童话单元。单元导语点明了单元的设置意图和选文依据。

本单元的语文要素共有两个：一是“感受童话丰富的想象”；二是“试着自己编童话，写童话”。通过前面的学习，学生对童话这一文体已有一定的认知。这次专门安排童话单元，旨在引导学生进一步体会童话丰富而奇特的想象力，帮助学生建立对童话这种文体的更为深刻的认识，以及学习这四篇课文中运用的多种手法，掌握对童话文本的阅读能力和编写童话的写作能力。

2. 选文

作为文体单元，本单元选编了四篇不同作家、不同风格的中外童话作为教材文本以供师生阅读和学习。其中有精读课文《卖火柴的小女孩》和《在牛肚子里旅行》，略读课文《那一定会很好》和《一块奶酪》。这些童话都充满了丰富而奇特的想象力，讲述了人、植物、动物等童话形象的奇妙的经历，引人入胜，又发人深思。

《卖火柴的小女孩》讲述了一个卖火柴的小女孩在阖家欢乐、举杯共庆的大年夜冻死在街头的故事。《在牛肚子里旅行》讲述了蟋蟀红头被吞进牛肚子里但最终逃脱的神奇经历。《那一定会很好》讲述了一粒种子长成一棵大树，变成手推车、椅子，最后变成木地板的一段生命的奇妙历程。《一块奶酪》讲述了蚂蚁队长因为小小的奶酪渣而产生激烈的思想斗争，最终战胜贪心，命令最小的蚂蚁吃掉奶酪渣的故事。

3. 课后题与课前导语

课后题围绕文本和学生应具备的语文阅读能力展开。两篇精读课文的课后题设置如下：通过小女孩几次擦燃火柴看到的幻象，体会小女孩的愿望；体会蟋蟀青头和蟋蟀红头在对话时的心情等（见图 5-3、图 5-4）。两篇略读课文的课前导语对学生做了如下引导：体会一粒种子到阳台上的木地板的生命经历，了解围绕一块奶酪展开的故事等（见图 5-5、图 5-6）。

- 朗读课文。
- 小女孩擦燃了几次火柴？每次擦燃后看到了什么，表达了她怎样的愿望？
- 和同学交流印象深刻的部分，说说你的感受。

图 5-3 《卖火柴的小女孩》中的课后题

- 分角色朗读课文，体会青头和红头对话时的心情，读出相应的语气。
- 从哪里可以看出青头和红头是“非常要好的朋友”？默读全文，至少找出三处来说明。
- 红头的旅行真是惊险。画出它在牛肚子里旅行的路线，再把这个故事讲给别人听。

图 5-4 《在牛肚子里旅行》中的课后题

9* 那一定会很好

默读课文，想一想，从一粒种子到阳台上的木地板，它经过了一段怎样的历程？试着用自己的话说一说。

图 5-5 《那一定会很好》中的课前导语

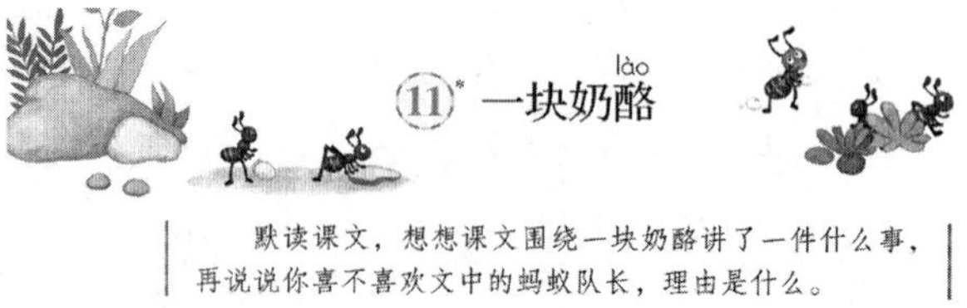

图 5-6 《一块奶酪》中的课前导语

4. “交流平台”

“交流平台”中三个同学的对话旨在引导学生从自己的阅读体验出发，交流对童话的感受，初步梳理和总结童话的一些基本特点，加深对童话的认识（见图 5-7）。

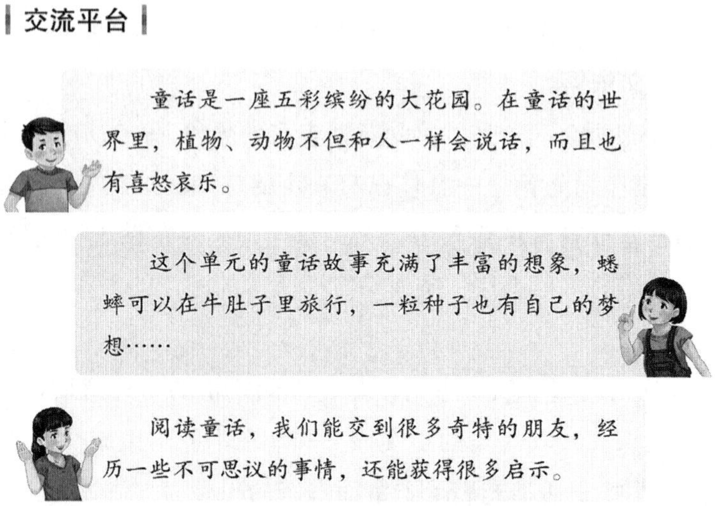

图 5-7 三年级上册第三单元中的“交流平台”

具体来讲，主要呈现了童话三个方面的特点：一是童话中的植物、动物像人一样说话、有思想、有情感；二是童话充满了丰富的想象力；三是阅读童话能给我们带来有益的启示。

5. “快乐读书吧”

本单元还安排了“快乐读书吧”板块，推荐阅读《安徒生童话》《稻草人》《格林童话》等经典童话，旨在进一步激发学生阅读童话的兴趣，走进更加广阔的童话世界，养成课外持续阅读童话的习惯（见图 5-8）。

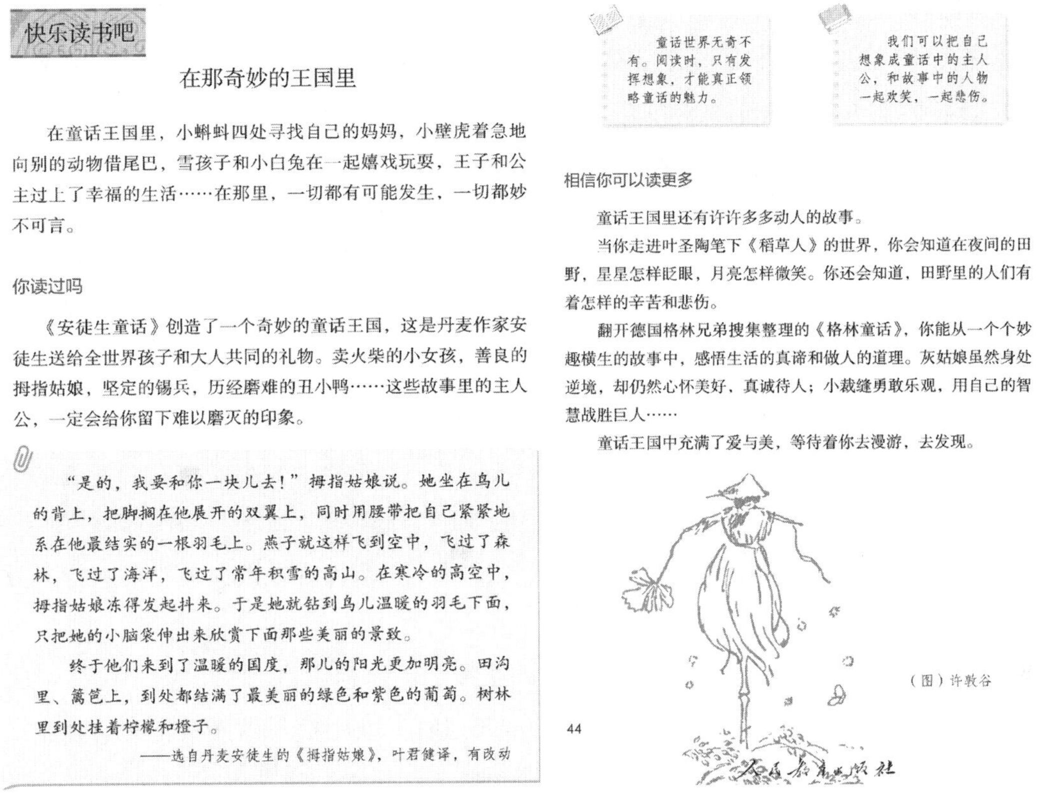

快乐读书吧

在那奇妙的王国里

在童话王国里，小蝌蚪四处寻找自己的妈妈，小壁虎着急地向别的动物借尾巴，雪孩子和小白兔在一起嬉戏玩耍，王子和公主过上了幸福的生活……在那里，一切都有可能发生，一切都妙不可言。

你读过吗

《安徒生童话》创造了一个奇妙的童话王国，这是丹麦作家安徒生送给全世界孩子和大人共同的礼物。卖火柴的小女孩，善良的拇指姑娘，坚定的锡兵，历经磨难的丑小鸭……这些故事里的主人公，一定会给你留下难以磨灭的印象。

“是的，我要和你一块儿去！”拇指姑娘说。她坐在鸟儿的背上，把脚搁在他展开的双翼上，同时用腰带把自己紧紧地系在他最结实的一根羽毛上。燕子就这样飞到空中，飞过了森林，飞过了海洋，飞过了常年积雪的高山。在寒冷的高空中，拇指姑娘冻得发起抖来。于是她就钻到鸟儿温暖的羽毛下面，只把她的小脑袋伸出来欣赏下面那些美丽的景致。

终于他们来到了温暖的国度，那儿的阳光更加明亮。田沟里、篱笆上，到处都结满了最美丽的绿色和紫色的葡萄。树林里到处挂着柠檬和橙子。

——选自丹麦安徒生的《拇指姑娘》，叶君健译，有改动

童话世界无奇不有。阅读时，只有发挥想象，才能真正领略童话的魅力。

我们可以把自己想象成童话中的主人公，和故事中的人物一起欢笑，一起悲伤。

相信你可以读更多

童话王国里还有许许多多动人的故事。

当你走进叶圣陶笔下《稻草人》的世界，你会知道在夜间的田野，星星怎样眨眼，月亮怎样微笑。你还会知道，田野里的人们有着怎样的辛苦和悲伤。

翻开德国格林兄弟搜集整理的《格林童话》，你能从一个个妙趣横生的故事中，感悟生活的真谛和做人的道理。灰姑娘虽然身处逆境，却仍然心怀美好，真诚待人；小裁缝勇敢乐观，用自己的智慧战胜巨人……

童话王国中充满了爱与美，等待着你去漫游，去发现。

（图）许敦谷

44

人民教育出版社

图 5-8　三年级上册第三单元中的“快乐读书吧”

教材以“在那奇妙的王国里”为主题，引导学生阅读中外经典童话。“快乐读书吧”由导语、“你读过吗”以及“小贴士”和“相信你可以读更多”四部分组成。

导语描绘了经典童话故事中的情节，旨在激发学生阅读童话的兴趣。“你读过吗”和“相信你可以读更多”，通过列举经典形象、展示精彩片段、简要介绍故事内容的方式，引导学生阅读《安徒生童话》《稻草人》《格林童话》。这三本童话集编选的都是脍炙人口的作品，并且贴近儿童生活，趣味性强，想象奇特，语言生动，适合三年级学生阅读。

“小贴士”提出了本次读书活动的阅读要素。第一个“小贴士”要求学生在读童话时，边读边发挥想象，以感受童话的魅力。这是对本册教材的童话单元中“感受童话丰富的想象”这一语文要素的巩固。第二个“小贴士”要求学生把自己融入故事中，设身处地、感同身受地去阅读。

总之，本单元以童话为主，意在让学生通过有趣、神奇的童话文本来感受、体会童话的特点，感受童话的魅力。本单元的核心指向童话最根本的特征——想象，各个板块的语文要素也是让学生展开想象，培养学生的想象能力的目标贯串了整个单元。除了选文本身具有想象性之外，在课后题、习作，以及“交流平台”“快乐读书吧”的设置上，也多次提到“想象”这一要求。这也就意味着教师在进行教学的时候，要特别扣住想象这个核心要素对教材进行处理。

（二）选文分析

本单元旨在帮助学生认识童话这种文体，通过阅读和学习，学生可以了解童话这一类文章的特点，巩固并掌握相关文体的阅读方法，开发想象这一能力。

本单元所选择的这四篇课文作为学生认识童话文体的阅读材料，其重要性不言而喻。选文内容在符合选文标准的情况下，既充分体现了童话的文本特点，又符合学生需要掌握的阅读能力。下面结合童话文本特征和选文标准进行研读。

1. 兼具经典性与时代性，体现真、善、美

童话深受儿童喜爱，它用浅显的语言揭示人类生存的永恒主题：善与恶、穷与富、强与弱、罪与罚等。童话所提出的问题都是世世代代的人们终有一天必须面对的。童话常用隐喻来陈述一个事实或道理。童话最明显的特征就是体现真、善、美，代表着人类积极向上的信念和希望。

《卖火柴的小女孩》的主人公是一个小女孩，因为又冷又饿，小女孩五次擦燃火柴，这五次擦燃火柴的过程展现了小女孩美好的幻想和冰冷的现实。从暖、饱到亲情，从生理需求到心理需求的逐渐满足，与小女孩的现实生活形成了鲜明对比，引起读者对小女孩悲惨遭遇的同情。

《在牛肚子里旅行》这篇文章有两大核心板块，即“遇险”与“智救”。青头在危急关头沉着、冷静地说的话，以及青头和红头运用知识来获救的过程，都暗含着在危急关头要坚持不放弃并通过自己的聪明才智化解危机的信念。

《那一定会很好》这篇童话故事，展示了一粒种子不断追求自己的目标，在每一次实现梦想的时候不仅自己获得了快乐，还服务了他人的成长过程。文中描写内心变化的内容能让学生体会克服困难、努力成长的喜悦之情和乐于奉献的精神。

《一块奶酪》一文，细致地描写了蚂蚁队长在面对诱惑时的矛盾心理，细致地刻画了蚂蚁队长从想吃奶酪到下定决心拒绝诱惑的心理变化过程，还表现了蚂蚁队长严于律己的精神，暗示了只有严于律己才能让人信服的道理。

在阅读童话时，学生会产生肯定或否定的心理反应，产生自己的阅读感受和想法，体会到喜欢、爱慕、赞赏、悲伤、同情等情感。教师可以通过教学引导学生将这种体验内化为自己的价值观或人生态度，让学生在童话故事中潜移默化地受真、善、美熏陶。

2. 通过幻想，聚焦单元语文要素

本单元的选文紧扣语文要素，重点让学生阅读文本，发展语文能力。童话是充满诗意和幻想的，作家利用幻想寄托自己的情感和理想，表达对真假、善恶、美丑的审美评价。幻想是童话精神特质的核心，也是童话用以反映生活的特殊艺术手段。幻想是创造想象的一种特殊形式。幻想由个人愿望或社会需要引起，是一种指向未来的想象。幻想是一种创作手段，是作家不满足于模仿现实本来形态，而按自己的需要虚构形象的一种创作方法。它根植于生活，往往又夸张地叙述和描绘生活，以达到一种升华，因而幻想中的事物比真实情况下的更加活跃，更富色彩。当然，童话幻想是基于现实的，是现实的投影。如果童话失去了幻想，就如同人失去了灵魂。所以，童话借助幻想为儿童创造了一个超乎现实又基于现实的神奇的世界。

就本单元来说，学生可以在阅读中感受童话丰富、奇特的想象力。例如，在《在牛肚子里旅行》一文中，蟋蟀竟然可以在牛肚子里旅行；在《一块奶酪》一文中，小蚂蚁在搬运奶酪的过程中，竟然能够像人一样会有这么激烈的心理斗争。儿童时期是发挥想象力、创造力的最佳时期。这几篇童话是供三年级学生学习的，而三年级恰恰是学生想象力最旺盛的时期，他们认为童话故事里的万物皆像人一样有感情、思想、生命，一切生物皆能言语。童话故事中这些生动、鲜明的主人公更容易引起学生的情感共鸣，带给学生丰富的情感体验。

3. 借助童话文本，在阅读中掌握表现手法

童话蕴含了丰富的奇幻色彩，它之所以如此引人入胜，是因为运用了多样的表现手法。童话的表现手法主要有夸张、拟人、象征，借助这些手法，形象才能更加生动、饱满，作品中的喜、怒、哀、乐才能传递给每一位读者。

童话中离奇的内容往往是通过极度夸张表现出来的，从内容到形式无不运用夸张的手法来表现那绝非真实的虚幻境界。恰当地使用夸张手法可以使童话故事更饱满，主题更深刻。拟人手法可使童话故事给人一种有虚有实、亦真亦假的创作美感，增加故事新奇、有趣的艺术效果。童话通过想象把动植物和没有生命的物体拟人化，赋予其人的思想感情，让他们会说话、会思想、会行动。一方面，这些主人公具有人的某种性格特征；另一方面，又具有它们自身的内在特性。象征是借助于某一形象可感的事物来表现抽象的概念、思想或情感。它通过某种动物、植物或某种概念来象征社会上的某种人的性格，或某类人物、事物的某种特征；或者借助奇异的情节来比喻某种深刻的事理。象征是体现幻想的一种独特的方法，是幻想与现实相结合的一种重要方式。

在《卖火柴的小女孩》中，火柴象征着温暖，奶奶象征着拯救。《那一定会很好》赋予一粒种子人的思维，一粒种子的愿望经过一段段历程，最后回到原点，象征了经历生命体验之后的一种回归。在《在牛肚子里旅行》中，蟋蟀青头和红头被赋予人的沉着冷静、不放弃的优秀品质。《一块奶酪》将蚂蚁队长拟人化，对蚂蚁队长的语言、动作、心理进行了细致、生动的描写，给读者留下了深刻的印象；对小蚂蚁的语言、动作、心理的描写，也从侧面烘托了蚂蚁队长的形象。

集中性地学习童话表达幻想、想象的写作手法，能有效地帮助学生认识、了解童话这一文体，帮助学生巩固阅读童话的知识和能力，帮助学生领悟和学习表达技巧，为后续读写能力的提升提供支撑。

4. 通过分析童话结构，以文本阅读促写作能力

以“三段式结构”写故事情节是童话的传统创作手法之一，且运用得非常普遍。“三段式结构”不是无意义的重复，而是为了更加突出、完整地表现人物的性格。[①]“三段式结构”指将性质相同而具体内容相异的三个或三个以上的事件连在一起，这是一种很典型的结构方式，如《三打祝家庄》《三封密电》等都用了这种结构方式。

《卖火柴的小女孩》一文，在结构上有反复这一特点。小女孩第一次擦燃火柴，因为冷，她看见了火炉，可现实是手里只有一根烧过的火柴梗；第二次擦燃火柴，因为饿，她看见了烤鹅，可是现实只有一堵又厚又冷的墙；第三次擦燃火柴，因为无家可归，她看见了圣诞树，而现实是圣诞树上的烛光变成了闪烁的星星；第四次擦燃火柴，因为缺失亲情，她看见了唯一疼她的奶奶；第五次擦燃火柴，因为想把奶奶留住，她最终跟随奶奶一起“飞”走了。这五次擦燃火柴的经历、五次美好的幻想都代表着小女孩心里的希望，可现实却是绝望的。这种反复式的幻想与现实形成了极大的反差，在对比之下，更加凸显了小女孩悲惨的命运。

① 祝士媛:《儿童文学》，74页，北京，北京师范大学出版社，1988。

《那一定会很好》中的主人公不断转变，每一次转变都是一个愿望的开始，每一个愿望最后都实现了。这四次转变，对应了文中出现的四次“那一定会很好”，情节也具有反复性。

在教学中，教师应对童话文本进行分析，帮助学生掌握童话的写作手法，为后续编写童话的习作练习打下基础，这也与本单元的习作要求相符合。学生在教师的引导下，通过对文体单元中选文的学习，在集中学习童话文体、掌握童话文本特征的同时，还将阅读和习作活动联合起来，也将阅读能力和习作能力相关联。这既体现了文本选取和教材编写的整体性与关联性，又体现了语文的工具性和语文课程的实践性。

探究与思考

整体把握教材中普通单元与特殊单元（专题单元、文体单元、阅读策略单元等）选文的呈现方式，掌握单元中设置的各个板块的实际用途，根据不同类型单元的特点，写出某一个特殊单元的教材分析并交流探讨。

第二节　“阅读与鉴赏”的课程内容——人文主题与语文要素

一、课程理解

“阅读与鉴赏”的课程内容，从主题上应突出中华优秀传统文化、革命文化、社会主义先进文化，同时反映世界文明优秀成果、科技进步、日常生活特别是儿童生活等方面；从内容组织上，主要通过“实用性阅读与交流”“文学阅读与创意表达”“思辨性阅读与表达”“整本书阅读”等学习任务群中的学习内容来体现。[①] 统编版小学语文教材依据课程目标和学段要求，以双线并行的方式组织单元教学内容，将语文课程内容教材化。教材中双线并行的人文主题和语文要素，一方面体现了要培养学生的人文情怀的目标，另一方面体现了要发展学生的阅读素养的目标。

（一）人文主题

人文指人类社会的各种文化现象。统编版小学语文教材以宽泛的人文主题将课文组织在一起，从而形成一条贯串全套教材的人文线索。教材中的人文主题是人类文化中的先进部分和核心部分，体现先进的价值观及规范。

义务教育阶段的语文课程应充分发挥其独特的育人功能和奠基作用，使学生在初步学会运用国家通用语言文字进行交流沟通的同时，吸收古今中外优秀文化成果，提升思想文化修养。

《义务教育语文课程标准（2022 年版）》在“课程实施”部分提出了如下教学建议：“教师应理解核心素养的内涵，全面把握语文教学的育人价值，突出文以载道、以文化人。把立德树人作为语文教学的根本任务，清晰、明确地体现教学目标的育人立意。引导学生在学习语言文字运用的过程中，逐步树立正确的世界观、人生观、价值观，体认和传承中华优秀传统文化、革命文化、社会主义先进文化，积淀深厚的文化底蕴，增强文化自信。”[②]

《义务教育语文课程标准（2022 年版）》在“课程实施”部分还提出了如下教材编写建议：“教材编写要高度重视继承和弘扬中华优秀传统文化、革命文化、社会主义先进文化，赓续红色血脉，自觉维护国家统一和民族团结，理解和尊重多样文化；要有助于学生铸牢中华民族共同体意识，增强中华民族自尊心、爱国情感、集体意识和文化自信，形成正确的世界观、人生观、价值观。”[③]

可见，教师在开展“阅读与鉴赏”教学时，不仅要使学生学会阅读方法、提高阅读能力，还要使学生在阅读学习过程中体验情感、形成价值观与理解文化。这些要求需要在教学过程中具体落实。

---

① 中华人民共和国教育部：《义务教育语文课程标准（2022 年版）》，18～34 页，北京，北京师范大学出版社，2022。

② 中华人民共和国教育部：《义务教育语文课程标准（2022 年版）》，44 页，北京，北京师范大学出版社，2022。

③ 中华人民共和国教育部：《义务教育语文课程标准（2022 年版）》，52 页，北京，北京师范大学出版社，2022。

（二）语文要素

语文要素，即核心素养的具体化，在《义务教育语文课程标准（2022 年版）》中，体现为各个学段的课程目标与内容。就阅读课程来说，主要包括阅读方式、阅读能力、阅读策略、阅读习惯四个维度。那么，不同维度的目标与内容如何具体落实到语文教材中？以何种形式呈现？教师应采取哪些适宜的教学策略？学生如何学习和掌握语文要素？这些都是教师需要解决的问题。

下面对《义务教育语文课程标准（2022 年版）》中有关“阅读与鉴赏”的要素做出分析，以便教师进一步理解、把握教材中的语文要素。

1. 阅读方式

《义务教育语文课程标准（2022 年版）》对不同学段的阅读方式，如朗读、默读、略读、浏览等做出了要求（见表 5-3）。[①]

朗读是把语言文字转化为有声语言的一种出声阅读的方式，也是阅读教学中最重要、最常见的一种阅读训练。不同学段对朗读要求的程度是——“学习用”“用”“熟练地用”，体现出了过程性、发展性。正确地朗读—流利地朗读—有感情地朗读，反映的是从“语音准”到“读连贯”再到“有感情”这样一种上升性发展过程。

默读是不出声音地读，是把书面语言转化为个体内部语言的过程。默读是教师在语文教学中训练学生的阅读能力的重要方法，《义务教育语文课程标准（2022 年版）》对小学阶段三个学段的学生都提出了默读的要求，分别是“学习默读”“初步学会默读，做到不出声，不指读”“默读有一定的速度，默读一般读物每分钟不少于 300 字”。可见，默读和朗读一样，是小学阶段语文阅读教学的重要训练内容。

表 5-3　不同学段的阅读方式

学段	阅读方式			
	朗读	默读	略读	浏览
第一学段	学习用普通话正确、流利、有感情地朗读课文	学习默读		
第二学段	用普通话正确、流利、有感情地朗读课文	初步学会默读，做到不出声，不指读	学习略读，粗知文章大意	
第三学段	熟练地用普通话正确、流利、有感情地朗读课文	默读有一定的速度，默读一般读物每分钟不少于 300 字		学习浏览，扩大知识面，根据需要搜集信息

到了第二、第三学段，《义务教育语文课程标准（2022 年版）》分别提出了略读和浏览的要求。略读和浏览是针对精读而言的。略读指快速阅读文章以了解其内容大意的阅读方法。浏览大致分为扫描式和跳读式两种，在当今社会，学会浏览，至关重要。

① 中华人民共和国教育部：《义务教育语文课程标准（2022 年版）》，7～12 页，北京，北京师范大学出版社，2022。

2. 阅读能力

《义务教育语文课程标准（2022 年版）》针对“阅读与鉴赏”，分学段提出了要求。其中，有关词句、标点符号的学段要求如下（见表 5-4）。①

表 5-4 小学阶段中有关词句、标点符号的学段要求

学段	词句	标点符号
第一学段	结合上下文和生活实际了解课文中词句的意思，在阅读中积累词语	认识课文中出现的常用标点符号，在阅读中体会句号、问号、感叹号所表达的不同语气
第二学段	能联系上下文，理解词句的意思，体会课文中关键词句表达情意的作用 能借助字典、词典和生活积累，理解生词的意义	在理解词句的过程中，体会句号与逗号的不同用法，了解冒号、引号的一般用法
第三学段	能联系上下文和自己的积累，推想课文中有关词句的意思，辨别词语的感情色彩，体会其表达效果	在理解课文的过程中体会顿号与逗号、分号与句号的不同用法

理解词句意思的能力是一项重要的阅读能力。《义务教育语文课程标准（2022 年版）》从“了解”到“理解”再到“推想”，从“结合上下文和生活实际”到“联系上下文”再到“联系上下文和自己的积累”，以递进的方式对学生理解关键词句的能力提出了要求。第一学段侧重对词语的初步了解、积累，以及对句子形成初步的概念；第二、第三学段开始要求体会词句的表达效果和感情色彩。

从“认识”到“了解”再到“体会”，是对不同学段的学生学习标点符号的要求，程度逐渐加深。第一学段侧重于感受句号、问号、感叹号的语气。第二、第三学段侧重于体会不同标点符号的用法，并提出要对“句号与逗号”“顿号与逗号”“分号与句号”进行区分。学生只有在学习了不同标点符号所包含的语气以及用法后，才能区分它们，因此低年级的学习是为高年级做铺垫的。

《义务教育语文课程标准（2022 年版）》中，有关阅读内容、阅读形式和阅读理解能力的学段要求如下（见表 5-5）。②

表 5-5 小学阶段有关阅读内容、阅读形式和阅读理解能力的学段要求

学段	目标与内容
第一学段	阅读浅近的童话、寓言、故事，向往美好的情境，关心自然和生命，对感兴趣的人物和事件有自己的感受和想法，并乐于与他人交流 诵读儿歌、儿童诗和浅近的古诗，展开想象，获得初步的情感体验，感受语言的优美 尝试阅读整本书，用自己喜欢的方式向他人介绍读过的书

① 中华人民共和国教育部:《义务教育语文课程标准（2022 年版）》，8～12 页，北京，北京师范大学出版社，2022。

② 中华人民共和国教育部:《义务教育语文课程标准（2022 年版）》，8～12 页，北京，北京师范大学出版社，2022。

续表

学段	目标与内容
第二学段	能初步把握文章的主要内容，体会文章表达的思想感情 学习圈点、批注等阅读方法 能对课文中不理解的地方提出疑问，乐于与他人讨论交流 能复述叙事性作品的大意，初步感受作品中生动的形象和优美的语言，关心作品中人物的命运和喜怒哀乐，与他人交流自己的阅读感受 诵读优秀诗文，注意在诵读过程中体验情感，展开想象，领悟诗文大意 阅读整本书，初步理解主要内容，主动和同学分享自己的阅读感受
第三学段	在阅读中了解文章的表达顺序，体会作者的思想感情，初步领悟文章的基本表达方法 在交流和讨论中，敢于提出看法，作出自己的判断 阅读叙事性作品，了解事件梗概，能简单描述印象最深的场景、人物、细节，说出自己的喜爱、憎恶、崇敬、向往、同情等感受 阅读诗歌，大体把握诗意，想象诗歌描述的情境，体会作品的情感 受到优秀作品的感染和激励，向往和追求美好的理想 阅读说明性文章，能抓住要点，了解文章的基本说明方法 阅读简单的非连续性文本，能从图文等组合材料中找出有价值的信息 尝试使用多种媒介阅读 阅读整本书，把握文本的主要内容，积极向同学推荐并说明理由

综上，《义务教育语文课程标准（2022 年版）》在第一至第三学段，分别就阅读理解能力做出了具体描述：从“对感兴趣的人物和事件有自己的感受和想法”，到初步把握、体会、感受文章的主要内容和思想情感，再到了解文章顺序、体会思想情感、领悟表达方法等。阅读内容有浅近的童话、寓言、故事、儿童诗等，还有叙事性作品、诗歌、说明性文章、非连续性文本等不同类型的文章，对学生阅读能力的要求也逐渐提高。

3. 阅读策略

《义务教育语文课程标准（2022 年版）》中，关于阅读策略的学段要求如下：第一学段“借助读物中的图画阅读”；第二学段针对大量的叙事性文本，要求学生“能对课文中不理解的地方提出疑问”；第三学段，要求学生在阅读过程中能够做到“敢于提出看法，作出自己的判断”，即带着自己的问题去阅读课文。第三学段对各种文体的阅读要求相应提高，包括叙事性作品、诗歌、说明性文章、非连续性文本等，隐含着用不同的阅读策略阅读不同的文体这一要求。上述《义务教育语文课程标准（2022 年版）》中用不同的阅读策略阅读内容与教材中出现的四个阅读策略单元相对应。

4. 阅读习惯

阅读习惯是由实践巩固下来的阅读方式、方法、程序等的通称，即适应阅读所需要的、熟练的行为方式与思维定式。《义务教育语文课程标准（2022 年版）》在第一学段提出“喜欢阅读，感受阅读的乐趣”“养成爱护图书的习惯”“积累自己喜欢的成语和格言警句”；在第二学段提出“积累课文中的优美词语、精彩句段，以及在课外阅读和生活中获得的语言材料”“养成读书看报的习惯，收藏图书资料，乐于与同学交流”等；到了第三学段，除了要求背诵优秀诗文外，没有过多地对阅读习惯提出要求。

二、教材框架

统编版小学语文教材很好地体现了工具性与人文性的统一，采取人文主题和语文要素双线组织单元的方式将其落实。下面分别从人文主题和语文要素两个方面对教材进行梳理。

（一）教材中的人文主题线

为了将《义务教育语文课程标准（2022 年版）》中有关人文性的要求教材化，教材在阅读单元的编排上，以宽泛的人文主题将单元中的课文组织在一起，形成了一条贯串全套教材的人文线索。这条线索在整体上以中国特色社会主义核心价值体系为背景，可分为人与自然、人与社会、人与自我三类主题。

1. 人与自然

这类主题关注如何处理好自我与生态环境的关系，以及人类与大自然到底要如何相处。这类主题的课文能使学生了解到人与自然和谐共生、相互依赖、互为表里的关系，同时培养他们关心自然、保护自然的意识，让他们乐于走进自然，敢于探索自然的奥秘。

2. 人与社会

这类主题关注如何处理好自我与社会大环境的关系，如何走进社会、生存于社会以及融入社会。这类主题的课文能使学生认识到家人、伙伴的存在意义，学习历史文化、社会文化，知道人类生存在社会之中，一定是与他人相关联的；能培养学生关心家人、关爱伙伴、热爱祖国的情感，并为他们搭建好走向社会的桥梁。

3. 人与自我

这类主题指向学生应正视自己，有良好的自我认知能力并且随着时间的变化不断改变自我。这类主题的课文重在让学生正确地认识自己，能做到有自己的见解或者立场，可以做出独立判断。

人文主题背后所体现的是作为人需要处理好的三种关系，可以促进学生自我了解，发展兴趣与专长；亲近、关爱自然，懂得与自然和谐相处；主动参与社会实践，增强责任感，对社会、对他人富有爱心。统编版小学语文教材 1～12 册的阅读单元（阅读策略单元除外）出现的人文主题如表 5-6 所示。

表 5-6 阅读单元中出现的人文主题（部分）

人与自然	夏天、自然的秘密、春天、自然之美、田园生活、保护环境……
人与社会	伙伴、家乡、祖国山河、家国情怀、家国之殇、革命岁月……
人与自我	儿童生活、思维方法、美好品质、读书明智、志向与心愿……

以“人与自然”为中心的人文主题在低年级所占比重较大，每个年级都会出现至少两次，包括动植物、四季、环境等。从简单的自然、四季（一年级），到动植物、大自然的奥秘（三年级），再到接触自然、保护环境（六年级）等，在表达和内容上都呈现出阶梯式上升的变化。显然，通过阅读帮助学生了解自然、体验自然是小学阶段语文教学的重要内容。

"人与社会"主题中的传统文化、革命文化线索更为清晰。二年级出现了"伟人"这一单元，三年级出现了"祖国山河"这一单元，这样的主题意在让学生了解英雄人物、领略祖国的壮美河山，增强学生的民族自豪感。四年级有神话故事、家国情怀、古代故事、中外经典童话这四个和传统文化相关的单元。接下来，在五年级安排了民间故事、古典名著，在六年级安排了有关革命岁月、走近鲁迅、民风民俗的选文。从"祖国山河"到"家国情怀"，从"家国之殇"到"革命岁月"，线索清晰，层层递进。

议一议

如何拉近学生与教材中反映传统文化、革命文化的选文的距离？

纵观六个年级的人文主题，随着学生理解能力的提高，关于"人与自我"方面的篇目比例不断增加。教师应将教材作为学生个人向社会转变的载体、媒介，引导学生学习选文，并学会正确地认识自我。这一点在整个单元人文主题的设计上也是一条明显的线索。

（二）教材中的语文要素线

教材以双线组织单元内容，除人文主题之外，同时有另一条线索，即将语文训练的要素作为主线、明线，分成若干个知识或能力训练点，由浅入深、由易及难地安排在各个单元。所解决的是"用单元内容来干什么"的问题。下面以朗读、默读，复述，理解文章内容，借助图画和想象进行阅读等语文要素为例，对教材中的语文要素线进行简要提取、梳理和分析。

1. 朗读、默读

《义务教育语文课程标准（2022 年版）》中对朗读和默读这两种阅读方式的表述十分清晰，同时具有一定的梯度。语文要素——朗读、默读在一到二年级教材中的分布情况见表 5-7。

表 5-7　语文要素——朗读、默读在一到二年级教材中的分布情况

册次	阅读方式	
	朗读	默读
一年级上册	朗读课文 读准字音 分角色朗读课文 读好停顿	
一年级下册	朗读课文 读好带感叹号的句子 读好对话 读好长句子 分角色朗读课文	
二年级上册	分角色朗读课文 注意句子不同的语气 注意多音字的读音 读出主人公的语气	默读课文，试着不出声
二年级下册	分角色朗读课文 有感情地朗读课文 读好对话，注意对话的语气 读出恰当的语气 读好问句	默读某个自然段 默读课文 默读课文，不要指读

可见，朗读是在低年级反复出现的语文要素。在学习儿童诗、童话等简单文本时，教师应要求学生采用反复读的方法，从读好句子到读好段、短文，再到分角色朗读、读好标点符号的语气，逐级提升难度、培养语感。二年级开始安排默读训练，到了三、四年级则进一步要求学生边读边想象，甚至是带着问题去读。显然，教材采取了一步一步搭台阶的方式引导学生不断提高自己的朗读和默读能力。

2. 复述

复述是指在了解文章内容后，能够用自己的话把课文内容进行描述，因此讲述课文内容、讲故事都是复述的一种形式，目的是使学生深入理解文本，提高把握文章主要内容的能力和发展思维能力。复述这一语文要素在教材中的分布情况见表 5-8。

表 5-8 语文要素——复述在教材中的分布情况

二年级上册	二年级下册	三年级下册	四年级上册	五年级上册
借助词句，尝试讲述课文内容 借助提示，复述课文 借助提示讲故事	借助提示讲故事	了解故事的主要内容，复述故事	了解故事情节，简要复述课文	了解课文内容，创造性地复述故事

教材从二年级开始训练学生借助图片、关键词语、关键句子、示意图或者根据表格内容讲故事，为学习复述做铺垫。三年级提出了复述故事的具体要求，三年级下册第八单元明确提出了“了解故事的主要内容，复述故事”的学习要求。四年级提出简要复述课文的要求，四年级上册第八单元明确提出了“了解故事情节，简要复述课文”的学习要求。五年级进一步提高难度，即创造性地复述，五年级上册第三单元明确提出了“了解课文内容，创造性地复述故事”的学习要求。

从总体上看，教材依据儿童语言能力的发展特点，循序渐进地引导学生以各种各样的方式练习复述，线索清楚，能力发展要求呈螺旋式上升，体现出了训练的梯度。

3. 理解文章内容

理解文章的主要内容是阅读的基本能力，这一能力又与相应的阅读方法相关。阅读方法指人理解文本内容、从中接收信息时所采用的手段或途径，是对阅读策略的具体运用。

文章中为表达某种特定的意思而选用的具体材料被称为主要内容。把握主要内容是指感悟、体验和归纳文章的具体材料，搞清楚文章主要讲了什么内容。理解文章内容这一语文要素在教材中的具体呈现见表 5-9。

表 5-9 语文要素——理解文章内容在教材中的分布情况

册次	语文要素
一年级下册	联系上下文了解词语的意思 根据课文信息做简单推断，并联系生活实际进行表达 联系生活实际了解词语的意思 根据信息做简单推断
二年级上册	阅读课文，能说出自己的感受和想法 联系上下文和生活经验，了解词句的意思 借助词语，了解课文内容

续表

册次	语文要素
二年级下册	提取主要信息，了解课文内容 联系生活经验，了解课文内容
三年级上册	运用多种方法理解难懂的词语 借助关键语句理解一段话的意思 学习带着问题默读，理解课文的意思
三年级下册	借助关键语句概括一段话的大意 运用多种方法理解难懂的句子
四年级上册	了解故事的起因、经过、结果，学习把握文章的主要内容 关注主要人物和事件，学习把握文章的主要内容
四年级下册	学习把握长文章的主要内容
五年级上册	根据要求梳理信息，把握内容要点
五年级下册	了解人物的思维过程，加深对课文内容的理解
六年级上册	读小说，关注情节、环境，感受人物形象 抓住关键句，把握文章的主要观点 借助相关资料，理解课文主要内容
六年级下册	分清内容的主次，体会作者是如何详写主要部分的 查阅相关资料，加深对课文的理解

针对理解文章内容这一语文要素，教材在组织、编排时，采取从词语到句子、从段落到篇章、最后再到长文章这一顺序，纵向线索清楚且呈上升状，以稳步促进学生阅读能力的提升。

4. 借助图画和想象进行阅读

借助图画阅读课文是指在课文学习前、课文学习中、课文学习后参照文字以外的图画信息，对课文的内容进行理解与认识。“借助读物中的图画阅读”这一要求是《义务教育语文课程标准（2022年版）》在第一学段目标中明确提出的，在教材中也有所体现（见表5–10）。

表5–10 语文要素——借助图画阅读在教材中的分布情况

一年级上册	一年级下册	二年级上册
借助图画阅读课文	借助图画阅读课文	借助图片，了解课文内容 综合运用多种方法自主识字、自主阅读

一年级提出借助图画阅读课文，了解课文内容，以培养学生在阅读过程中关注插图和插画的习惯，学会运用图文结合的方式进行阅读学习。到了二年级上册，发展为“借助图片，了解课文内容。综合运用多种方法自主识字、自主阅读”，即让学生借助课本中的图片，在能够自主识字的基础上独立阅读不带注音的课文。这样的设计既能帮助学生巩固已学的汉字，还能培养其阅读习惯和兴趣。

普通心理学认为，想象是人在头脑里对已储存的表象进行加工改造形成新形象的心理过程，它是一种特殊的思维形式。教材中有关“借助想象阅读”这一语文要素的内容如下（见表5–11）。

表 5-11 语文要素——借助想象阅读在教材中的分布情况

二年级上册	二年级下册	三年级上册	三年级下册	四年级上册	六年级上册
展开想象，获得初步情感体验	读句子，想象画面 根据课文内容展开想象	感受童话丰富的想象	试着一边读一边想象画面	边读边想象画面，感受自然之美	阅读时能从所读的内容想开去 借助语言文字展开想象，体会艺术之美

教材从二年级开始对学生阅读过程中的想象力培养提出要求，且二年级下册中有三个单元的语文要素都围绕想象进行，原因有如下两点：二年级的课文依旧以童话、儿童诗以及简单的记叙文为主，所以在培养学生的想象力上具有一定优势；六七岁正是学生思维发展的关键期，抓住这一关键期培养学生的想象力是很有必要的。二至四年级都在训练想象，为五年级上册中“创造性地复述”的学习做铺垫。正因为学生具备基于文本进行想象的能力，才能在学习《牛郎织女》时做到根据文本内容有创造性地复述。我们通过横向比对发现，统编版教材中的语文要素是互为支撑的，例如，同一册前一单元的学习是为接下来的单元的学习做支撑的。

《义务教育语文课程标准（2022 年版）》中对想象的表述为“展开想象，获得初步的情感体验，感受语言的优美”和“想象诗歌描述的情境，体会作品的情感”。参照表 5-11 中的语文要素可以看出，理解词句的意思是学生展开想象的基础，这与《义务教育语文课程标准（2022 年版）》要求的词句层面的阅读能力相适应。

5. 其他

除上述几条语文要素线以外，教材还设计、安排了有关其他语文要素的内容。例如，在高年级安排了“体会静态描写和动态描写的表达效果”“通过课文中动作、语言、神态的描写，体会人物的内心”“关注外貌、神态、言行的描写，体会人物的品质”“体会文章是怎样用具体事例说明观点的”等，让学生学习人物描写方法、认识环境描写方法以及说明方法，从而提高阅读能力。

相对于阅读方法而言，阅读策略是一个上位概念。针对阅读策略的训练，教材专门设计了四个阅读策略单元，本章第三节将做专门阐述。

培养学生的阅读习惯是为了让学生对阅读产生兴趣，构建针对不同类型的书的阅读经验，进而开展自主阅读。阅读习惯的养成是从一年级开始并延伸至整个语文学习过程的，该类语文要素在教材中的分布也是随年级的升高不断提高的。

综上所述，教材采用了双线结构：一方面，按照人文主题组织单元，形成一条贯串全套教材的、隐性的线索，但又不像以前的教材那样明确地给单元主题命名；另一方面，又有语文要素这条显性线索，包括基本的语文知识、必需的语文能力、适当的学习策略和学习习惯等，这些知识点或能力训练点，由易及难地分布并体现在各个单元的课文或习题之中。在这样的框架中，每个学段的语文知识点和练习的安排都依照深浅程度形成一条循序渐进、螺旋式上升的显性线索，同时各要素之间也是互相支撑、密不可分的，这是适应学生语文学习规律的。[①] 作为教师，需要充分关注各个单元的语文要素以及各要素间的层级关系，以一环扣一环的节奏进行教学。

三、教材研读

（一）教材呈现与研读

统编版语文教材三年级上册第七单元是以“人与自然”为人文主题的单元（见图 5-9），由单元导语、课文和课后题，以及“交流平台”“词句段运用”“口语交际”“习作”六个板块构成，下面重点对前四个板块进行分析。

第七单元……………………………87
21 大自然的声音……………………88
22 读不完的大书……………………91
23 父亲、树林和鸟…………………94
◎ 口语交际：身边的“小事”……97
◎ 习作：我有一个想法………98
◎ 语文园地………………………99

图 5-9 三年级上册第七单元的目录

1. 单元导语

如图 5-10 所示，“大自然赐给我们许多珍贵的礼物，你发现了吗？”点明本单元的人文主题是“人与自然”。“感受课文生动的语言，积累喜欢的语句”提出了本单元的语文要素，要求学生在感受课文生动的语言的同时学会积累好词好句，一方面是让学生掌握一定的阅读方法，另一方面是让学生学会摘抄的学习方法。教师需要在本单元的教学中带领学生感受课文中生动的语言并讲一讲什么样的语言可以被称为“生动的语言”，带领学生学会如何积累语句。“留心生活，把自己的想法记录下来”是“交流与表达”方面的语文要素，此处不赘述。

图 5-10 三年级上册第七单元中的单元导语

通过分析，我们可以发现：单元导语明确呈现了本单元的语文要素，即本单元阅读教学的风向标。

2. 课文和课后题

教师要特别关注教材体现出的单元整合意识。下面将从两方面进行研读：一是从单元整体的角度感知，二是对课文和课后题进行研读。

① 吕虹：《部编语文教材落实语文要素的三个角度》，载《教学与管理》，2018（8）。

从单元目录中可以看到，本单元紧紧围绕“人与自然”这一人文主题，编排了《大自然的声音》《读不完的大书》《父亲、树林和鸟》三篇课文。这三篇课文都是精读课文，每篇课文的课后题都紧扣本单元“感受课文生动的语言，积累喜欢的语句”这一语文要素。《大自然的声音》引导学生学会联系生活实际，体会并理解描写声音的词语的生动性；《读不完的大书》引导学生走进文本，体会生动的语言中所蕴含的韵味；《父亲、树林和鸟》引导学生体会并感受语言的丰富性。由此可见，每篇课文都有自己独有的学习侧重点，但又不偏离本单元的语文要素，可谓“形散神不散”。具体阐述如下。

（1）《大自然的声音》

《大自然的声音》分为 4 个自然段，采用记叙的形式，以独特的视角、丰富的联想以及富有韵味的语言，将大自然中的事物比作音乐家，将它们发出的声音描绘成各种美妙生动的乐曲。整篇课文围绕第一自然段展开，第二、第三、第四自然段分别从风、水和动物三方面描写了大自然丰富美妙的声音。课文配有一幅插图，森林里树木摇曳，小河边青蛙放声歌唱，一个孩子悠闲地背靠大树坐在草坪上，欣赏着大自然的音乐，仿佛与大自然融为一体。画面富有情趣，既能激发学生的学习热情和兴趣，又能帮助学生感受人与自然的和谐，紧扣本单元的人文主题——“人与自然”。

课文用生动的语言，把人们习以为常的声音写得非常鲜活，妙趣横生。例如，将大自然的声音比作“呢喃细语”“雄伟的乐曲”，让人身临其境；将风、水、动物等当作人来写，“演奏”“喜欢玩打击乐器”等语句，使得文章更加生动，充满童趣；第二自然段中描写微风与狂风的语句，对仗工整，对比鲜明，充分体现出两种风的不同特点；第三自然段中“小溪淙淙，流向河流……”一句，语势层层推进，宛如曲调逐渐攀升，直至高潮，印证了“水”也是大自然的音乐家；“滴滴答答”“叮叮咚咚”等拟声词，生动地描摹了大自然中的各种雨声，表现了水的声音美妙多变的特点，写出了声音的丰富性。课文的语言丰富且有童趣，能很好地激发学生的阅读兴趣，能引导学生通过学习课文实现“感受课文生动的语言”这一目标。

本课有三道课后题，如图 5-11 所示。其中，第一题和第三题围绕着本单元的语文要素展开。课后第一题提出了背诵第二、第三自然段的要求，在了解大意、体会语言之后，教师可以让学生思考“第二、第三自然段分别围绕段首句写了哪些内容”这一问题，加深学生对文中词语的印象，顺势借助关键词的提示背诵这两个自然段。这个过程不仅可以使学生加深对课文中生动语言的印象，而且可以使学生在背诵的过程中完成知识的内化。第三题集中呈现了一些描写声音的词语，题目要求学生先读，“再说说你在哪里听到过这样的声音”，这不仅提醒学生关注课文中描写声音的词语，还要求学生联系自己的生活经验来想象这些声音，以此来感受课文语言的生动性。

朗读课文，体会大自然声音的美妙。背诵第2~3自然段。

填一填，再说一说课文写了大自然的哪些声音。

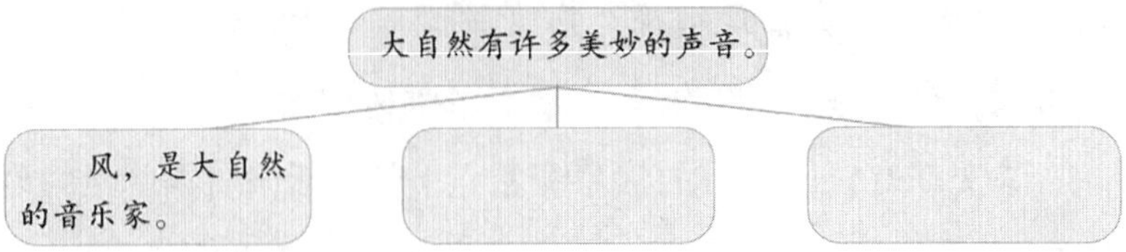

读读下面描写声音的词语，再说说你在哪里听到过这样的声音。

轻轻柔柔的呢喃细语　雄伟的乐曲　充满力量的声音

热闹的音乐会　轻快的山中小曲　波澜（lán）壮阔的海洋大合唱

图 5–11　三年级上册第七单元第二十一课《大自然的声音》中的课后题

综合考量这三道课后题，从朗读课文并背诵，到提取生动的词语并积累，再到结合自己的生活经验理解生动词语，这是一个从积累到理解的强化过程，学生通过课后题的帮助，对课文越来越熟悉。课后题的设计紧紧扣住单元的语文要素，意在引导学生在完成课后题的过程中感受生动的语言，学习积累生动词句的方法。

（2）《读不完的大书》

这是一篇描写乡村景物的文章，以儿童视角展现了一幅幅生动有趣的大自然的图画。文章通过对野外与自家庭院自然环境的描述，展现了天空、大地、树木、飞禽、走兽、游鱼的无限的情趣，说明大自然是儿童“读不完的大书”，体现了“人与自然”的人文主题。

课文在语言表达上，运用了生动、优美的语言来描述这本“大书”的丰富多彩的画面，如第 2 自然段写麻雀的样子是“蹦蹦跳跳”的；写老鹰时，抓住“盘旋、滑翔、猛扑”等词语写出了老鹰威猛雄健的动作；写蚂蚁有灵性，连搬家都井然有序。又如第 3 自然段写五颜六色的花草，形态万千；第 4～5 自然段写庭院的树木、竹林，赋予事物以人的感情，使自然万物都有了灵性，都成了“我”的伙伴。这些描述，仿佛大自然在儿童面前展开了一幅幅的生动画卷。

课文附带三道课后题，其中第二题要求学生“读下面的句子”（见图 5–12），接下来给出了四个例句，分析下来可以看出，例句 1 是带有叠音词的句子，例句 2 是带有四字词语的句子，例句 3 是使用了比喻手法的句子，例句 4 是使用了拟人手法的句子，接着要求学生“再找出类似的语句读一读，体会生动的语言”，提示了学生在阅读时要重点关注的语言点，暗示了教师本课的语言具有词语选择的生动性和表达手法的多样化的特征，直指本单元的语文要素——积累优美生动的语言。

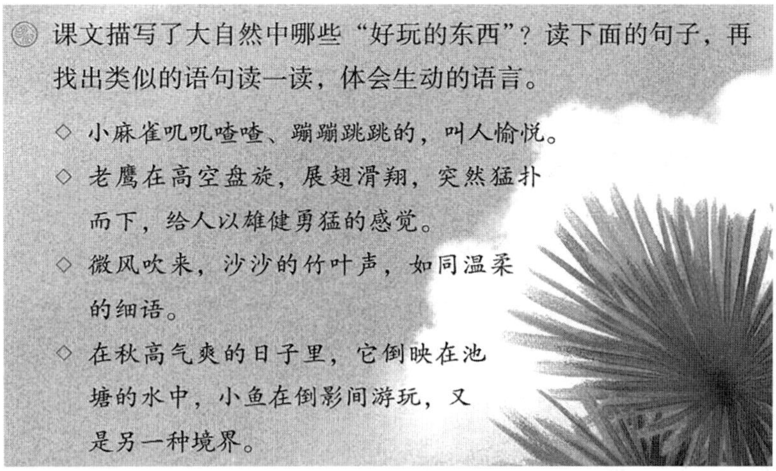

图 5-12 三年级上册第七单元第二十二课《读不完的大书》中的课后题

（3）《父亲、树林和鸟》

这是一篇叙事文本，通过父亲和“我”的对话，展现了父亲对鸟的熟悉程度与热爱之情，表达了人与自然和谐相处的主题。初入眼帘的便是课文的题目，课文的题目富有画面感，给学生以想象的空间。“父亲”“树林”“鸟”这三个并列的词，描绘出了父亲和“我”在树林中看鸟的场景，表现出父亲对树林、对鸟的喜爱之情。插图以一棵枝繁叶茂的大树为主体，同时父亲和“我”正在注视着大树，画面上并未出现鸟，呈现出父子二人置身于自然的情景。从内容上再次呼应本单元“人与自然”的人文主题。

从语言上看，当父亲观察到“林子里有不少鸟”时，“我”却“茫茫然”，并没有发现一只鸟；当父亲闻到鸟味的时候，“我”却只闻到浓浓的草木气息。课文的语言充满诗意，耐人寻味。多处使用了学生平时很少遇到的生动的词句，尤其是通过多个修饰语连用的形式表达了更为丰富的感受。如“凝神静气的像树一般兀立的父亲”一句中的“凝神静气”说明父亲观察得细致而专注，对大自然中的生命充满敬畏之情，“像树一般兀立”显出此时的父亲仿佛与树林融为一体；“幽深的雾蒙蒙的树林”“浓浓的苦苦的草木气息”等语句，生动贴切地描写了树林的环境。这样的语言有助于学生积累，这样的文章有利于学生学习生动的语言。

本篇课文有三道课后题，其中最后一题要求学生摘抄、积累含有生动的语言的句子（见图5-13）。在摘抄之前，教师需要带着学生反复地朗读以及分析体会，要明确这些句子被选出来的原因以及为什么会在个别的词句下面加点，在了解语言的生动性的同时，解决了“摘抄什么样的句子”这一问题。在此基础上，教师还应该引导学生去课文中寻找其他的句子进行摘抄。恰好这道题也是本单元课后题第一次出现“抄写”这一要求，因此，教师需要在学生摘抄前明确要求：字迹端正，抄写正确，不多字、漏字。可见，这道课后题依旧紧扣本单元的语文要素的要求，紧紧围绕着关键词句展开，是对“感受课文生动的语言，积累喜欢的语句”这一要求的不断提升。

读句子，说说加点的部分给你什么感受，然后选择一句抄下来。

◇ 父亲突然站定，朝幽（yōu）深的雾蒙蒙的树林，上上下下地望了又望，用鼻子闻了又闻。

◇ 我茫茫然地望着凝神静气的像树一般兀（wù）立的父亲。

◇ 我只闻到浓浓的苦苦的草木气息，没有闻到什么鸟的气味。

图 5-13　三年级上册第七单元第二十三课《父亲、树林和鸟》中的课后题

本单元的三篇课文内容不同但主题相同，不同的课文又都指向同一语文要素的训练，体现了人文主题的人文性、语文要素的工具性。

3. “交流平台”

“交流平台”板块出现在每个单元的“语文园地”中，其作用是梳理总结这一单元语文要素的内容，进一步提炼相关阅读学习方法。本单元的“交流平台”如图 5-14 所示。从内容上看，旨在帮助学生具体落实本单元的语文要素“积累喜欢的语句”，进一步养成摘抄积累的好习惯，增加书面表达的丰富性。从形式上看，教材以学习伙伴讨论的形式呈现文字，反映出教材编写者是站在学生的角度进行编写的。

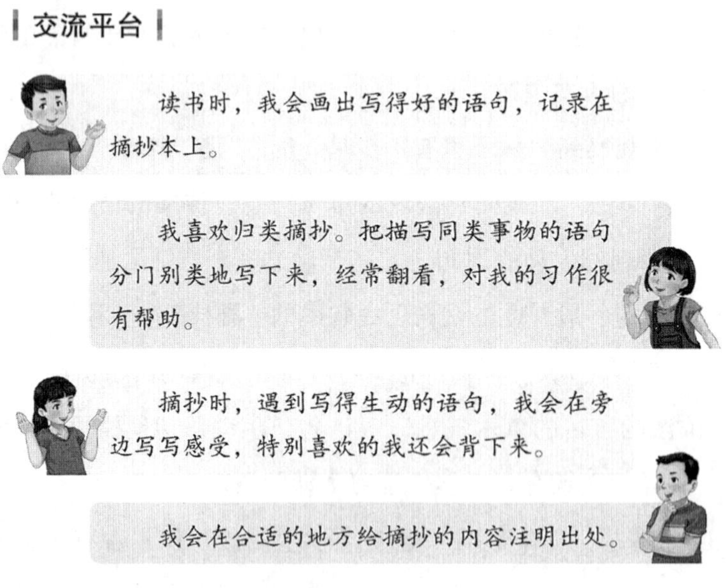

图 5-14　三年级上册第七单元中的“交流平台”

接下来我们对这四段话做进一步的分析。这四段话分别回答了“怎么摘抄”“摘抄什么”“为什么要摘抄”三个问题。第一，怎么摘抄？通过文字提示可以知道是“读书时，我会画出写得好的语句，记录在摘抄本上”，也就是要先把好句子标记出来，然后抄写在本上；“我喜欢归类摘抄”“我会在旁边写写感受”“我会在合适的地方给摘抄的内容注明出处”这三句提示语，分别告诉了学生归类、批注、标明出处的方法。第二，摘抄什么？引导学生摘抄“写得好的语句”“写得生动的语句”。在此，学生可能会遇到麻烦，即不知道什么是写得好的、生动的语句，因此就需要教师结合前面的课文给予适当的指导，讲清楚、讲明白什么是好句子、生动的句子。第三，

为什么要摘抄？“经常翻看，对我的习作很有帮助”一句回答了这个问题，这也让学生明确摘抄积累的好处是对习作有很大的帮助。在这之外，特别要说的是“注明出处”这一要求，重在引导学生关注信息的来源和真实性，提升学生把握信息的能力。

简单来说，“交流平台”有如下两个作用：第一，发现语言现象，渗透语文知识，初步感受语言规律，培养阅读习惯；第二，对本单元的学习重点、学习方法进行梳理、总结和提升，加深学生对本单元学习重点的理解和学习方法的掌握。

4.“词句段运用”

这一板块主要是对本单元的语文要素进行实践运用。本单元的“词句段运用”有两项内容，如图 5-15 所示。

第一题呈现了几个“得”后带补语的例子，旨在让学生通过大量的感性认识形成语感，今后能自然地区分“的”“地”“得”的不同用法，并能够正确运用，这是一种使用关键字的训练方法。

第二题是初步感受顶真这种“用前面结尾的词语或句子做下文的开头”的修辞手法，并叙说这样的句子。这样的练习意在发展学生的语言系统，与此同时也是学习写句子的新方法，更是对课文词句积累的强化和补充。

词句段运用

读一读，想象句子描写的情形，然后照样子写句子。

◇ 它的声音小得几乎听不见了。

◇ 王老师急得直跺脚。

◇ 他跑得像兔子一样快。

◇ 妈妈累得__________。

◇ ______得__________。

读下面的句子，注意加点的词语，说说你有什么发现。

◇ 小溪淙淙（cóng），流向河流；河流潺潺（chán），流向大海；大海哗哗，汹（xiōng）涌澎湃（péngpài）。

◇ 遥远的夜空有一个弯弯的月亮，弯弯的月亮下面是那弯弯的小桥……

我能接着往下说：弯弯的小桥旁边……

图 5-15　三年级上册第七单元中的“词句段运用”

（二）教材理解

以上对三年级上册第七单元的单元导语、课文和课后题，以及“交流平台”“词句段运用”几个方面的内容进行了介绍和研读。除了上面几方面的内容之外，有一些单元还涉及略读课文的内容。略读课文的内容依旧承担着落实语文要素的任务，所以在进行文本处理时依旧要紧紧围绕单元的语文要素进行。

综上所述，单元导语部分的语文阅读要素贯串整个单元，不论是选文的语言表达还是课后题，再到“语文园地”中的“交流平台”和“词句段运用”，都可以看到语文要素的影子。这就要求教师在教学时紧扣这一单元的语文要素，并在教学过程中不断强化、落实。

面对教材，教师在执教时，必须把握课程标准中不同学段的阅读与鉴赏目标，深入理解教材“双线组元”的编写理念，关注单元导语，了解单元设计思路，弄清楚要通过一篇篇课文教学生掌握什么内容、发展什么能力。

探究与思考

1. 阅读《义务教育语文课程标准（2022年版）》的“课程目标”部分，对有关“阅读与鉴赏”的各学段要求进行纵向梳理与研读，在此基础上，结合教材中各单元的语文要素的具体内容，讨论阅读教学的学段要求是怎样具体落实到教材中的。

2. 熟悉第二学段的语文教材，在此基础上任选一个阅读单元，结合单元内容，研讨下列问题：人文主题和语文要素是怎样具体体现在本单元中的？如何落实到语文教学中？

第三节 “阅读与鉴赏”中的阅读策略

一、课程理解

（一）阅读策略的内涵

阅读策略是指阅读主体在阅读过程中，根据阅读任务、阅读目标及阅读材料的特点等所选用的能增进有效理解的规则、方法和技巧。阅读策略是对阅读方法的综合运用，具有整合性、选择性和灵活性等特点。

国外的研究者提出的常用的阅读策略包括：预测、联想、提问、图像化、推理、找出主旨及重点、综合、监控理解等。

国内的研究者提出了儿童在阅读时使用的七种关键性阅读策略：①启动背景知识，借助已有的经验来理解作品；②决定文本中什么重要，抓住文本的主要信息；③整合信息，略去不重要的、重复的信息，把资料分门别类，试着找出文本中的主旨句，自己归纳文本的主旨；④在阅读中或阅读后进行推论，进行文本故事线索或情节的推测；⑤自我检查是否理解，运用恰当的策略突破阅读中的难点；⑥修正误解，利用各种方法帮助理解；⑦提出问题，通过阅读质疑驱动阅读。①

国内外不同的研究者对阅读策略类型有不同的认识（见表 5-12）。② 学习阅读策略，首先要外化专家的经验，即掌握阅读策略的人（如教师）对相关的概念、方法等进行讲解，再通过一定的学习训练，把专家的经验进一步内化成学生头脑中的阅读策略。

表 5-12 不同研究者对阅读策略类型的认识

研究者	阅读策略类型
Pressley & Gillies（1985）	自问自答、利用上下文猜测字义、跳读、分析句子结构、画线、记笔记、做摘要、浏览全文、利用已有经验质疑和联想、自我监控、自我调整、查字典、向他人求助
Sarig（1987）	略读、浏览、跳读、利用关键字、做出标记、写出段落大意、用自己的语言进行解释、辨认出文章的重点、调整阅读速度、纠正错误、自我评价
Kame'enui & Simmons（1990）	刺激背景知识、预测、提出问题、做摘要、监控理解程度、复述、做笔记、画重点、检验预测内容的正确性、做图示摘要、做纲要
Heilman，Blair & Rupley（1990）	建立阅读目标、浏览、预览、预测、利用知识背景将材料与个人经验联系起来、设置问题、做摘要、调整阅读速度、重读、寻求帮助
Dole et al.（1991）	确定重要性（如区分重要信息与次要信息）、总结、推理、产生问题、监控理解
Sheorey & Mokhtari（2001）	认知策略、元认知策略、辅助性策略

① 本段内容是根据儿童阅读推广人、人民教育出版社王林博士的学术讲座整理而成的。
② 张茂林:《听障学生阅读理解中的策略运用及其眼动特点研究》，博士学位论文，华东师范大学，2010。

续表

研究者	阅读策略类型
Carlisle & Rice（2002）	提取先前知识、设定阅读目的、浏览、预测、找寻文章大意、摘要、分析文章结构、建立联系、形成心理图像、进行推论解释、自我调整
韩雪屏（2001）	问题意识、提纯概括、联想和触发、监控和反思、观点采摘、还原语境
宋曜廷（2002）	重点画线、推论、句子整合、文章摘要、自我发问、侦错、自我监控

（二）相关要求

《义务教育语文课程标准（2022年版）》在“阅读与鉴赏”的学段要求中，从结合上下文、联系生活、借助图画、圈点批注、提出疑问、推想，以及默读、略读、浏览等方面简述了与阅读策略有关的内容；又在“课程内容”部分围绕“实用性阅读与交流”“文学阅读与创意表达”“思辨性阅读与表达”“整本书阅读”等学习任务群的内容说明，从不同文体和不同阅读目的出发，提出了与之相应的阅读策略学习要求。

阅读策略是对阅读方法的综合运用，是阅读能力的重要组成部分。因此，教师需要积极建构以阅读策略为导向的教学，提高学生的阅读兴趣和阅读能力。统编版小学语文教材设置了符合小学生学习特点的四个阅读策略单元，要求学生掌握预测、提问、快速浏览、有目的地阅读四种阅读策略，以帮助学生更好地提升阅读水平。

二、教材框架

（一）单元构成

统编版小学语文教材有四个阅读策略单元，分别是三年级上册第四单元“预测”、四年级上册第二单元“提问”、五年级上册第二单元“提高阅读速度”、六年级上册第三单元“有目的地阅读”。阅读策略单元结构体例与普通阅读单元基本一致，但阅读策略单元没用“双线组元”的方式，而是以一个阅读策略为核心编排单元内容。统编版语文教材的阅读策略单元由单元导语、课文、课后题，以及“语文园地”中的“交流平台”“词句段运用”等板块构成，这些板块的内容与提出的阅读策略一一呼应，围绕阅读策略形成了一个联系紧密的训练整体。

1. 单元导语

单元导语是教材编写者根据单元整体内容编写的，位于单元首页，贯串了整个单元的学习内容。

三年级上册第四单元的阅读策略是“预测”。开篇说，“猜测与推想，使我们的阅读之旅充满了乐趣”，点明了学习重点。语文要素为“一边读一边预测，顺着故事情节去猜想”“学习预测的一些基本方法”，这两点既是教师的教学目标，也是学生需要达到的学习目标。

四年级上册第二单元的阅读策略是“提问”。开篇说，“为学患无疑，疑则有进”，指出了学习的方向。语文要素为“阅读时尝试从不同角度去思考，提出自己的问题”，这是对学生本单元的具体要求。

五年级上册第二单元的阅读策略是“提高阅读速度”。开篇说，“阅读要有一定的速度”，体现了课标要求，语文要素为“学习提高阅读速度的方法”。

六年级上册第三单元的阅读策略是“有目的地阅读”，引用了杨绛的一句话“读书好比串门儿——隐身的串门儿”。

不难看出，从内容上来说，四个阅读策略单元的单元导语都用一句话或者名人名言、诗句来引出单元学习的阅读策略，四个策略本身呈现出循序渐进的特点。从目的上来看，单元导语直接指出了本单元的学习目标，即学生需要学习和掌握的阅读策略。

2. 课文

统编版小学语文教材中阅读策略单元的分布情况及内容见表 5-13。

表 5-13 小学语文教材中阅读策略单元的分布情况及内容

<table>
<tr><th>册次</th><th>单元</th><th>阅读策略</th><th>篇目</th><th>精读 / 略读</th><th>文体</th></tr>
<tr><td rowspan="3">三年级上册</td><td rowspan="3">第四单元</td><td rowspan="3">预测</td><td>《总也倒不了的老屋》</td><td>精读</td><td rowspan="3">童话</td></tr>
<tr><td>《胡萝卜先生的长胡子》</td><td rowspan="2">略读</td></tr>
<tr><td>《小狗学叫》</td></tr>
<tr><td rowspan="4">四年级上册</td><td rowspan="4">第二单元</td><td rowspan="4">提问</td><td>《一个豆荚里的五粒豆》</td><td rowspan="3">精读</td><td>童话</td></tr>
<tr><td>《夜间飞行的秘密》</td><td rowspan="2">说明文</td></tr>
<tr><td>《呼风唤雨的世纪》</td></tr>
<tr><td>《蝴蝶的家》</td><td>略读</td><td>散文</td></tr>
<tr><td rowspan="4">五年级上册</td><td rowspan="4">第二单元</td><td rowspan="4">提高阅读速度</td><td>《搭石》</td><td rowspan="4">精读</td><td rowspan="2">记叙文</td></tr>
<tr><td>《将相和》</td></tr>
<tr><td>《什么比猎豹的速度更快》</td><td>说明文</td></tr>
<tr><td>《冀中的地道战》</td><td>说明文</td></tr>
<tr><td rowspan="3">六年级上册</td><td rowspan="3">第三单元</td><td rowspan="3">有目的地阅读</td><td>《竹节人》</td><td rowspan="2">精读</td><td>记叙文</td></tr>
<tr><td>《宇宙生命之谜》</td><td>说明文</td></tr>
<tr><td>《故宫博物院》</td><td>略读</td><td>说明文</td></tr>
</table>

大部分阅读策略单元有精读和略读课文，精读课文是教师和学生学习阅读策略的途径，即通过学习精读课文理解阅读策略，通过学习略读课文进一步巩固和运用阅读策略、提升阅读技巧。每个单元的课文也会有不同的侧重点，例如，“预测”单元的三篇课文都是童话，童话的故事性强，而且富有趣味，适合学生学习预测策略，三篇课文纵向深入地训练了阅读策略，使阅读策略的学习有梯度、有侧重。

3. 课后题

每篇课文后都设有课后题，每一道课后题都在帮助学生巩固所学知识，达到具体的学习目的。

（1）有梯度地学习阅读策略，掌握阅读方法

三年级上册“预测”单元第一篇课文《总也倒不了的老屋》的课后题旨在引导学生主动尝

试预测。第二篇课文《胡萝卜先生的长胡子》的课后题旨在引导学生预测在三种不同环境下故事的结局，根据课文内容调整自己的预测。第三篇课文《小狗学叫》的课后题旨在引导学生比较自己的预测与故事内容的异同，使学生在交流讨论中明白：不管预测的结果如何，都要有依据。同时，引导学生学会在预测与实际发展不一致时，要调整思路，及时修正并继续预测。

四年级上册“提问”单元的第一篇课文《一个豆荚里的五粒豆》的课后题旨在引导学生尝试提问，学会列问题清单并思考解决问题的路径。《夜间飞行的秘密》的课后题旨在引导学生通过讨论对问题进行归类分析，发现可以从不同角度进行提问。《呼风唤雨的世纪》的课后题则进一步要求学生对问题清单上的问题进行筛选，找出有价值的问题。《蝴蝶的家》的课后题要求学生在筛选出有价值的问题的基础上，尝试去解决问题。这些课后题不仅提示了每篇课文的教学重点，而且形成了“发现问题—表述问题—分析问题—解决问题”这一完整的“提问”策略体系。

（2）聚焦阅读策略的学习，训练学生的阅读能力

五年级上册“提高阅读速度”单元的三篇课文的课后题中均出现了记录阅读时间的要求。例如，《搭石》的课后第一题“你读这篇课文用了几分钟？”，同样的题型在此单元反复出现，可以明确单元的学习重点就在于把握阅读的时间，而如何提高阅读速度就是学生要学习的重要阅读策略。

六年级上册的阅读策略为“有目的地阅读”。《竹节人》的课后题围绕该策略，明确提出了可供参考的阅读方法，如“先快速读全文，找到相关内容，再仔细读”“特别注意文章中写‘我们’投入地做玩具、玩玩具的部分”等。

4.“语文园地”中的“交流平台”和“语句段运用”

“语文园地”包括“交流平台”和“词句段运用”等。“交流平台”以对话框的形式出现，梳理了本单元的知识点，能够进一步帮助学生巩固在本单元学到的阅读策略。例如，六年级上册“有目的地阅读”单元，“交流平台”呈现的是不同的人学习完“有目的地阅读”后的不同的收获，教会学生在相互交流的同时要学会互相接纳、互相改进。

“词句段运用”不是独立的存在，而是对单元内容的补充和反馈，与阅读策略紧密相关。例如，五年级上册阅读策略单元学习的阅读策略为“提高阅读速度”，在“词句段运用”中，第一题读句子写出主要意思，就是对句子的提炼和概括，这是一种提高阅读速度的方法，能够帮助学生更好地运用这种策略。

（二）编排特点

1. 独立设置

统编版小学语文教材独立设置了四个阅读策略单元，根据《义务教育语文课程标准（2022年版）》的要求将阅读策略目标具体化为课程内容，凸显了阅读策略这一目标的重要性，增强了课程目标的指向性、指导性、操作性。

2. 遵循学生学习与发展阅读策略的特点

学生阅读策略发展的基本轨迹即通过学习逐渐内化，是一个从模仿到发现的过程。整个阅读策略教学单元的编排也基本上遵循这样一个过程。相关研究表明，低年级学生可以在教师的指

导下使用策略，但没有形成自我反馈意识。[①] 中年级学生可以主动进行模仿，对一些基本的常用策略，像提问、预测等，可以独立使用；高年级学生可以开始独立地选择和运用较为熟悉的阅读策略，自我监控意识开始发展。此外，小学生运用阅读策略也呈现从单一走向综合的规律，三年级小学生处于策略运用的发端期，四年级处于发展期，五年级处于质变期。正是基于学生发展的这一基本特点，教材将阅读策略重点安排在中、高年级进行学习。

3. 在阅读实践中学习和发展阅读策略

阅读策略单元引导学生去感受、理解、欣赏、评价，经历一个“学习—应用”的过程，在阅读实践中获得一些基础的、有用的阅读策略。阅读策略单元的课文分为精读课文和略读课文两种类型，教学价值直接指向“方法示例”与“实践应用”，体现了从“规则辨认”到“学习应用”的实践过程。这两类课文有层次、有步骤地安排了学习内容、学习要求，突出了教学重点。

三、教材研读

下面以统编版小学语文教材三年级上册第四单元为例进行阐述。

（一）内容研读

1. 单元导语

从图 5-16 中我们可以看到阅读策略单元的单元导语分为两部分：第一部分为一句话——“猜测与推想，使我们的阅读之旅充满了乐趣”，指出了使用“猜测”与“推想”这两种方法的优点是可以使阅读充满趣味性；第二部分是右下角的三句话，指明了在学习本单元的课文后应实现的阅读能力目标。

图 5-16 三年级上册第四单元中的单元导语

① 周龙兴：《小学生阅读策略发展及教学研究报告》，载《教育理论与实践》，1999（3）。

2. 课文

本单元有三篇课文，一篇精读课文、两篇略读课文。精读课文《总也倒不了的老屋》，随文呈现了七处预测批注，为学生的预测做了示范；课后题以对话框的形式呈现预测的内容与依据，引导学生发现、整理，从而获取预测的基本方法。略读课文《胡萝卜先生的长胡子》《小狗学叫》，侧重训练学生掌握通过精读课文学到的方法，尝试预测、练习预测，进而提高预测的能力。

（1）精读课文《总也倒不了的老屋》

《总也倒不了的老屋》的课文中一共有七处批注，我们以其中两处为例（见图 5-17）。第一处旁批出现在题目的左侧：“老屋总也倒不了，是被施了魔法吗？”这是对题目的预测，我们可以从题目出发，预测可能发生的事情或者方向。第二处是对课文内容的预测：“图中的老屋看上去那么慈祥，它应该会答应吧！”通过课文已有的内容来预测故事接下来的发展。这里的旁批是用来示范如何进行预测的，也就是说，学生在读到这里时会对下文产生猜想与推想。教材为我们呈现的是如何利用精读课文来学习预测策略。

图 5-17　三年级上册第四单元第十二课《总也倒不了的老屋》中的批注

（2）略读课文《胡萝卜先生的长胡子》《小狗学叫》

“读下面的故事，一边读一边想：接下来可能会发生什么事情？”这是《胡萝卜先生的长胡子》在题目下面给出的阅读提示。“读故事，一边读一边预测后面的内容。想一想：故事的结局可能是什么？”这是《小狗学叫》在题目下面给出的阅读提示。这些提示都指出了阅读课文时要思考的学习任务，即预测接下来发生的故事，指向本单元所要求掌握的阅读策略——“预测”。在学习过精读课文之后，学生需要运用学到的预测策略阅读略读课文。例如，从题目、图片和内容上预测，把预测到的内容以批注的形式写在课文旁边，并且通过接下来的阅读及时修改自身的预测。教师应引导学生把从精读课文中学到的阅读策略合理地运用到对略读课文的学习中，以达到阅读实践的目的，帮助学生有梯度地掌握阅读策略。

3. 课后题

《总也倒不了的老屋》有两道课后题。第一题：“读课文的过程中，你有没有猜到后面会发生什么？和同学交流。”这一题是对学习预测策略的反馈。第二题：“老屋给你留下了什么样的印象？联系插图和课文内容说一说。”预测不是随意的，而要有一定的依据，这是进行预测的前提，也就是第一步。课文旁的批注、学生交流的对话框都在提示学生课文的题目、插图、内容里的线索，都可以帮助学生预测。同时，提示学生预测的结果不是固定的，可能和故事的实际内容一样，也可能不一样。课后题提供给学生掌握阅读策略的一些具体方法，并给出一些提示来帮助学生更好地理解、掌握阅读策略。

《胡萝卜先生的长胡子》《小狗学叫》作为略读课文，很少见地给出了课后题。《胡萝卜先生的长胡子》有两道课后题：第一题指向预测的修正，“听老师把故事讲完，看看自己的预测和故事有哪些相同和不同”，并用对话框的形式提示了预测要有依据、要及时修正的方法；第二题指向依据课文题目进行预测，暗示本课阅读活动重点在于对精读课文所学预测策略的巩固和补充。《小狗学叫》有三道课后题：第二、第三题属于阅读拓展的内容，第一题首先提问“故事的几种结局可能是怎样的”，并要求“说说你的理由”，仍然是对“预测要有依据”的巩固性练习，随后的提问又进一步聚焦在“听老师读故事的结局，看看和自己的预测有哪些相同和不同”这种修正预测的方法上。《小狗学叫》本身便提供了三种不同结局的开头，要求学生沿着课文的开头进行预测，不但提高了预测的难度，而且给出了预测的方向，训练学生预测的合理性和精准度。可见这些课后题不但能使学生巩固和运用在精读课文中所学到的阅读策略，而且为学生的自读活动搭建了阶梯、提供了支架。

4. “交流平台”

图 5-18 是本单元“语文园地”中的“交流平台”。“交流平台”呈现形式为一组对话，下面逐一进行分析：“一边读，一边预测后面的内容”“为了预测得更准确，我读书更仔细了，注意到了更多的细节”，这告诉学生要注意预测的方法和时机，强调只有抓住细节才能预测得更准确；“可以帮助我们更好地理解文章的意思”，这介绍了掌握预测这一阅读策略的作用；“我在图书馆找书时，会根据书名先猜猜书的大致内容，再决定要不要看这本书”，这展示了预测这一策略还能运用到日常学习中。

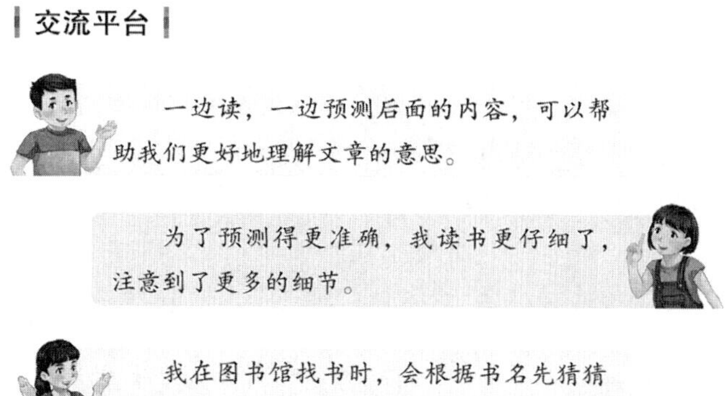

图 5-18　三年级上册第四单元中的“交流平台”

（二）教材分析

1. 单元设计呈整体性，聚焦阅读策略

教材从单元导语、课文前的阅读提示到课后题，再到“语文园地”中的“交流平台”等，都聚焦于本单元的“预测”这一阅读策略，凸显了单元的核心教学内容。单元导语在揭示本单元学习内容的同时阐明了本单元的学习要求，言简意赅。每一篇课文都分别训练学生如何进行预测，如何进行批注等。课后题多以对话框的形式出现，在提示方法的同时不断巩固技能。“语文园地”中的“交流平台”以对话框的形式，对本单元“预测”的阅读策略进行交流、分享、总结，让学生了解：边读边预测可以更好地理解课文内容，仔细读书可以预测得更准确，具体可以通过标题、图片、文章内容预测等。教师应引导学生迁移预测策略，养成预测习惯。

2. 选材与阅读策略适应儿童的特点

本单元有三篇课文，这三篇课文都是童话故事。童话的语言浅近、简练、生动、有趣，适合三年级的学生阅读。三年级的学生已经开始有自己的个性，对事物充满了好奇。情节紧凑、故事性强，而且富有想象力的童话，适合学生学习预测和续编故事。

3. 体现出阅读策略教学的循序渐进的特点

本单元的各个板块都围绕阅读策略展开：单元导语指明了预测策略；精读课文通过旁批、课后题等，让学生掌握预测策略的具体方法；略读课文用来练习在学习精读课文时学到的预测策略。两篇略读课文是没有旁批的，逐步让学生自主进行预测。“交流平台”放在单元的最后，帮助学生整理与归纳对阅读策略的认知，形成属于自己的预测策略。

上述设计展示了阅读策略学习循序渐进的过程：单元导语激发学生学习兴趣，精读课文指导学生感知、了解、逐步学习预测的具体策略，略读课文引导学生独立阅读、综合应用阅读策略，“交流平台”引导学生分享学习预测的心得、养成预测习惯。整个单元的教学内容呈现出一整套关于“预测”策略学习的操作流程与步骤，包括提出策略—学习策略—运用策略—理性地认识策略等几个环节。在“预测”这一策略学习的过程中，学生可以在阅读、发现、分析、整理、概括归纳等阅读实践活动中建构阅读策略，养成主动预测、善于预测的好习惯。

探究与思考

1. 以“阅读策略”为关键词，检索、阅读相关文献，回答下面的问题：什么是阅读策略？主要有哪些阅读策略？

2. 选择一个阅读策略单元进行研读，重点对其阅读策略的设计及作用进行分析。

第四节 “阅读与鉴赏”中的课外阅读

一、课程理解

（一）课外阅读的作用

课外阅读与课内阅读在阅读时间、阅读地点、阅读内容和方式上有所区别。课内阅读主要是在课堂上、在教师指导下进行的，而课外阅读则是对课内阅读的补充和延伸，两者相辅相成、不可或缺。本节所讨论的课外阅读指的是小学生对教材之外的各类作品的阅读。

课外阅读是学生语文活动中最重要、最普遍的阅读方式，是对课内阅读的拓展。阅读，尤其是课外阅读，对于学生的精神成长具有重要作用，可以拓宽学生的视野，丰富学生的知识，使学生具备较广阔的知识背景和认知能力。

课外阅读与课内阅读相辅相成，共同肩负着培养小学生阅读能力的重任，既是培养阅读兴趣的途径，也是发展阅读策略的必由之路，在语文课程中有着不可忽视的作用。

（二）课外阅读的内容

《义务教育语文课程标准（2022年版）》在附录的关于课内外读物的建议中指出：“义务教育阶段要激发学生读书兴趣，要求学生多读书、读好书、读整本书，养成良好的读书习惯，积累整本书阅读的经验。”此外，《义务教育语文课程标准（2022年版）》还推荐了相关读物（见表5-14）。[①]

表5-14 《义务教育语文课程标准（2022年版）》推荐的课外读物

童话	安徒生童话、格林童话、叶圣陶《稻草人》、张天翼《宝葫芦的秘密》等
寓言	中国古今寓言、《伊索寓言》等
故事	成语故事、神话故事、民间故事、中外历史故事等
诗歌散文作品	鲁迅《朝花夕拾》、冰心《繁星·春水》、《艾青诗选》、方志敏《可爱的中国》、《革命烈士诗抄》、中外童谣、儿童诗歌等
长篇名著	吴承恩《西游记》，施耐庵《水浒传》，老舍《骆驼祥子》，罗广斌、杨益言《红岩》，埃德加·斯诺《红星照耀中国》，斯威夫特《格列佛游记》，夏洛蒂·勃朗特《简·爱》，高尔基《童年》，奥斯特洛夫斯基《钢铁是怎样炼成的》等
科普科幻作品	《十万个为什么》、儒勒·凡尔纳《海底两万里》等

《义务教育语文课程标准（2022年版）》将学生在义务教育阶段的阅读范围扩展到文学、科学等各个领域，基本涵盖了学生感兴趣的读物，并鼓励学生自主选择并相互推荐文质兼美的优秀作品。教师应当注意以下问题。

① 中华人民共和国教育部：《义务教育语文课程标准（2022年版）》，64页，北京，北京师范大学出版社，2022。

第一，表 5–14 所提到的六类作品都是学生开展课外阅读的基本内容。除此之外，教师应该结合学生的能力发展水平，让学生多阅读，拓宽知识面。

第二，课外阅读应根据年级做适当调整。随着年龄的增长，学生的阅读水平也会相应提高，单一的体裁和内容不能满足学生逐渐发展的阅读需求，教师要不断拓宽学生的阅读面，根据学生的兴趣和水平为学生推荐适当的作品。

（三）对课外阅读量的要求

《义务教育语文课程标准（2022 年版）》也对小学生的课外阅读量做出了明确规定，（见表 5–15）。

表 5–15 《义务教育语文课程标准（2022 年版）》对各学段小学生的课外阅读总量的要求

第一学段	第二学段	第三学段
不少于 5 万字	不少于 40 万字	不少于 100 万字

课外阅读是小学阶段阅读教学的一个重要内容，《义务教育语文课程标准（2022 年版）》以阅读总量为衡量学生读书量的主要标准，呈现出如下特点。

第一，随着学段的升高，对阅读总量的要求也逐步提高。这种变化主要是由学生的阅读能力决定的。第一学段的课外阅读目的在于增强阅读兴趣。第二学段的学生初步具备独立阅读的能力，阅读总量有所提升。而第三学段的学生已经掌握了基本的阅读方法和策略，阅读总量进一步提高。

第二，《义务教育语文课程标准（2022 年版）》中所呈现的数字均为最低限制，课外阅读不应该低于该标准。上述要求表述为“不少于”，说明课外阅读不能以达到标准为目的，这些标准是学生课外阅读的“及格线”，要让学生尽可能地多读书。

二、教材框架

课外阅读本指学生阅读教材之外的作品的活动。“课外阅读课程化”，是统编版语文教材的创新点之一。教材中增加了很多课外阅读板块，以课内阅读带动课外阅读，将课外阅读课程化落实到教材实处，主要表现在以下几个板块中。

（一）“快乐读书吧”

“快乐读书吧”板块既可以为教师的课内阅读教学做辅助，也可以为学生的课外阅读做指导。“快乐读书吧”位于每册书中的“语文园地”后，内容与课内阅读相配合，将阅读习惯与方法融入课外阅读中，在激发学生阅读兴趣的同时，注重运用与实践。

1. 第一学段

第一学段的“快乐读书吧”没有固定模式，主要是以简短的对话和图片向学生传递信息。

一年级的“快乐读书吧”的主题分别为“读书真快乐”和“读读童谣和儿歌”，引导学生发现阅读的乐趣、朗读简单的儿歌。二年级的“快乐读书吧”的主题分别为“读读童话故事”和“读读儿童故事”，引导学生阅读故事（见表 5–16）。

表 5-16　第一学段“快乐读书吧”的相关内容

册次	单元	单元类型	课内阅读	“快乐读书吧”的主题
一年级上册	第一单元	识字单元	《天地人》《金木水火土》《口耳目》《日月水火》《对韵歌》	读书真快乐
一年级下册	第一单元	识字单元	《春夏秋冬》《姓氏歌》《小青蛙》《猜字谜》	读读童谣和儿歌
二年级上册	第一单元	课文单元	《小蝌蚪找妈妈》《我是什么》《植物妈妈有办法》	读读童话故事
二年级下册	第一单元	课文单元	《古诗二首》《找春天》《开满鲜花的小路》《邓小平爷爷植树》	读读儿童故事

对于一年级小学生，教材主要强调培养阅读兴趣，让学生在阅读中发现快乐。交换阅读则可以让学生相互交流、读到更多的书，拓宽学生的阅读面，让学生的阅读感受更加丰富。二年级重视培养阅读习惯，提出了爱护图书和关注目录这两个阅读习惯。书是学生语文学习的良师益友，爱护书籍是阅读的前提，关注目录是一种良好的阅读习惯，所以第一学段主要关注这两个方面（见表 5-17）。

表 5-17　第一学段“快乐读书吧”中提到的阅读习惯

册次	“快乐读书吧”的主题	阅读习惯
一年级上册	读书真快乐	经常阅读
一年级下册	读读童谣和儿歌	与同学交换书阅读
二年级上册	读读童话故事	爱护图书
二年级下册	读读儿童故事	读书之前看目录

综上，第一学段中“快乐读书吧”呈现出的主要特点是：主题内容基于学生阅读水平，阅读目的指向培养阅读兴趣。一年级是培养阅读兴趣的关键时期，让学生喜爱阅读是这一时期的重点。随着识字量的逐渐增大，学生已经具备了借助拼音阅读的能力，课外阅读的篇幅也变长。儿歌、儿童诗、故事、童话等，可以激发学生的阅读热情，教师可为学生推荐优秀作品。

2. 第二学段

自本学段开始，“快乐读书吧”将课文与课外作品相结合，为课外阅读指出了方向。

从“快乐读书吧”在第二学段教材中的分布情况可以看出：其内容选择与本单元关联紧密，围绕同一体裁的文学作品进行主题推荐，从而拓宽学生的阅读面（见表 5-18）。

表 5-18　第二学段“快乐读书吧”的相关内容

册次	单元	单元主题	课内阅读	“快乐读书吧”的主题	推荐阅读内容
三年级上册	第三单元	童话	《卖火柴的小女孩》《那一定会很好》《在牛肚子里旅行》《一块奶酪》	在那奇妙的王国里	《安徒生童话》《稻草人》《格林童话》
三年级下册	第二单元	寓言	《守株待兔》《陶罐和铁罐》《鹿角和鹿腿》《池子与河流》	小故事大道理	中国古代寓言、伊索寓言、克雷洛夫寓言
四年级上册	第四单元	神话	《盘古开天地》《精卫填海》《普罗米修斯》《女娲补天》	很久很久以前	中国神话、世界神话
四年级下册	第二单元	科学小品	《琥珀》《飞向蓝天的恐龙》《纳米技术就在我们身边》《千年梦圆在今朝》	十万个为什么	《十万个为什么》《看看我们的地球》《灰尘的旅行》《人类起源的演化过程》

“快乐读书吧”中所提出的阅读方法与本单元的课内阅读有着极大的关联性（见表5-19）。显然，对第二学段而言，运用阅读方法成为课外阅读的重点。中年级学生具备一定的阅读能力，能通过课外阅读活动来学习或巩固阅读方法。教师应注重提升学生的文化修养，发展学生的理性思维。

表5-19 第二学段“快乐读书吧”中提到的阅读方法

册次	“快乐读书吧”的主题	阅读方法
三年级上册	在那奇妙的王国里	发挥想象力
三年级下册	小故事大道理	联系生活中的人和事
四年级上册	很久很久以前	发挥想象力
四年级下册	十万个为什么	理解术语、查阅资料

3. 第三学段

第三学段“快乐读书吧”的结构和模式与第二学段相同。实现一篇引导多篇课外阅读，激发学生的阅读兴趣和欲望（见表5-20）。

表5-20 第三学段“快乐读书吧”的相关内容

册次	单元	单元主题	课内阅读	“快乐读书吧”的主题	推荐阅读内容
五年级上册	第三单元	民间故事	《猎人海力布》《牛郎织女（一）》《牛郎织女（二）》	从前有座山	中国民间故事、欧洲民间故事、非洲民间故事
五年级下册	第二单元	古典名著	《草船借箭》《景阳冈》《猴王出世》《红楼春趣》	读古典名著，品百味人生	《西游记》《三国演义》《水浒传》《红楼梦》
六年级上册	第四单元	小说	《桥》《穷人》《金色的鱼钩》	笑与泪，经历与成长	《童年》《小英雄雨来》《爱的教育》
六年级下册	第二单元	儿童名著	《鲁滨逊漂流记（节选）》《骑鹅旅行记（节选）》《汤姆·索亚历险记（节选）》	漫步世界名著花园	《鲁滨逊漂流记》《骑鹅旅行记》《汤姆·索亚历险记》《爱丽丝漫游奇境》

五年级上册第三单元“快乐读书吧”的主题为“从前有座山”，讲述了田螺姑娘的故事，为学生推荐著名民间故事；五年级下册第二单元“快乐读书吧”的主题为“读古典名著，品百味人生”，以《西游记》为例列举了名著中的精彩情节。六年级上、下册教材中的“快乐读书吧”的主题分别为“笑与泪，经历与成长”和“漫步世界名著花园”，呈现了《童年》和《鲁滨逊漂流记》的相关评价，推荐了多部小说，意在逐步拓宽学生的阅读面，让学生感受语文的魅力，为升入初中阶段的课外阅读做好衔接。

第三学段“快乐读书吧”在阅读方法上有着明显的指向性（见表5-21）。如五年级下册提到的方法是看回目了解主要内容，这种方法也可以用于阅读我国其他的古典小说，可让学生更了解、热爱古典小说。六年级的教材提供了弄清人物关系、了解写作背景、做读书笔记这三种方法：主人公是小说的中心，弄清其他人物与主人公的关系有助于加深对内容的了解；世界名著多具有鲜明的时代性，了解背景有助于更好地体会小说的内容思想；读书笔记会帮助学生记录下自己读书时的所想所感，让学生在阅读时有所收获。

表 5-21 第三学段“快乐读书吧”中提到的阅读方法

册次	“快乐读书吧”的主题	阅读方法
五年级上册	从前有座山	抓住令人印象深刻的、重复的段落
五年级下册	读古典名著，品百味人生	看回目了解主要内容
六年级上册	笑与泪，经历与成长	弄清人物关系
六年级下册	漫步世界名著花园	了解写作背景、做读书笔记

纵观第一至第三学段的“快乐读书吧”，可以看出其阶段性特征以及课内阅读与课外阅读的关联性。

第一，各学段的课外阅读作品的体裁各不相同，一方面遵循了《义务教育语文课程标准（2022 年版）》中对于课外阅读总量的要求，另一方面也符合学生阅读能力的发展情况。低年级以简单有趣的故事、童谣等为主，意在培养阅读兴趣、形成阅读习惯；中年级以童话、寓言、神话、科学小品为主，意在发展学生的阅读能力、拓宽阅读面；高年级以经典名著为主，意在培养学生的文学鉴赏能力和文化素养。

第二，到了第二、第三学段，“快乐读书吧”在内容、方法上与所在单元建立了更紧密的联系，以一篇带动多篇的模式也更为明显。课文先为学生呈现经典作品的片段，“快乐读书吧”在此基础上推荐更多的作品，课内阅读与课外阅读紧密关联。

（二）“和大人一起读”和“我爱阅读”

除了“快乐读书吧”，第一学段的每单元的“语文园地”中也设置了课外阅读的板块，一年级为“和大人一起读”，二年级为“我爱阅读”（见表 5-22）。

表 5-22 第一学段的课外阅读

板块	册次	单元	篇目	文体
“和大人一起读”	一年级上册	第一单元	《小白兔和小灰兔》	童话
		第二单元	《剪窗花》	儿歌
		第三单元	《小鸟念书》	故事
		第四单元	《小松鼠找花生》	童话
		第五单元	《拔萝卜》	童话
		第六单元	《谁会飞》	儿童诗
		第七单元	《猴子捞月亮》	童话
		第八单元	《春节童谣》	童谣
	一年级下册	第一单元	《谁和谁好》	儿童诗
		第二单元	《阳光》	散文
		第三单元	《胖乎乎的小手》	故事
		第四单元	《妞妞赶牛》	绕口令
		第五单元	《狐狸和乌鸦》	寓言
		第六单元	《夏夜多美》	童话
		第七单元	《孙悟空打妖怪》	儿歌
		第八单元	《小熊住山洞》	童话

续表

板块	册次	单元	篇目	文体
“我爱阅读”	二年级上册	第一单元	《企鹅寄冰》	童话
		第二单元	《十二月花名歌》	儿歌
		第三单元	《王二小》	故事
		第四单元	《画家乡》	散文
		第五单元	《刻舟求剑》	故事
		第六单元	《大禹治水》	故事
		第七单元	《分不清是鸭还是霞》	绕口令
		第八单元	《称赞》	童话
	二年级下册	第一单元	《笋芽儿》	童话
		第二单元	《一株紫丁香》	儿童诗
		第三单元	《小柳树和小枣树》	童话
		第四单元	《手影戏》	故事
		第五单元	《好天气和坏天气》	故事
		第六单元	《最大的“书”》	散文
		第七单元	《月亮姑娘做衣裳》	童话
		第八单元	《李时珍》	故事

“和大人一起读”和“我爱阅读”主要以简单的篇目为主，生字较少，全部或部分有拼音标注。通过表 5-22 可以看出以下两点。

第一，低年级的课外阅读以童谣、童话和简单的故事为主。这与《义务教育语文课程标准（2022 年版）》中“阅读浅近的童话、寓言、故事，向往美好的情境”[①] 的要求相契合。表 5-22 中所呈现的阅读篇目虽题材不同，但内容生动有趣，符合低年级小学生的欣赏水平和阅读能力，能够引起学生的阅读兴趣。

第二，“和大人一起读”主要是指和父母、教师一起阅读。亲子共读，师生共读，能为学生营造温馨的阅读氛围，使学生感受阅读的美好。随着识字量和阅读经验的增加，课外阅读将逐渐脱离亲子共读模式，发展为独立阅读，二年级的“我爱阅读”就是这样的一种过渡板块。

（三）“阅读链接”及“资料袋”

在一些课文的课后助读系统中，有相应的课外阅读内容与之配合，以“阅读链接”和“资料袋”两种形式呈现，两者相互配合，使课内阅读与课外阅读关联在一起。

1. “阅读链接”

从第二学段开始，每册教材会在 2～5 篇课文的后面安排“阅读链接”，其内容均选自名家作品，风格题材不限，配有阅读提示，指导学生应注意思考什么问题，与课文的教学紧密关联，如表 5-23 所示。

① 中华人民共和国教育部:《义务教育语文课程标准（2022 年版）》，8 页，北京，北京师范大学出版社，2022。

表 5-23 教材中的“阅读链接”

册次	课文	篇目
三年级上册	《铺满金色巴掌的水泥道》	选自汪曾祺的《自报家门》
	《秋天的雨》	选自乌纳·雅各布的《太阳时钟》
	《大自然的声音》	叶圣陶的《瀑布》
三年级下册	《守株待兔》	《南辕北辙》，根据《战国策·魏策四》改写
	《陶罐和铁罐》	《北风和太阳》，根据《伊索寓言》改写
四年级上册	《蟋蟀的住宅》	《燕子窝》，选自比安基的《森林报·夏》
	《普罗米修斯》	《燧人钻木取火》，根据袁珂的《神话选译百题》改写
	《牛和鹅》	选自李汉荣的《牛的写意》
	《梅兰芳蓄须》	选自田野的《难忘的一课》
	《西门豹治邺》	《西门豹治邺》剧本的开头
四年级下册	《琥珀》	根据王文利的《琥珀物语》改写
	《绿》	选自宗璞的《西湖漫笔》
	《猫》	选自夏丏尊的《猫》、周而复的《猫》
	《白鹅》	选自叶·诺索夫的《白公鹅》
	《黄继光》	《祖国，我终于回来了》，根据刘敬智的《钱学森——中国人的骄傲》改写
五年级上册	《桂花雨》	选自琦君的《留予他年说梦痕》
	《圆明园的毁灭》	选自闻一多的《七子之歌》、冯亦同的《和平宣言》
	《鸟的天堂》	选自巴金的《筑渝道上》
五年级下册	《祖父的园子》	选自萧红的《呼兰河传》
	《草船借箭》	选自罗贯中的《三国演义》
	《红楼春趣》	选自林庚的《风筝》
	《军神》	李本深的《丰碑》
	《威尼斯小艇》	选自朱自清的《威尼斯》、乔治·桑的《威尼斯之夜》
六年级上册	《丁香结》	选自李商隐的《代赠》、陆龟蒙的《丁香》、冯延巳的《醉花间》、李璟的《摊破浣溪沙》
	《花之歌》	宗白华的《杨柳与水莲》
	《七律·长征》	毛泽东的《菩萨蛮·大柏地》
	《三黑和土地》	陈晓光的《在希望的田野上》
	《好的故事》	选自冯雪峰的《论〈野草〉》、李何林的《鲁迅〈野草〉注解》
六年级下册	《北京的春节》	选自斯妤的《除夕》
	《真理诞生于一百个问号之后》	《詹天佑》

对表 5-23 进行简单分析，可以发现如下两个特点。一是“阅读链接”的内容与课文相关。“阅读链接”是在一篇课文之后出现的，与课文关系密切，不仅可以拓宽阅读面，也可以加深学生对课文的理解，在课文的学习中起着拓展作用。二是“阅读链接”的选文篇幅逐步增加，且体裁更加丰富，这与学生阅读能力的发展、文学欣赏水平的提高紧密相关。

2. “资料袋”

“资料袋”是从第二学段开始出现的，每册书有 1～2 个这样的板块，位于课文后，是对课文内容的补充介绍，有时会配图说明，让学生更容易了解。统编版小学语文教材中“资料袋”的分布情况及内容见表 5-24。

表 5-24 教材中“资料袋”的分布情况及内容

册次	课文	内容
三年级上册	《大青树下的小学》	少数民族的图片
	《花的学校》	泰戈尔简介
三年级下册	《蜜蜂》	法布尔简介
	《肥皂泡》	冰心简介
四年级上册	《观潮》	钱塘江大潮简介
	《爬山虎的脚》	观察日记的两种记录形式
四年级下册	《飞向蓝天的恐龙》	鸟类起源的假说
	《母鸡》	老舍简介
五年级上册	《牛郎织女（二）》	与牛郎、织女有关的资料
五年级下册	《景阳冈》	《水浒传》简介
六年级上册	《穷人》	列夫·托尔斯泰简介
	《文言文二则》	伯牙、锺子期简介

对表 5-24 进行简单分析可以发现：在内容上，“资料袋”是对课文相关内容的简单介绍，多解释课文中未具体说明的内容，使学生在学习过程中积累知识，在课外阅读中解决疑惑，对课文有更清晰的了解。在形式上，中年级教材中“资料袋”的呈现形式较为丰富，高年级教材中的“资料袋”则以文字说明为主，符合小学生认知与阅读能力发展的特点。

三、教材研读

（一）“快乐读书吧”研读

“快乐读书吧”是教材引导学生开展课外阅读的主要途径，意在让学生将课内阅读与课外阅读结合起来。为了更透彻地研究其设计意图，我们选择了三年级上册“快乐读书吧”的内容进行分析。

1. 教材呈现

三年级上册“快乐读书吧”的主题为“在那奇妙的王国里”，围绕第三单元课文所设计。本单元的四篇课文均为童话。因此“快乐读书吧”推荐的也是童话作品，包括标题、阅读内容、片段阅读（“你读过吗”）、阅读方法（“便签”）、推荐阅读（“相信你可以读更多”）。

2. 教材研读

童话是三年级课外阅读的主要内容，因此“快乐读书吧”也是围绕童话这一体裁来进行阅读推荐。童话属于叙事性作品，童话中的人物性格各异、内容丰富有趣，既适合三年级学生的阅读水平又受学生喜爱。

在“你读过吗”这部分中，教材向学生呈现了《安徒生童话》中的经典故事《拇指姑娘》的片段。

在这一片段之后，教材以便签的形式进一步介绍了童话的特点及阅读方法。便签的内容是针对童话提出的。第一个便签提示要发挥想象力理解童话。童话是以想象、幻想和夸张手法来塑造形象、反映生活的，阅读时学生也必须发挥自己的想象。第二个便签提示可以想象自己是主人公，来体会童话人物的情感。童话故事是远离现实世界的，共情是理解童话内容、培养阅读能力的重要方法。

教材在“相信你可以读更多”部分中推荐了其他童话故事。在引发阅读兴趣、学习阅读方法之后，为学生提供更多阅读推荐。让《拇指姑娘》这一篇童话，带动《稻草人》《格林童话》等多部童话故事的阅读。叶圣陶的《稻草人》是我国早期童话作品之一。《格林童话》是外国著名的童话故事集之一。除了这两部经典童话以外，还有更多的好的童话值得阅读，教材也为学生阅读童话提供了选择方向。

3. 教材分析

“快乐读书吧”的各个部分都有其特殊的作用，教师应特别予以注意。

首先，“你读过吗”的作用是引起学生阅读兴趣。这一部分有时为文学作品的片段，有时为与作品相关的名家评价。产生兴趣，是阅读的前提。

其次，阅读方法重在运用。便签的作用是向学生传递阅读方法或者文体信息，教师要重视并运用这一部分。在教学时，教师要对阅读方法引起足够重视，引导学生将这些方法运用到课外阅读的过程中，发挥其应有的价值。

最后，不能局限于教材推荐的内容。推荐作品是对课外阅读的拓展。课外阅读的目的在于让学生读更多的书，而不是只读一部作品，教师需要将范围扩大，寻找更多优秀的文学作品，为学生提供更多的阅读篇目。

（二）“和大人一起读”和“我爱阅读”研读

“和大人一起读”和“我爱阅读”都是教材为低年级学生提供课外阅读的途径。为了更具体地了解低年级课外阅读的特点，此处选择了一年级下册“语文园地五”中“和大人一起读”进行分析。

1. 教材呈现

这篇阅读文章为《狐狸和乌鸦》。《狐狸和乌鸦》是一篇寓言故事，是世界著名的寓言故事大师伊索的作品。由标题、文本题目、文本正文、插图四部分构成（见图 5-19）。

和大人一起读

狐狸和乌鸦

狐狸在树林里找吃的。他来到一棵大树下，看见乌鸦正站在树枝上，嘴里叼着一片肉。狐狸馋得直流口水。

他眼珠一转，对乌鸦说：“亲爱的乌鸦，您好吗？”乌鸦没有回答。

狐狸赔着笑脸说：“亲爱的乌鸦，您的孩子好吗？”乌鸦看了狐狸一眼，还是没有回答。

狐狸又摇摇尾巴，说：“亲爱的乌鸦，您的羽毛真漂亮，麻雀比起您来，可就差多了。您的嗓子真好，谁都爱听您唱歌，您就唱几句吧！”

乌鸦听了狐狸的话，非常得意，于是就唱了起来。“哇……”乌鸦刚一开口，肉就掉了下来。

狐狸叼起肉，一溜烟跑掉了。

图 5-19　一年级下册“语文园地五”中的“和大人一起读”

这篇短文没有相应的阅读提示，其设置的目的在于培养阅读的兴趣，而不在于对阅读方法、能力的训练。

2. 教材研读

标题“和大人一起读”，其目的在于促进一年级学生与家长进行亲子共读。这是一年级课外阅读的最主要的特点。

《狐狸和乌鸦》是一篇简短的寓言故事，仅有二百字左右。一年级学生处在学习阅读初期，简短的文章既方便学生理解，同时也可以让学生保持注意力，更能防止学生丧失兴趣。整篇文章都有汉语拼音标注。一年级学生已学习过汉语拼音，所以在拼音的帮助下学生可以做到无障碍阅读，还可以在朗读过程中练习拼读拼音。

插图以卡通形象向学生展示了故事情节。这两幅插图与故事情节相配合，让插图也成为叙事的一种方式，符合学生的阅读习惯，实现了从阅读图片到阅读文字的过渡。色彩鲜艳、生动有趣的图片也能激发学生的阅读兴趣。

3. 教材分析

一年级处于幼小衔接阶段，也是培养阅读兴趣的关键时期。因此，一年级的课外阅读教材特别设计了亲子共读的阅读模式。教材明确提出了“和大人一起读”的理念，但实际上亲子共读常常会受到忽视。学生阅读的发展是日积月累的，教师要与家长及时沟通，以家校合作的方式共同促进学生阅读。

（三）“阅读链接”和“资料袋”研读

为了更好地了解“阅读链接”“资料袋”与课文的关联程度，我们选择一篇“阅读链接”的内容详细分析。《圆明园的毁灭》一直以来都是语文教材中的经典篇目，选入统编版五年级上册语文教材的第四单元，它向学生讲述了英法联军毁坏圆明园的历史。下面对本课的“阅读链接”进行分析探讨。

“阅读链接”包括“阅读提示”和“阅读文本”两部分（见图 5-20）。本篇的阅读提示是：“读读下面的‘阅读链接’，结合相关资料，体会其与《圆明园的毁灭》表达情感的相似之处。”这句话既表明了“阅读链接”与课文的关系，又指出了阅读时的思考方向，让学生在阅读中深入思考，通过阅读寻找答案。本篇课文的“阅读链接”的文本选自闻一多的《七子之歌》和冯亦同的《和平宣言》。课文叙述的历史时代较为遥远，学生在理解课文时难免会遇到困难。因此，在学习这篇课文时，学生需要补充资料的辅助才能更全面地了解历史，体会文章中表达的对祖国屈辱历史的感慨，对帝国主义的批判谴责，以及强烈的爱国情感。

通过以上分析，我们可以得出如下教学启示。

首先，要寻找课文与“阅读链接”之间的共同点。“阅读链接”与课文在某一方面有着密切的联系，找到了联系就找到了课内外阅读结合的结合点，所以教师在教学过程中要格外重视“阅读链接”与课文的关系。

阅读链接

七子之歌①（节选）

闻一多

澳 门

你可知“妈港②”不是我的真名姓？
我离开你的襁褓太久了，母亲！
但是他们掳去的是我的肉体，
你依然保管着我内心的灵魂。
三百年来梦寐不忘的生母啊！
请叫儿的乳名，叫我一声“澳门”！
母亲！我要回来，母亲！

香 港

我好比凤阙阶前守夜的黄豹，
母亲啊，我身份虽微，地位险要。
如今狞恶的海狮扑在我身上，
啖着我的骨肉，咽着我的脂膏；
母亲啊，我哭泣号啕，呼你不应。
母亲啊，快让我躲入你的怀抱！
母亲！我要回来，母亲！

和平宣言①（节选）

冯亦同

巍巍金陵，滔滔大江，
钟山花雨，千秋芬芳。
一九三七，祸从天降，
一二一三，古城沦丧。
侵华倭寇，掳掠烧杀，
尸横遍野，血染长江。
三十余万，生灵涂炭，
炼狱六周，哀哉国殇。

图 5-20 五年级上册第四单元中的“阅读链接”

其次，要呈现更多的课外阅读材料。“阅读链接”也具有拓宽阅读面、激发阅读兴趣的作用。而“阅读链接”中的内容是有限的，要想让学生有更深刻的感悟，就不能只满足于“阅读链接”中有限的材料。教师自身要多阅读，寻找相关作品，为学生呈现更多的课外阅读材料。

探究与思考

1. 阅读相关文献，讨论如何在小学语文教学中更好地将课外阅读与课内阅读相结合，从而促进学生发展。

2. 选择第二学段教材中的某一个“快乐读书吧”板块进行分析，重点分析其与课内阅读的关联性。

3. 选择第三学段教材中的某一个“阅读链接”板块进行研读，写出其在教学中的作用和教学策略。

4. 暑假到了，我们需要为第一、第二、第三学段的学生开列一份课外阅读书单，请以小组为单位，共同商讨，选择其中一个学段，为该学段的学生开列一份书单。注意，在书单后面要附说明，对该书单的内容做出解释。

第六章

“表达与交流”的课程理解与教材分析（上）：写话与习作

【知识地图】

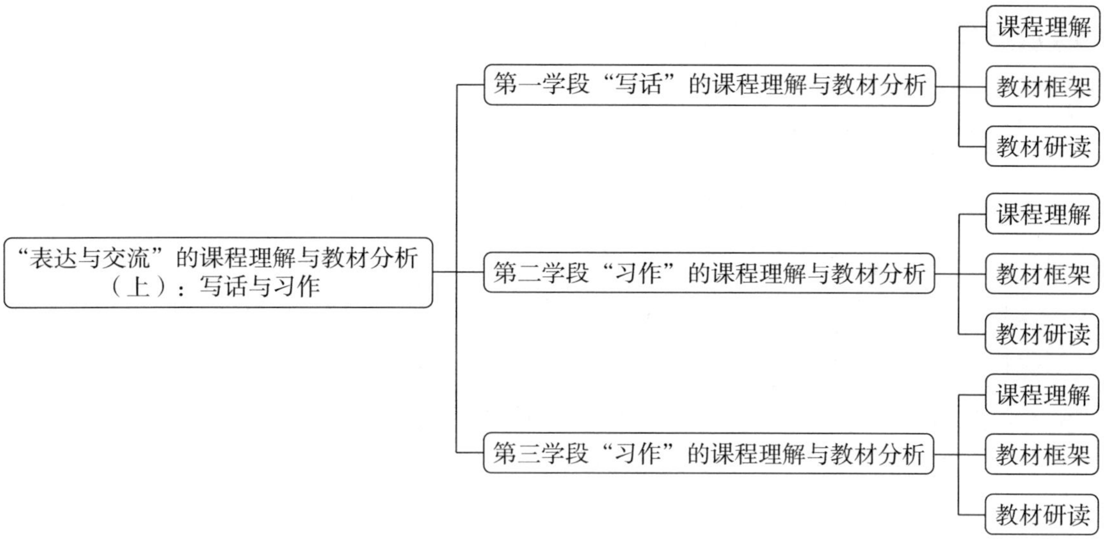

【学习目标】

◆ 掌握第一学段“写话”的学段要求，以及第二、第三学段“习作”的学段要求；理解第一学段写话活动与第二学段习作活动之间的联系和区别；理解第二学段与第三学段习作活动的联系和区别。

◆ 熟识“写话”与“习作”的课程内容在教材中的具体呈现方式，并能够归纳总结其在教材中的编排特点。

◆ 能够对教材中出现的“写话”板块、“习作”板块和习作单元进行具体分析，并在分析教材的基础上设计、交流教学思路。

第一节 第一学段“写话”的课程理解与教材分析

一、课程理解

（一）小学生的写作活动

写作本身是一种综合性的精神生产活动。写作的载体是语言文字，写作的目的是表情达意，写作的内容是借以表情达意的人、事、物、理。

小学生的写作（写话、习作）是在教学情境下进行的初步的、简单的书面表达活动。写作是一种基础性的练习，旨在培养小学生基本的书面表达和交流能力，并促进他们个性的发展。对此，《义务教育语文课程标准（2022 年版）》在“总目标”中对写作的表述是：“能根据需要，用书面语言具体明确、文从字顺地表达自己的见闻、体验和想法。”[①]

在学段要求上，《义务教育语文课程标准（2022 年版）》将第一学段的写作活动定位于“写话”，将第二、第三学段的写作活动定位于“习作”。这是为了降低学生写作起始阶段的难度，以培养学生的写作兴趣和自信心。

（二）“写话”的概念及理解

“写话”是写作的初级阶段，即让学生用书面文字记录口头语言。它是口语表达向书面表达过渡的衔接转换阶段。口头语言基于口头交际的简明性、交互性和现场性，随意性较强，语句往往不完整，结构松散，日常词汇较多。相较而言，书面语言则结构严谨、句式完整、用词雅正。因此，写话从表面上理解是让学生把想说的话写出来，但这并非从书面角度复制口头语言的过程，其间必然包含着对口头语言形式上的纠错与修改，使学生经历一个由“言”（口语）到“文”（书面语）的学习和转换过程。

在义务教育阶段的语文课程中，“写话”出现在第一学段，即小学阶段的一、二年级。《义务教育语文课程标准（2022 年版）》强调在第一学段让学生在观察的基础上乐于写，是从兴趣角度做出要求的，这也是对学业质量进行描述的标准。[②]“写话”的主要目标，是让学生有能力依据语境或相关具体要求，写出一句或几句完整的话。在这个过程中，学生要注意把句子的意思表达清楚，并且注意在写话的同时，建立好句与句之间的逻辑关系。

（三）第一学段“写话”的学段要求

表 6-1 呈现的是《义务教育语文课程标准（2022 年版）》对第一学段“写话”的学段要求。[③]

---

① 中华人民共和国教育部:《义务教育语文课程标准（2022 年版）》，6 页，北京，北京师范大学出版社，2022。

② 中华人民共和国教育部:《义务教育语文课程标准（2022 年版）》，8、38 页，北京，北京师范大学出版社，2022。

③ 中华人民共和国教育部:《义务教育语文课程标准（2022 年版）》，8 页，北京，北京师范大学出版社，2022。

表 6-1 第一学段“写话”的学段要求

1	对写话有兴趣，留心周围事物，写自己想说的话，写想象中的事物
2	在写话中乐于运用阅读和生活中学到的词语
3	根据表达的需要，学习使用逗号、句号、问号、感叹号

在第一学段，教师的关注点应在培养学生的表达兴趣上，不要设置过多、过高的写话要求，让学生能够并且愿意写出自己“想说的话”或“想象中的事物”即可。在学生学习使用书面语进行表达的起始阶段，这样的要求能减轻学生的心理负担，让他们对使用书面语进行表达产生兴趣，形成基本的文字习惯，进而为后续写习作打下基础。

写话的内容源于学生的生活经验以及基于经验的想象，这样，写话活动就必须贴近学生的生活。所以《义务教育语文课程标准（2022 年版）》指出：“留心周围事物，写自己想说的话，写想象中的事物。”教师从一年级开始就应积极引导学生学会观察周围世界，体验、想象、思考周围世界，并在这一过程中学习用文字（辅之以拼音、图画等）进行表达。

从语言形式的角度来说，低年级的写话是从口语向书面语的转换过程，这涉及词语、句式和标点等书面语的运用问题。教师要指导学生把在生活和阅读中学到的、积累的词语和句式运用到书面表达中，尤其要做好从说到写、从读到写的迁移。所以，教师在第一学段的语文教学中，必须引导学生扎扎实实地理解词语和积累句式，并在此基础上落实到运用层面上。

掌握标点符号也是学习运用书面语言的基础之一。在第一学段，逗号、句号、问号和感叹号这四种基本的标点符号是学生学习的重点。教师要重点帮助学生感受并掌握标点符号的含义及其作用，为连句成段、组段成篇打好基础。

此外，在写话活动中，教师要对基本的书写、标点、行文等方面做出要求，以帮助学生养成良好的书写和书面表达习惯。

低年级学生刚开始接触书面表达，因此，《义务教育语文课程标准（2022 年版）》在写话速度和写话的练习量方面并没有给出具体要求，主要还是以培养学生的写话兴趣、形成良好的书面表达习惯为主。在这个过程中，教师应给予学生简单的方法指导，如运用观察、想象等方法以及恰当的词语、句式写出自己的感受与想法等。

二、教材框架

一年级没有设置独立的“写话”板块，写话内容主要体现在课后题和“语文园地”中的“词句段运用”中。这些写话练习贴近学生生活，体现了情境性和指导性。此外，在实际教学中，教师也可以在识字、阅读等课程内容中适当安排有针对性的说话与写话练习。

二年级“写话”练习出现的次数大幅上升，除课后题外，每册书的“语文园地”也都设计了“写话”板块。与一年级相仿，教材在具体的情境下鼓励学生进行写话的尝试，并给出了建议。如“先和同学交流，再写下来”“选择下面一种情况，写……”“看看这幅图……将你想到的故事写下来”等，告诉学生应怎样一步步地进行构思，并完成写话活动。

表 6-2 展示了二年级教材中出现的“写话”板块以及各板块的主题内容。

表 6-2 二年级语文教材中“写话”板块的主题内容

册次	位置	主题内容
二年级上册	“语文园地三”	介绍自己的玩具 每个人都有自己喜爱的玩具。你最喜爱的玩具是什么？它是什么样子的？它好玩在哪里？先和同学交流，再写下来 提示：我会写在方格纸上；我知道标点符号也要占一格
	“语文园地四”	学写留言条 教材以图片的形式展示了留言条的组成部分：先写留言条的标题，再写是留给谁的，然后写有什么事，最后写自己的名字和时间 从下面选择一种情况，写一张留言条： ◇去办公室还书，老师不在 ◇去小红家里，通知她明天上午九点到学校参加书法小组的活动，但是她家里没有人
	“语文园地七”	看图写话 教材让学生结合图片和如下内容进行写话：小老鼠在干什么？电脑屏幕上突然出现了谁？接下来会怎样？快把你想到的写下来吧！
二年级下册	“语文园地二”	介绍自己的好朋友 教材让学生结合表格进行写话，表述如下。照样子，写一写你的一个好朋友。向大家介绍一下：他是谁？长什么样子？你们经常一起做什么？
	“语文园地四”	看图写话，积累并运用词语 看图，想一想：小虫子、蚂蚁和蝴蝶用鸡蛋壳做了哪些事情？它们有什么有趣的经历？把它们这一天的经历写下来吧！ 写的时候，可以用上下面的词语： 早上 过了一会儿 到了下午 天黑了
	“语文园地六”	写出自己的疑问与想法 为什么星星会眨眼睛？ 为什么雨后天上挂着彩虹？ 树叶的形状为什么是各种各样的？ 花为什么是五颜六色的呢？ 下雨前蜘蛛逃到哪儿去了？ 是谁告诉蝉要下雨了？ 石头上怎么会有贝壳呢？ …… 大自然真是奇妙啊！你的心中是不是也藏着很多“问号”？把它们写下来吧！ 写完后可以做成卡片，问问小伙伴知不知道答案
	“语文园地七”	写理由 如果可以养小动物，你想养什么？写写你的理由，试着多写几条

从写话的主题内容来看，主要有以下几个方面：第一，介绍某物或某人；第二，看图写话；第三，给出一个具体情境，按照要求写话；第四，尝试写简单实用的文体（如留言条）。

在介绍物和人时，教材重在引导学生抓住物和人的主要特点来展开，这项训练与第二、第三学段习作中记事、写人的内容相关联。

看图写话非常适合第一学段的学生。形象、有趣的画面和情境会激发学生进行想象与联想，并提升其对写话的兴趣。通过这样的学习过程，学生可以结合自己的经验与理解，体会如何以书面语的形式来表达自我。

在实用类文体训练方面，二年级教材中不仅有学写留言条的内容，还涉及写信的相关内容，但没有特别严格地强调写信的规范格式。这种渗透方式，能够让学生较早接触到信件这种实用文体。

几个写话练习没有给出固定题目，而是给出了相应的提示性信息，或提供范例，以帮助学生明确写话的内容、整理写话的构思。虽然学生在写话练习中呈现的只是简单的句或句群，但思维过程与中、高年级的习作是一脉相承的。

三、教材研读

下面以统编版小学语文教材二年级上册“语文园地七”中的写话板块为例展开研读（见图6-1）。

“写话”板块在内容呈现上一般分为两大部分：一是文字信息，二是插图信息。图6-1反映的写话内容属于看图写话类的练习，其文字信息部分可细分为三个方面：首先，从学生已有经验入手——很多学生都看过猫和老鼠的故事，激发学生的兴趣，引导学生参照以往读过的故事进行自己的创作；其次，提出引导性问题——“小老鼠在干什么？电脑屏幕上突然出现了谁？接下来会怎样？”思考写话内容；最后，教材简单而清晰地说明了写话的要求——写“快把你想到的写下来吧”，给出学生发挥想象力的空间，让学生大胆地进行故事创编，有勇气尝试用书面语言表达自我的想法。

写话

看看下面这幅图，小老鼠在干什么？电脑屏幕上突然出现了谁？接下来会怎样？

快把你想到的写下来吧！

图6-1　二年级上册第七单元中的“写话”

处于第一学段的小学生，其认知能力以形象思维和想象为主，故写话的教材文本围绕具体的图画展开，与他们的思维发展水平相符合。教材未对写话的呈现结果做具体要求，旨在给予学生更宽广的思维空间，激发他们的写作愿望，让学生易于动笔、乐于表达，为高年级的写作打好基础。

概言之，小学第一学段的写话，先说后写，说写结合；对写话兴趣和习惯的培养重于表达技能的训练和语言知识的传授；对学生童真、童心等内心世界的关注与欣赏重于对写话结果的评价。

探究与思考

1. 在第一学段的写话活动中，如何帮助学生树立起用书面语表达自我的信心，逐渐养成敢写、乐写的习惯？你想到了哪些好的方法？请与大家分享吧！

2. 从第三、第四册教材中自选一个“写话”板块，对该板块的内容进行分析，并在这个基础上总结自己的教学思路，与同伴交流。

第二节 第二学段“习作”的课程理解与教材分析

一、课程理解

（一）“习作”的概念

“习作”是学生进行的写作练习。习作相较于写作而言，更强调练习的性质，特指学生的写作训练。与“写话”相比，习作对学生的要求更高，需要学生连句成段，进而连段成篇。

《说文解字》说：“习，数（shuò）飞也。”“习”的本义为小鸟反复地试飞、反复练习。小学阶段的习作，须多读多练，必要的量的积累是习作实现质的飞跃的必要前提。与此同时，既然是“习”的过程，那么教师的“导”也很重要。“导”的目的是使“习”的活动更加有效、规范。但是对于小学生而言，教师的指导又须把握好分寸：指导过多，易使学生产生依赖心理；要求过高，易使学生心生畏惧心理；一味放手而不加以引导，也会使学生很难进入规范写作之门，导致事倍功半。

从传统写作训练的经验来看，古人一向主张训练学生作文要经过“先放后收”的过程：先鼓励学生大胆地写，等有了一定的基础再要求精练、严谨。[①] 因为初学阶段要鼓励学生大胆地写，所以在批改作文的时候，古人主张不要改得太厉害，以免打击学生的信心，限制他们的思维。然而，古人在用词、造句尤其是在书写方面，对学生的要求则十分严格。

再说一说对“指导”的理解。所谓“指导”，不能简单地理解为“提要求”“给标准”“给模板”。教师在指导时，应注意以下几点：第一，引发写的兴趣，让学生愿意参与写作活动；第二，搭建展示、交流、分享的平台，为学生找到读者，使学生建立自信心，产生成就感；第三，引导学生在读写的实践中去发现“怎么写”的策略，如在阅读中、比较中、交流分享中发现等。在小学阶段，写作指导的首要任务是让学生愿意写。

（二）第二学段“习作”的学段要求

表 6-3 呈现的是《义务教育语文课程标准（2022 年版）》对第二学段“习作”的学段要求。[②]

表 6-3 第二学段“习作”的学段要求

1	乐于用口头、书面的方式与人交流沟通，愿意与他人分享，增强表达的自信心
2	观察周围世界，能不拘形式地写下自己的见闻、感受和想象，注意把自己觉得新奇有趣或印象最深、最受感动的内容写清楚 能用便条、简短的书信等进行交流 尝试在习作中运用自己平时积累的语言材料，特别是有新鲜感的词句
3	学习修改习作中有明显错误的词句 根据表达的需要，正确使用冒号、引号等标点符号 课内习作每学年 16 次左右

① 张志公：《传统语文教育初探》，135 页，上海，上海教育出版社，1962。

② 中华人民共和国教育部：《义务教育语文课程标准（2022 年版）》，10～11 页，北京，北京师范大学出版社，2022。

第二学段开始进入“习作”阶段。教师需要关注的是如何让学生乐于表达、增强自信心，并在此基础上培养学生愿意与他人分享的习惯。这是从情感、态度方面提出的要求。

关于习作的内容，《义务教育语文课程标准（2022 年版）》要求学生“观察周围世界”“不拘形式地写下自己的见闻、感受和想象”，为第三学段提出的“记实作文”和“想象作文”打下了基础。同时要求“把自己觉得新奇有趣或印象最深、最受感动的内容写清楚”：这一方面强调的是积累写作素材；另一方面则从语言表达的层面强调要“写清楚”，即思路清晰、内容清楚，句、段之间要有一定的逻辑关系。

“观察”是第二学段习作训练的重点。观察，是有目的、有计划的知觉活动。观，指看、听等感知行为；察，即分析思考。所以，观察不仅是视觉过程，而且是以视觉为主，融其他感觉于一体的综合感知活动，其中包含着积极的思维活动。观察周围世界的过程，是伴随着主体独特的感受、想象与理解的。《义务教育语文课程标准（2022 年版）》在第一学段中提出“留心周围世界”的要求是侧重于“观”，就是让学生发现自己所处的客观世界有什么；第二学段中提到的“观察”则侧重于“察”，强调学生在“观”的同时要思考、要探索，进而养成真正的留心观察的习惯。

拓展阅读

观察的几个基本特点

1. 观察是有目的、有计划地去认识某一对象的知觉过程

观察是根据某种需要，有目的、有意识进行的。它是自觉的、主动的。不是被动的、盲目的。观察有着明确的认知目的，这一特点决定了它始终是和有意注意结合在一起的。

2. 观察是多种分析器的综合活动

观察要用眼睛看，视觉分析器起着主导作用，但并不限于视觉。为了把握对象的多种多样属性，往往需要多种分析器联合活动。除了视觉之外，还有听觉、嗅觉、味觉、触觉等。这五种分析器各司其职，分别反映事物各种不同的属性：视觉主要反映事物的大小、形状、色泽；听觉主要反映音响、音调、节奏、旋律；嗅觉主要反映事物的气味；味觉主要反映食物的酸甜苦辣；触觉反映事物的冷热、干湿、软硬等。

3. 观察是一种“思维的知觉”

它是专心致志的、思维着的感知活动。观察着的人，总是思考着的人。他总是试图通过积极的思维活动，去把握事物的本质与特征。

4. 观察与词语紧密结合

观察与语言的关系，不仅在于观察的结果要通过语言表达。更重要的是，通过语言的有意识的介入，可以使观察更趋充分、精确、深入。词语是观察的工具，没有词语的概括、分解作用，观察所得的印象只是混沌一片。①

语词、句段等语言材料的积累能为学生进行习作活动奠定语言基础。随着阅读量的增加，学生的语言积累会越来越丰富。中年级的习作活动，一方面要加强对积累的语言材料的运用，同时在运用中积累语言（而不仅仅是运用记忆中的积累内容）；另一方面要特别注意突破自己的心理词典和语言定式，不断建构和发展自己的语言能力，所以《义务教育语文课程标准（2022 年版）》中也特别强调对“新鲜感的词句”的积累和运用。养成积累和运用语言的习惯，是发展学生的核心素养的重要基础。

在二年级时，学生已经初步接触了“便条”和“信”这两类实用文体。第二学段对学生提出了“能用便条、简短的书信等进行交流”的具体要求，意在帮助学生在运用过程中进一步体会实用性文体的作用与价值。

修改能力是写作能力的重要组成部分，学生独立修改作文能力的强弱，是其写作水平高低的重要标志。叶圣陶先生曾指出：“作文教学要着重培养学生自改作文的能力，教师该如何引导指点学生，使他们养成这种能力是很值得共同研究的项目。”《义务教育语文课程标准（2022 年版）》自第二学段起开始对“修改”提出了要求，从“学习修改习作中有明显错误的词句”开始，培养学生的修改能力和良好习惯。具体到教材中，每个“习作”板块也都出现了交流、分享并修改这一环节，从最基础的词语搭配、句意通顺，到结构完整、构思新颖等，都有具体要求。伴随自主修改能力的提高和习惯的养成，学生书面表达能力会不断提高。

《义务教育语文课程标准（2022 年版）》规定：“课内习作每学年 16 次左右。”

二、教材框架

第二学段的语文教材，其习作内容主要分为两大部分：单元中的“习作”板块和每册书中的习作单元。

（一）“习作”板块

1. “习作”板块中的写作内容分析

第二学段教材中出现的“习作”板块涉及的具体内容大致可以分为如下几类：写人、写物、写景、叙事、写故事、写应用文。其中，写故事单独作为一类，训练的侧重点是培养学生的创造性、想象力，不同于写人、写物、写景、叙事的记实类作文训练。

① 陈果安：《现代写作原理》，138～140 页，长沙，中南工业大学出版社，1995。

按上述分类，表 6–4 对统编版小学语文教材第二学段中“习作”板块的主题内容进行了归纳和梳理。

表 6–4 第二学段教材中的“习作”板块的内容

类别	册次	具体内容
写人	三年级上册	第一单元：猜猜他是谁
	三年级下册	第六单元：身边那些有特点的人
	四年级上册	第二单元：小小“动物园”
	四年级下册	第七单元：我的“自画像”
写物、写景	三年级上册	第六单元：这儿真美
	三年级下册	第一单元：我的植物朋友
		第七单元：国宝大熊猫
	四年级上册	第一单元：推荐一个好地方
	四年级下册	第二单元：我的奇思妙想
		第四单元：我的动物朋友
叙事	三年级上册	第七单元：我有一个想法
		第八单元：那次玩得真高兴
	三年级下册	第二单元：看图画，写一写
		第四单元：我做了一项小实验
	四年级上册	第六单元：记一次游戏
		第八单元：我的心儿怦怦跳
	四年级下册	第一单元：我的乐园
		第六单元：我学会了__________
写故事	三年级上册	第三单元：我来编童话
		第四单元：续写故事
	三年级下册	第八单元：这样想象真有趣
	四年级上册	第四单元：我和________过一天
	四年级下册	第八单元：故事新编
写应用文	三年级上册	第二单元：写日记
	四年级上册	第三单元：写观察日记
		第七单元：写信

显然，在第二学段的“习作”板块中，所占比重最大的是叙事类习作，从写清事情发展的过程开始，逐渐加入对叙述事件的细节要求。叙事，必须把事件交代清楚，把事情叙述完整。这就要求学生一定要在写作中把握“六要素”（时间、地点、人物、原因、经过和结果）。事件都是由起因、经过、结果三个要素构成的，而“经过”是事件要叙述的主要部分，写作时就需要注意事件的细节，通过细节将习作的内容变得具体、生动。此外，还需注意选材以及叙述时的思路脉络、过渡与照应、详写与略写、各种叙述手法的运用等。

与叙事类习作较为接近的是“写故事”，侧重培养学生的想象力。想象不是凭空进行的，而是要求学生有条理地呈现出自己头脑中的想象世界。“习作”板块中的写故事类习作包含童话创编、续写故事、故事新编三种形式，内容上同时关注到叙事应包含的要素，如人物、地点、事件等。

教材在写人的这类习作上，着重引导学生关注自己所写人物的特点，但侧重点也有所不同，包括围绕特征化词语形容对应的人物，运用比喻抓住人与动物的相似点来写人物的特点，通过外貌、性格和具体事例等刻画人物形象。

写物、写景类的习作，重在引导学生关注所写之物、所写之景的特点，但教材在呈现这部分内容时，多数情况下还是采用介绍的形式，这样的形式能帮助学生确立一个清楚的写作目的——介绍，即你要向别人介绍，就要有条理、写清楚，否则你的目标就不能完成。另外，学生还要思考：我要向谁介绍呢？这么一来，接受对象也就清晰起来了。

关于应用文的写作，第二学段主要有日记和书信。其中有两次涉及日记。三年级上册第一次出现日记这种文体的时候，教材系统地呈现了日记的格式与应写的内容，从整体上介绍了日记并积极培养学生写日记的习惯。第二次以“观察日记”为主题，帮助学生写好日记，练习的具体内容也更加具体。

2.“习作”板块中的写作技能训练

“观察”“评价与修改”是第二学段教材中写作技能训练的两个重点，这也与《义务教育语文课程标准（2022年版）》中的要求相契合。

教材中的“习作”板块，前后5次明确提到了“观察”。作为一项基础的习作能力训练，“观察”这一要求贯串了第二学段的“习作”板块。与此同时，各个“习作”板块也都对“评价与修改”做出了较为详细的要求。三年级的习作更侧重评价的过程，包括自评与互评；四年级的习作则更侧重于修改的过程，鼓励学生依据某些具体的标准，发现自己和他人作文中存在的明显问题，如病句和错别字，并能够主动修改。在此过程中，教师应该注重培养学生发现问题、解决问题的能力。

（二）习作单元

习作单元作为专门传授写作知识的独立单元，各有独立的核心训练点，单元内的选文也是围绕着核心点安排的，此外还有相应的习作例文。

第二学段有四个习作单元，具体情况如表6-5所示。

表6-5 第二学段教材中的习作单元

册次	语文要素及习作主题	提示要点
三年级上册	第五单元的语文要素： 体会作者是怎样留心观察周围事物的 仔细观察，把观察所得写下来 习作主题：我们眼中的缤纷世界	仔细观察 将细致的观察结果或体验写下来
三年级下册	第五单元的语文要素： 走进想象的世界，感受想象的神奇 发挥想象写故事，创造自己的想象世界 习作主题：奇妙的想象	想象
四年级上册	第五单元的语文要素： 了解作者是怎样把事情写清楚的 写一件事，把事情写清楚 习作主题：生活万花筒	按一定的顺序写清楚 写清楚事情的起因、经过、结果（叙事）

续表

册次	语文要素及习作主题	提示要点
四年级下册	第五单元的语文要素： 了解课文按一定顺序写景物的方法 学习按游览的顺序写景物 习作主题：游________	游览顺序 游览过程 景物特点 思路清晰 景物描写有详有略，突出特点 运用过渡句，景物转换更自然

从第二学段习作单元的主题内容来看，三年级的习作单元，主题词分别是“观察”与“想象”，这两方面是与第三学段的“记实作文”“想象作文”相对应的，是基础性练习。在“观察”方面学生经过第一学段的学习，应该已经养成了“留心周围事物”的习惯，此时再以“细致地观察”为习作主题，能够帮助学生掌握并运用细节描写的技巧，丰富书面语言。在“想象”方面，学生在写故事、编童话时已经接触过“想象”这一语文要素，单元选文以及课后题都在鼓励学生大胆展开想象，运用书面语言进行创造性写作。

四年级的习作单元，扣住的是“叙事”与“写景”。上册的习作单元，针对的是叙事类习作，其中明确指出，叙事要把事情写清楚，要完整地呈现事情的起因、经过、结果等内容，让整篇作文变得更完整；如果想让作文内容变得吸引人，则要重视产生“冲突”的原因和化解“冲突”的方法。下册的习作单元，针对的是写景类习作，利用游记这种形式，从写景的顺序、景物的特点等方面对学生进行写作方法上的指导：不仅要把所见的“景物”写得生动传神，而且要关注到游记这一类文章的特点——顺序清楚、逻辑清晰。

三、教材研读

以统编版小学语文教材四年级上册第五单元为例，这一单元为习作单元，主要由单元导语、课文和课后题，以及“交流平台”“初试身手”“习作例文”“习作”六个板块构成。

（一）单元导语

习作单元首页为单元页，单元页中除了主题图片外，还包括单元主题以及语文要素（见图6-2）。

单元主题以简洁明确的话语，揭示了本单元的习作要点：其一，“我手写我心”是要学生通过写作表达自己内心的真实感受与想法；其二，“彩笔绘生活”是要学生将聚焦点放到生活上。这样的写作训练，是在学生养成的良好观察习惯的基础上进一步实现的，所提供的方向也是学生在写作练习过程中应参考的。

图 6-2　四年级上册第五单元中的单元导语

语文要素以条目的形式呈现，简练、清晰，在体现单元选文的作用与价值的同时，也对学生习作给予指导。语文要素相较于单元主题更为具体：其一是从理解文本的角度出发，要学生了解课文的作者是如何叙事、把握叙事方法的；其二则是在理解课文的写作方法基础上，要学生尝试叙事并做到“把事情写清楚”。

（二）课文和课后题

本单元的第一篇课文是屠格涅夫的《麻雀》，这篇文章侧重于事件的细节描写，清晰地呈现了事件的起因、经过、结果。第二篇课文是《爬天都峰》，叙述了“我”和爸爸爬天都峰的见闻、感受，侧重于写游踪，是按照爬山前、爬山中、爬上峰顶后的顺序写的。学生应学习如何将多彩的生活中的小事讲清楚，并能按照一定的条理写下来。

《麻雀》的课后题如图 6-3 所示。第一题从理解文章的角度出发，让学生学习如何有条理地叙述事件，学生应注意题干中关于起因、经过、结果的提示，有针对性地提取、概括文章中的有用信息。第二题给定了主题句，让学生对应文本找到相关的记叙内容并关注“课文是怎样把下面的内容写清楚的”，从小的切入点入手，关注如何描绘事件中的主人公。教材以课后题引导学生思考、学习，为学生搭建了阅读和写作之间的桥梁，为后面的写作训练提供了方法上的帮助和指导。

朗读课文。说说课文围绕麻雀写了一件什么事，这件事的起因、经过和结果是怎样的。

课文是怎样把下面的内容写清楚的？找出相关句子读一读。

◇ 老麻雀的无畏（wèi）

◇ 猎狗的攻击与退缩

图 6-3　四年级上册第五单元第十六课《麻雀》中的课后题

《爬天都峰》课后题如图 6-4 所示。第一题侧重于让学生从整体上把握事件，并了解写事件时要按照一定的顺序写。第二题聚焦事件的过程，让学生细读文本，抓住细节了解如何将过程写清楚。

这篇课文写了一件什么事？是按照什么顺序写的？

“我”开始不敢爬，最后爬上去了。课文是怎么把“我”爬山的过程写清楚的？

图 6-4　四年级上册第五单元第十七课《爬天都峰》中的课后题

上述两篇课文的课后题均扣住了本单元作为习作单元的学习主题，指向语文要素的落实。

（三）“交流平台”

如图 6-5 所示，本单元的“交流平台”紧扣单元页的教学目标，以条目的形式呈现了本单元学生学习习作的核心内容，整体学习叙事类文章的写作要素，即将事件记叙清楚、说明白，除了事件起因、经过、结果外，还需要考虑时间、地点、人物等要素。

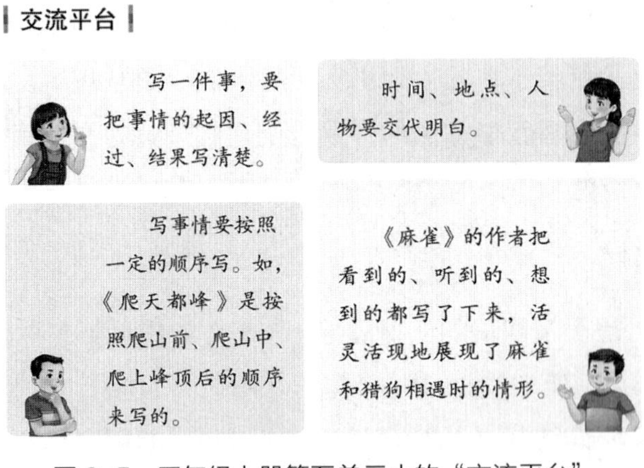

图 6-5　四年级上册第五单元中的“交流平台”

“交流平台”中两个小男孩针对本单元两篇选文的特点，与学生分享了要从叙事的顺序、事件中的细节描写等方面进行写作的经验。教材这样的设计，在回顾选文内容的同时，意在帮助学生整理写作练习的侧重点，梳理所需掌握的基础知识。

（四）“初试身手”

设置“初试身手”的目的是检验学生能否实际运用所学知识进行写作。该部分关注到了学生的日常生活，让学生有内容可写。如图 6-6 所示，教材安排了两项学习任务。

初试身手

看图并发挥想象，把图片的内容说清楚。

观察家人炒菜、擦玻璃或者做其他家务的过程，用一段话把这个过程写下来，注意用上表示动作的词语。

图 6-6 四年级上册第五单元中的“初试身手”

第一个任务要求学生发挥想象力，依据信息进行构思，将图片表现的情节具体化，说出完整的事件。其中，“清楚”是标准，“清楚”即学生在口头表达时要有序地呈现事件的起因、经过、结果，对事件中的人物及其活动、时间、地点等细节加以描述，这可视为写作前的构思环节。

第二个任务从学生个体的生活经历与体验出发，同样要求叙事清晰、完整，“用上表示动作的词语”这句话提示学生可以从人物的动作描写出发，将人物写得生动且立体。

（五）“习作例文”

“习作例文”部分为学生呈现了两篇文章，分别是《我家的杏熟了》和《小木船》。以《小木船》为例，作者侧重记叙事件情节的曲折变化（见图 6-7），课文旁边的批注依次体现了叙事的起因、经过、结果。最后设置的开放性的问题，能引导学生在此基础上进一步丰富故事的情节，让整个事件变得更为完整。

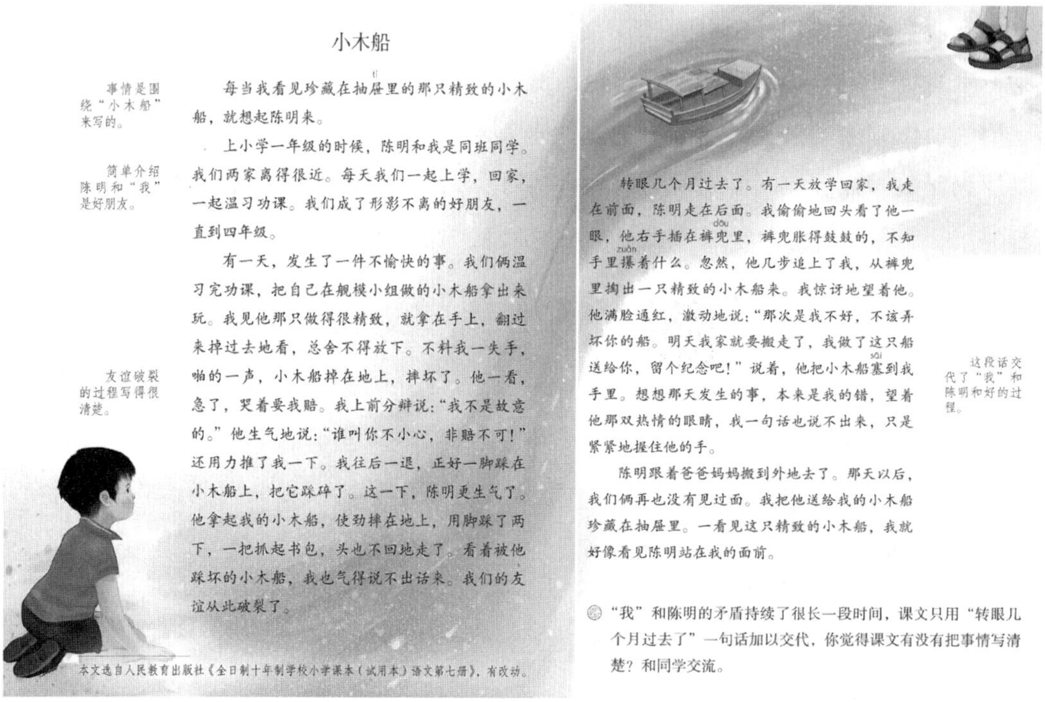

小木船

事情是围绕“小木船”来写的。

每当我看见珍藏在抽屉里的那只精致的小木船，就想起陈明来。

简单介绍陈明和“我”是好朋友。

上小学一年级的时候，陈明和我是同班同学。我们两家离得很近。每天我们一起上学，回家，一起温习功课。我们成了形影不离的好朋友，一直到四年级。

友谊破裂的过程写得很清楚。

有一天，发生了一件不愉快的事。我们俩温习完功课，把自己在舰模小组做的小木船拿出来玩。我见他那只做得很精致，就拿在手上，翻过来掉过去地看，总舍不得放下。不料我一失手，啪的一声，小木船掉在地上，摔坏了。他一看，急了，哭着要我赔。我上前分辩说：“我不是故意的。”他生气地说：“谁叫你不小心，非赔不可！”还用力推了我一下。我往后一退，正好一脚踩在小木船上，把它踩碎了。这一下，陈明更生气了。他拿起我的小木船，使劲摔在地上，用脚踩了两下，一把抓起书包，头也不回地走了。看着被他踩坏的小木船，我也气得说不出话来。我们的友谊从此破裂了。

这段话交代了“我”和陈明和好的过程。

转眼几个月过去了。有一天放学回家，我走在前面，陈明走在后面。我偷偷地回头看了他一眼，他右手插在裤兜里，裤兜胀得鼓鼓的，不知手里攥着什么。忽然，他几步追上了我，从裤兜里掏出一只精致的小木船来。我惊讶地望着他。他满脸通红，激动地说：“那次是我不好，不该弄坏你的船。明天我家就要搬走了，我做了这只船送给你，留个纪念吧！”说着，他把小木船塞到我手里。想想那天发生的事，本来是我的错，望着他那双热情的眼睛，我一句话也说不出来，只是紧紧地握住他的手。

陈明跟着爸爸妈妈搬到外地去了。那天以后，我们俩再也没有见过面。我把他送给我的小木船珍藏在抽屉里。一看见这只精致的小木船，我就好像看见陈明站在我的面前。

本文选自人民教育出版社《全日制十年制学校小学课本（试用本）语文第七册》，有改动。

“我”和陈明的矛盾持续了很长一段时间，课文只用“转眼几个月过去了”一句话加以交代，你觉得课文有没有把事情写清楚？和同学交流。

图 6-7 四年级上册第五单元中的“习作例文”《小木船》

（六）“习作”

单元最后的“习作”板块为学生真正独立进行完整的写作练习的空间。从板块所包含的内容来看，本单元的“习作”板块分为标题、写作内容提示、写作方法提示以及最后的评价与修改提示四个部分（见图 6-8）。

习作

生活万花筒

每天都会发生各种各样的事情，有些是我们亲身经历的，有些是我们看到的，还有些是我们听说的。

选一件你印象深的事，按一定的顺序把这件事情写清楚。可以参考下面的题目，也可以另选要写的内容。

捉蚊趣事　一件烦心事　她收到了礼物　爷爷戒烟了　照片里的温暖　家庭风波　教室里的掌声　信不信由你

写之前，仔细想想这件事的起因、经过、结果是怎样的。

事情	
起因	
经过	
结果	

写完后，读给同学听，请同学说说这件事是否写清楚了，再参考同学的建议修改。

图 6-8　四年级上册第五单元中的“习作”

标题言简意赅地表明写作中心是“生活”。

写作内容提示部分从学生的见闻、体验出发，帮助学生回忆并提取有价值的写作素材，出示的主题词也同样有这样的作用：一方面可以明确题目，另一方面也可以给学生更多的启发。第二段文字所说的“按一定的顺序把这件事情写清楚”可以理解为对写作内容的基本要求，即叙事有序且要注意将事情的发展过程表达清楚。

写作方法提示部分是在上一部分内容的基础上提出的，是对如何实现上述要求的进一步说明，同时也是对学生写作思路的规范引导，帮助学生合理安排并组织自己想要表达的内容。教材提示学生以表格的形式把事件的起因、经过、结果以及事件本身的主要情节加以整理，形成行文框架。

评价与修改提示部分和《义务教育语文课程标准（2022 年版）》提出的要求相贴合，提示学生在修改习作时可采用同学间互读、互评的方式，在理解对方习作内容、分享写作快乐的同时关注同伴运用的写作方法。学生提出意见的过程也是对本单元习作指导的相关内容进一步温习的过程，可以加深印象。此外，同学之间交流可以产生新思路，真正做到以改促写。

探究与思考

1.“习作”板块与习作单元在教材中是怎样分工的？结合实例谈谈这两部分内容是如何发挥从写作方法方面进行指导的作用的。

2. 从 5～8 册教材中自选一个“习作”板块或习作单元，对教材内容进行分析，并在这个基础上与同伴交流教学设计思路。

第三节 第三学段“习作”的课程理解与教材分析

一、课程理解

（一）第三学段“习作”课程的理解

第三学段仍为“习作”阶段，同时开始向“写作”阶段过渡。在面对这一学段小学生的写作活动时，我们先需要理解如下一些基本观念或概念。

1. 小学生写作活动的基本认识

第一，小学生的写作活动与作家的文学创作、研究者的专著论文相比较，具有基本的书面表达训练性质。因而必须“依照小学儿童的年龄特征、生活经验、知识水平提出基础的要求，纠正那种用衡量成人作品、报刊文章的标准来要求学生，或者拿教师自己的书面表达水平来要求学生的偏向”①。一段时期以来，这种把文章学、把文学创作学的高标准要求转化为对学生写作活动的要求的偏向较为常见，致使学生的写作自信降低、写作兴趣消失。这种过高的要求，还把教师、家长、学生的目光从对写作活动过程中认知、情感等方面的发展性的关注，转移到对写作结果的技术性要求上。继而，写作这种关涉学生多方面素养的综合性的生命活动就被简化为一种单一的技术追求性活动。

第二，人们普遍认为，学生在学校中的写作活动的性质主要是“练”，成人在社会生活中的写作活动的功能主要是“用”。这就导致前者作为练习似乎总带有虚拟性，而后者则是基于一种生活需要的真实性写作。但是我们知道，任何写作都是生活中的一种实际需要。脱离了这种实际需要的写作练习则很容易使写作训练变得虚假，形成“学不致用”“伪写作”教学。② 长此以往，容易导致“挖空心思地硬做”这种“做”文章的写作观念，而淡化“为什么写”“为谁而写”等根本的写作动机问题。这正是虚拟性写作状态所带来的严重问题。会让学生感到，进行写作只是为了完成老师的作业，“是抱着完成作业的思想来写作文的”③。所以，我们不能简单地认为学生的写作活动是一种纯粹的虚拟性训练，而要充分考虑到学生的写作需要。事实上，如果我们从学生的学习、生活世界来考量，他们的写作活动实际上也是一种生活的需要，因为他们也需要交流、探究、表现、展示，只不过他们所交流、探究、表现、展示的与成人的不同而已，而且他们根据需要而进行的写作活动又处于一种被指导的状态下。所以，考虑到小学生写作活动的这种需要性，教师在指导过程中就要从如下两个方面着力：一方面，为学生营造、创设写作活动的真实情境，让学生认识到他们自身对写作的需要；另一方面，拉近写作与生活的距离，从生活需要的角度出发进行作文指导。这样，我们就可以使小学生的写作活动不再只是一种脱离了生活需要的虚拟训练。

---

① 朱作仁：《小学语文教学法原理》，448页，上海，华东师范大学出版社，1988。
② 潘新和：《“写话”“习作”与“写作”辨证》，载《语文建设》，2002（2）。
③ 陶本一：《谈谈作文教学中的两个问题》，载《课程·教材·教法》，2005（1）。

第三，小学生的写作活动是一种综合性实践活动，涉及学生的多种心理因素。它不仅是学生的语言文字表达能力水平的表现，也是他们的思想认识水平、生活经验、知识基础等方面的表现。叶圣陶说："小学生今天作某一篇文，其实就是综合地表现他今天以前知识、思想、语言等等方面的积累。"[①] 所以，作文是生活实践（对事物的观察和体验）、思维（基于事物的分析和想象）和语言（用文字描绘事物）的统一。写作活动一般涉及三方面的素养：知识，即日常生活知识、自然和社会科学知识、写作知识；能力，即观察事物能力、表象操作能力、思维加工能力、语词表达能力；情操，即情绪、情感、道德观、审美观、价值观。[②] 如上各项素养并非完全靠语文课中的写作教学来培养的，但它们却一起对小学生的写作活动产生着重要影响。所以我们说，写作活动不是单纯的语言文字运用问题，而是处于发展过程中的小学生作为一个"人"的整体性活动。因此，作文的发展与做人的发展是同步的，那种仅仅从写作知识与能力两方面去考虑小学生的写作活动的做法是不对的。

2. 过程写作与交际写作[③]

自 20 世纪 60 年代以来，随着认知心理学的发展，写作教学理论发生重大变革。一些心理学家从信息加工的角度进行了研究，认为写作是摄取、储存、加工、转换、输出信息的过程，是作者开展思维活动和解决问题的过程。这一时期，弗劳尔和海斯等人相继提出一些写作模型。此后，"写作即过程"的理念开始深入人心，"过程写作"（尤以五步骤写作法为代表）成为主流的写作教学范式，带来了从成果写作到过程写作的范式转变（见表 6–6）。

表 6–6　过程写作的步骤和策略

步骤	描述	策略
预写	写前针对话题或题目进行发散性思考，并定向搜集写作素材，大致组织文章的内容和结构	头脑风暴，联想，想象，谈话，画草图（簇形图、环形结构图、鱼骨图、蜘蛛图），研究，列举，实地考察，查阅资料，读写结合，RAFT（角色、读者、文体、话题）策略，列提纲
起草	把想法写到纸上的过程，重点是内容而不是技巧	快速自由书写，记笔记，画思维图、流程图、故事图，范文模仿，段落写作，完成初稿
修改	着眼于文章的内容和结构，再次读草稿，重新认识、思考、创造，增加新信息，重新调整结构顺序或内容	同伴合作、小组商讨、教师批改、自改清单
校订	对文字、语法、标点、版式等微观方面进行修饰完善	自我提问、小组合作、检查量表、校对清单
发表	写作的最后环节，与他人分享自己的作品	大声朗读、小组内朗读、教室内展示、印刷成书籍、网络发布

"写作即交际"的理念源于 20 世纪 70 年代以来兴起的语用学。语用学认为，语言学习的目的不在于机械识记语言符号和意义，而在于通过语境学语言，获得真实的语言运用能力。交际写作是一种读者导向、交流驱动、语境生成的写作，强调写作的交际和语境功能，提出"为读者而写""为不同的目的而写""根据情境、目的和对象调整写作"。如此，写作的内容、素材、体裁、结构、语言等会随交际语境的变化而变化。这样的写作对作者来说是真实的、具体的、有动力的、

① 中央教育科学研究所：《叶圣陶语文教育论集》，472 页，北京，教育科学出版社，1980。
② 倪文锦：《小学语文新课程教学法》，154 页，北京，高等教育出版社，2003。
③ 参见夏家发、刘云生：《小学语文教学研究》，502～505 页，北京，教育科学出版社，2014。

有意义的。同时，它需要作者基于真实（具体）的语境，运用真实的语言能力去完成。

上述过程写作、交际写作的理念在小学第三学段的习作课程中已有所体现。

3. 记实作文与想象作文

《义务教育语文课程标准（2022 年版）》在第二学段“能不拘形式地写下自己的见闻、感受和想象”的基础上，于第三学段正式提出了“记实作文”和“想象作文”的文体概念。

先说说记实作文。记实，就是要真实、准确地表现人、事、物、景，以及在面对人、事、物、景时的所思、所感。要想真实地表达，就先要有真实的生活实践和真实的生活体验。记实作文要求学生从真实的现实生活中获得真实的体验，关注现实、热爱生活，“留心观察周围事物”“珍视个人的独特感受”，说真话、实话、心里话，不说假话、空话、套话。

再说说想象作文。想象，是人在头脑里对已储存的表象进行加工改造、创造新形象的心理过程，是一种特殊的思维方式。联想也是一种想象，是感物联类、由此及彼所进行的想象。人们时常借助联想，发现新结构、创造新形象。想象作文便于学生倾吐心声、抒发情感，能够让他们获得一种自由创造的乐趣。写好想象作文，对于开阔视野、丰富思维、培养和提高学生的创新能力大有裨益。在第一学段，《义务教育语文课程标准（2022 年版）》要求学生能“写想象中的事物”，第二学段要求学生“能不拘形式地写下自己的见闻、感受和想象”，到了第三学段则要求学生“能写简单的记实作文和想象作文”，想象训练一脉相承。①

（二）第三学段“习作”的学段要求

这一学段的写作活动仍定位为“习作”，在目标上突出了以下几点：第一，对书面表达的目的提出要求，即“懂得写作是为了自我表达和与人交流”；第二，强调观察习惯和写作素材的积累；第三，提出写记实作文和想象作文的基本要求；第四，提出学写读书笔记和常见应用文的要求；第五，继续强调并加强了“修改自己的习作”的要求。

表 6-7 是《义务教育语文课程标准（2022 年版）》对第三学段“习作”的学段要求。②

表 6-7 第三学段“习作”的学段要求

1	懂得写作是为了自我表达和与人交流 养成留心观察周围事物的习惯，有意识地丰富自己的见闻，珍视个人的独特感受，积累习作素材
2	能写简单的记实作文和想象作文，内容具体，感情真实 能根据内容表达的需要，分段表述 学写读书笔记，学写常见应用文
3	修改自己的习作，并主动与他人交换修改，做到语句通顺，行款正确，书写规范、整洁 根据表达需要，正确使用常用的标点符号 习作要有一定速度 课内习作每学年 16 次左右

① 中华人民共和国教育部:《义务教育语文课程标准（2022 年版）》,8～13 页，北京，北京师范大学出版社，2022。

② 中华人民共和国教育部:《义务教育语文课程标准（2022 年版）》，13 页，北京，北京师范大学出版社，2022。

第三学段，学生要在喜欢写、乐于与他人分享习作乐趣的基础上，理性地认识到写作活动的目的是“自我表达和与人交流”。写作，对内有益于个体充实与改进精神生活，对外则具有传达社会信息的功能；前者主要是在“为自己写作”，而后者则是“为不同读者写作”。“为自己写作”注重培养学生的自主意识与人格，但其读者往往也并不只是自己，写作的成果一般也不会被束之高阁，我们鼓励将作品与人交流、分享。“为不同读者写作”则表现出写作活动面向社会的一面，写作者必须考虑到语言交际的目的与情境，考虑到特殊的读者对象而进行写作。事实上，写作活动的目的性模糊和读者意识薄弱一直以来是我们所未能很好解决的在写作教学中的问题。为完成作业而写作，为老师、家长而写作，为应试而写作，在不正确的或没有读者对象的状态下写作，写作便成为一种不得不去做的工作，成为一种负担。

第三学段，要在学会观察的基础上养成留心周围生活的习惯，有意识地丰富自己的见闻，珍视个人的独特感受。教师要帮助学生认识到写作是一种个性化行为，并帮助他们在这样的强调个人反应与自我感受的活动中不断地完善人格。刘锡庆先生有如下观点。“只要一提起‘写作’，或一谈起‘作文’，那指的就只能是：写作主体个人进行的一种精神产品的独特制作。作文，从来或永远是写作主体自我个性的一种或深或浅、或隐或显的‘表现’，是一种充满了主观情意和个性色彩的人格‘呈现’，这难道还存有什么疑义吗？”[①] 而事实上，“个性”在我国写作教学中长期处于缺失状态，这是影响写作教学效率、抑制学生天性的根本原因。那么，该如何使我们的写作教学从众多技术规范的重压之下解放出来，焕发出纯正的生命与人性的光辉呢？这仍是一个重要的理论与实践课题。

在习作内容上，这一学段提出了记实作文和想象作文的文体写作要求，并要求做到“内容具体、感情真实”。针对实用文体，新增了读书笔记和常见应用文的内容。

在行文结构上，要求学生“能根据内容表达的需要，分段表述”，从而建立起了“篇”的概念。这关注到了文章的呈现形式，已明显不同于第二学段的“不拘形式”的要求。

在习作修改上，不但要求学生能修改自己的习作，还强调了要主动与他人交换修改，最终要通过修改做到“语句通顺，行款正确，书写规范、整洁”。

拓展阅读

作文修改改什么

第一，修改过程对小学生作文能力的发展是重要的。清人唐彪说：“文章不能一作便佳，须频改之方入妙耳。”文章“入妙”须“频改”，而只有习作者本人在“频改”中才能领悟文章“入妙”之法。第二，对修改的要求不能仅停留在文章语言本身的技术性要求上，而要关注写作主体的内部精神世界，力求做到人、文统一，促成小学生的表达期望与表达结果的统一。

① 刘锡庆：《作文“个性化”之我见》，载《中学语文教学参考》，2005（5）。

从显性目标和结果看，改的是语言和文章形式。从隐性的又是根本性的目标和结果看，改的是思想。正如早在 1946 年叶老所指出的：“修改文章不是什么雕虫小技，其实就是修改思想。”而相关的心理学研究也表明，一味倾向于修改文章表面的特征而不是做出意义上的改变，这些对提高文章的质量几乎没有什么作用。如果我们认为“修改＝语言加工”，我们就会将字词段篇、语法修辞等作为写作修改的全部，这也许并不错误，但却肤浅。叶老说过：“改动者固为语言文字，推其根源，则思想认识有异于初时之故也。”也就是说，正是由于写作者情感与思想体认上的变化才使文章语言不得不变，否则将词不达意。“改不是改文字，实际是重新思考，重新组织，使原来的意思更加完善些。”事实上，许多写作者正是在修改过程中常常重新认识到了他们试图表达的内容。

语言是生命的表现，而非客观的语言符号本身。条理的清楚源于清晰的思维，文章的具体来自丰富的情感体验。小学阶段对写作修改的内容要求决不能仅仅停留在只关注语言技术层面上，而应深入主体的情绪、动机、经验与思想的内部，要充分关注小学生的表达期望、表达环境与情感认知水平。因此，在语言技术层面之外，对小学阶段的“习作”修改过程，我认为还应关注如下一些方面的要求。例如，要求学生学会辨析文章意图，能够自己发现“意图文章”（意想中的文章）与“实际文章”（已写成的文字文章）之间的不一致，并根据意图进行修改；要求小学生学会能够从读者的角度，即所期望的对读者产生的影响与实际效果是否达到的角度，进行修改；要求小学生学会在修改过程中对自己想要表达的思想、情感有自觉的意识并能做进一步的反省，并学会反思自己要表达的观点或情感是否清晰而明确；学会在文章修改过程中不断建立对读者负责的写作态度；等等。①

在标点符号的使用上，要求学生能够根据表达需要正确使用常用的标点，这是对前两个学段标点符号使用要求的合并与提升。

在习作量的规定上，第三学段延续第二学段的要求，依然是每学期要达到 16 次左右。值得关注的是，第三学段开始对习作速度提出了要求。

二、教材框架

第三学段的教材中有关习作的内容与第二学段一样，主要分为两部分：单元中的“习作”板块和每册书中的习作单元，下面分别进行介绍和分析。

（一）“习作”板块

第三学段的“习作”板块，在文体安排上紧扣课程标准，可以分为记实作文、想象作文、常见应用文三类，具体见表 6-8。

① 孙建龙：《作文修改改什么》，载《小学教学研究》，2005（12），有改动。

表6-8 第三学段教材中的“习作”板块

记实作文	想象作文	常见应用文	其他
1. 五年级上册第一单元：我的心爱之物 2. 五年级上册第二单元：“漫画”老师 3. 五年级上册第五单元：介绍一种事物 4. 五年级上册第七单元：_____即景 5. 五年级上册第八单元：推荐一本书 6. 五年级下册第一单元：那一刻，我长大了 7. 五年级下册第四单元：他_____了 8. 五年级下册第五单元：形形色色的人 9. 五年级下册第七单元：中国的世界文化遗产 10. 五年级下册第八单元：漫画的启示 11. 六年级上册第二单元：多彩的活动 12. 六年级上册第三单元：_____让生活更美好 13. 六年级上册第五单元：围绕中心意思写 14. 六年级上册第七单元：我的拿手好戏 15. 六年级上册第八单元：有你，真好 16. 六年级下册第一单元：家乡的风俗 17. 六年级下册第三单元：让真情自然流露	1. 五年级上册第四单元：二十年后的家乡 2. 五年级下册第六单元：神奇的探险之旅 3. 六年级上册第一单元：变形记 4. 六年级上册第四单元：笔尖流出的故事 5. 六年级下册第五单元：插上科学的翅膀飞	1. 五年级上册第六单元：我想对您说 2. 五年级下册第二单元：写读后感 3. 六年级上册第六单元：学写倡议书	1. 五年级上册第三单元：缩写故事 2. 六年级下册第二单元：写作品梗概

在第三学段教材中，有27个“习作”板块，其中可以按照三种文体归类的，共有25个。从三种文体的分布情况来看，首先是记实作文，共出现17次，所占的比重最大；其次是想象作文，共出现5次；最后是常见应用文，共出现3次。由此可见，第三学段的重中之重仍在于记实作文的训练。想象作文在第三学段中居于第二的位置，这与《义务教育语文课程标准（2022年版）》在第三学段中对“想象作文”写作提出的要求紧密相关，意在培养或者保护学生的想象力。常见应用文的写作依然紧扣第三学段的习作目标要求，内容上包括信件、读后感和倡议书。

除上述三种文体以外，第三学段的“习作”板块中还出现了“缩写故事”和“写作品梗概”两个主题，分别位于五年级上册和六年级下册。这与课程标准对第三学段提出的“阅读叙事性作品，了解事件梗概”这一要求相联系。与阅读部分的要求相比更进一步的是，在“习作”板块中，学生要把事件梗概以书面语的形式写出来。

再看“习作”板块中的具体提示。在记实作文的板块中，教材提示的重点直指内容充实、记述清晰。如在五年级上册第二单元的习作“‘漫画’老师”中，教材给出这样的提示：“先想想你的老师在外貌、性格、喜好等方面有什么突出的特点，再选择一两件能突出其特点的事情来写。”在想象作文的“习作”板块中，教材的重点指向“大胆想象”。如在六年级上册第一单元的习作“变形记”中，教材给出这样的提示：“发挥想象，把你‘变形’后的经历写下来，注意把重点部分写详细一些。”

对于常见应用文的写作，教材重点从以下三个方面进行了提示：明确写作对象、明确写作内容、明确文体功能。例如，在六年级上册第六单元习作“学写倡议书”中，教材以旁注的形式向学生展示了一篇标准的倡议书所应包含的内容，并借助《“节约用水”倡议书》表明了倡议书的功能。此外，针对“交换学习”和“习作修改”，教材在每个“习作”板块后面也都给出了明确要求，鼓励学生互评、修改。

（二）习作单元

第三学段四个习作单元中的习作安排，都属于写作技能训练，具体内容如表 6-9 所示。

表 6-9 第三学段教材中的习作单元

册次	语文要素及习作主题	提示要点
五年级上册	第五单元的语文要素： 阅读简单的说明性文章，了解基本的说明方法 搜集资料，用恰当的说明方法，把某一种事物介绍清楚 习作主题：介绍一种事物	细致观察 搜集相关资料 写清楚事物的主要特点 试着用上恰当的说明方法 可以分段介绍事物的不同方面
五年级下册	第五单元的语文要素： 学习描写人物的基本方法 初步运用描写人物的基本方法，具体地表现一个人的特点 习作主题：形形色色的人	用典型的事例表现某人的特点 学习描写人物的方法 把人物的特点写具体
六年级上册	第五单元的语文要素： 体会文章是怎样围绕中心意思来写的 从不同方面或选取不同事例，表达中心意思 习作主题：围绕中心意思写（选题方向是汉字的文化内涵）	围绕中心意思，从不同方面或选择不同事例来写 写前列提纲
六年级下册	第三单元的语文要素： 体会文章是怎样表达情感的 选择合适的内容写出真情实感 习作主题：让真情自然流露	叙事清晰 把真情实感自然地表达出来 把情感的变化也写清楚

对于习作技能的训练，五年级的侧重点在于搜集资料、介绍清楚。具体表现在教材提示中，就是指导学生观察要细致、搜集资料要讲求方法，在写一个人或一种事物时，要抓住其主要特点或典型特征，注意在行文安排上段落清晰，段落之间的衔接要合理。

六年级的侧重点在于“立意”。立意是写作活动的灵魂性环节。一篇文章写出来，如果想让它有价值，就必须立意明确。对此，教材提示学生，写习作要注意围绕一个中心去写，要学会列提纲，以此来保证行文内容是紧扣文章立意的。另外，要想让自己的立意能够凸显出来、打动读者，就要让真情自然流露。这就要求学生在写习作时，叙事要有技巧，在行文过程中注意凸显情感的变化，在语词的选择上要恰到好处，使情感表达出来是真实可信的。

拓展阅读

立意与材料

“意”是我国古代文论中使用的一个术语，与今天我们所说的“主题”和“主题思想”大体相当。它是作者的见解、观点和写作意图在文章中的体现。

材料是文章的血肉，立意是文章的灵魂，它们是文章最重要的部分，所谓文章内容，主要指这两方面。应了解材料是写进文章中的事物或事理，它与素材和题材有区别。在文章中，材料与立意的关系十分密切，材料是形成立意的基础，而立意对材料又起统率作用。写作首先要充分占有材料，在选用材料时，要从严，进入文章中的材料应该真实、典型、新颖。应该根据主题需要选择材料，从事物的纵横联系上发掘材料。从根本上说，写文章就是为了表意，意在文章中起着主导作用。因此，写作之前应该想好要表达的主题，做到意在笔先。好的文章的共同特点，就是都有高远而深刻的立意。在立意上应注意提炼，要做到简约、深刻、新颖。[①]

通过对教材的框架整理不难看出，第三学段将学生的阅读活动和习作活动联系得更加紧密，二者高度融合，如阅读简单的说明性文章、学习描写人物的基本方法、体会文章是怎样围绕中心意思来写的、体会文章是怎样表达情感的等，学生只有在真正阅读和理解文章的基础上才能根据提示进行写作，可见阅读为写作提供了方法上的指导，真正体现了以读促写这种方式的作用。教材让学生从阅读中找到写作方法，体现了读写的整体性，不仅注重学生的习得，还关注知识迁移和输出的过程。

三、教材研读

我们以第二学段的教材中的一个习作单元为例进行了教材研读；在此，我们再以六年级上册第二单元的“习作”板块为例进行第三学段的教材研读。

六年级上册第二单元的“习作”板块的标题为“多彩的活动”，该板块主要由五部分构成：板块名称、标题、内容提示、插图、操作提示（见图6-9）。其中，板块名称和标题是显而易见的，具有分析价值的主要是以下三点。

习 作

多彩的活动

“祖国在我心中”朗诵会、学校运动会、“六一”儿童节演出，植树、端午节看赛龙舟、看望孤寡老人……这些校内外活动，你参加过哪些？

选一次活动写下来，和同学分享你的经历。

◇ 写清楚活动过程，把印象深刻的部分作为重点来写。

◇ 写活动的场面时，既要关注整个场景，也要注意同学的表现，写一写他们的动作、语言、神态。

◇ 把活动中的体会写下来。

写完后读给同学听，根据他们的建议，用修改符号修改自己的习作。

图6-9 六年级上册第二单元中的“习作”

① 杨广敏：《写作》，67、83页，济南，山东大学出版社，2000。

首先是内容提示。在示例中，内容提示里给出的是学生可能会写的对象，即习作素材。它的作用在于提示学生可以把这些当作对象。内容提示往往比较具体，如图 6-9 的示例：“‘祖国在我心中’朗诵会”“学校运动会”“‘六一’儿童节演出”“植树”等，都是具体的活动。为了不限制学生的思维，教材在给出的具体活动后面加上了省略号，以引导学生想一想还有什么活动可以写。此外，在提示的结尾特意强调“校内外活动”，提醒学生不要单从校内活动出发，要打开思路，搜索自己的生活素材库。

其次是插图。谈到以“活动”为习作内容，重头戏就是场面描写。场面描写，用简单的话讲，就是将脑海中的一个场景描写出来，重点在于详略得当，也就是第二单元的单元导语中所提到的“点面结合”。仔细观察示例中的三幅插图，就会发现，每张图上都有重点：拔河图中的重点是学生的表情和绷直的绳子，唱戏图中的重点是中间的主角，慰问老人图中的重点是给老人擦嘴的小女孩。显然，插图的作用就在于让学生在观察画面的同时构思自己在落笔时如何安排行文。

最后是操作提示。示例中的操作提示主要是行文结构方面的指导，意在向学生传授一种最普遍的场面描写方式，这种方式的重点在于点面结合，也就是“写清楚活动过程，把印象深刻的部分作为重点来写”和“既要关注整个场景，也要注意同学的表现，写一写他们的动作、语言、神态”。为了保证习作的完整性，作为活动的参与者，学生还应该“把活动中的体会写下来”。这样，学生如果按照教材中的指导进行，就会得到一篇“总分总”结构的习作练习成品：总——写清楚过程，分——写印象深刻的部分和细节，总——写活动体会。

探究与思考

1. 整体把握第二、第三两个学段的习作目标与内容，分析两个学段的习作活动在目标和内容上的区别与联系，并进一步思考学生的习作活动与作家的创作活动之间有哪些区别。

2. 找出第三学段教材的课后题和“语文园地”中与写作相关的内容，结合《义务教育语文课程标准（2022 年版）》的要求，分析它们的作用。

3. 从 9～12 册教材中自选一个“习作”板块或习作单元，先对教材内容进行分析，再在这个基础上说说自己的教学设计思路，与同伴交流。

第七章

“表达与交流”的课程理解与教材分析（下）：口语交际

【知识地图】

- “表达与交流”的课程理解与教材分析（下）：口语交际
  - 第一学段“口语交际”的课程理解与教材分析
    - 课程理解
    - 教材框架
    - 教材研读
  - 第二学段“口语交际”的课程理解与教材分析
    - 课程理解
    - 教材框架
    - 教材研读
  - 第三学段“口语交际”的课程理解与教材分析
    - 课程理解
    - 教材框架
    - 教材研读
    - 教材主线

【学习目标】

◆ 了解“口语交际”课程的突出特点及基本内容。

◆ 理解小学不同学段“口语交际”课程的目标，形成对口语交际教学的纵向认识。

◆ 掌握统编版小学语文教材中“口语交际”板块的编排体例和具体内容。

◆ 运用口语交际学的相关知识分析教材，从中选择适宜的教学内容。

第一节 第一学段“口语交际”的课程理解与教材分析

一、课程理解

（一）相关概念的理解与课程特点的认识

1. 口语交际

“口语”即口头语言，指以口头形式开展交际的语言。“交际”是往来应酬之意，即人与人之间的交往互动。“口语交际”即口头语言交际，“指的是人们运用有声语言传递信息、交流思想、表达感情的过程”①。《义务教育语文课程标准（2022年版）》在“总目标”部分对口语交际的相关描述如下：“学会倾听与表达，初步学会用口头语言文明地进行人际沟通和社会交往。”②

2. 听说能力与口语交际能力③

听说能力是借助口头语言接受信息和表达信息的能力，而口语交际能力是语言知识和交际技能的结合。学生不仅要注意听说的品质，还要注意交流要恰当、得体、机敏。口语交际能力与听说能力相比，更具有动态性、复合性、临场性和简散性。

动态性：口语交际不仅包括单向表述，也包括双向交流。在单项表述时，学生需要考虑如何组织词句、言之有理，同时还要注意根据听话人的反应及时调整话题。话题要在双向交流中，在双方的配合下被逐步推进。

复合性：第一，对于学生个体来说，在交际过程中是发话者，同时也极可能是受话者；第二，对于语言行为来说，完成口语交际必须有多种系统参与，如思维、语言、情感、态势、语境等，各种系统互相配合、协调一致才能完成交际任务。

临场性：口语交际活动都是面对特定的对象，在特定的语言环境中进行的。因此，在交际时必须注意以下两点：第一，要根据具体语境进行语言交流，说话看人、地、时，合乎分寸；第二，在交流过程中，要根据不同的反馈信息进一步灵活采用各种交际策略，如解释、重复、停顿、猜测、转换话题等。

简散性：因受时空限制，交际者来不及组织结构复杂的长句；在特定的情境中，交际双方可以依赖体态、表情、语境等因素会意，不必多费口舌。

显然，听说能力与口语交际能力二者的区别是明显的。口语交际能力，不仅要有语言本身的表达能力，更要有在交际过程中的语用能力，即知道什么时候该说话或不该说话，知道在什么时候、什么地方、以什么样的方式对什么人讲些什么话，这种能力就是口语交际能力。④

---

① 吴立岗：《小学语文教学研究》，263页，北京，中央广播电视大学出版社，2004。
② 中华人民共和国教育部：《义务教育语文课程标准（2022年版）》，6页，北京，北京师范大学出版社，2022。
③ 董蓓菲：《语文教育心理学》，158～160页，上海，上海教育出版社，2006。
④ ［美］戴尔·家海姆斯：《论交际能力》，见祝畹瑾：《社会语言学译文集》，58页，北京，北京大学出版社，1985。

3. 日常口语与进入教学的“口语交际”课程[1]

我们在日常生活中使用口语进行交际都是为了实现某种具体的意图，如聊天、购物、面试、谈判等。进入教学的口语交际所担负的任务与日常口语不同，一般而言，应实现如下任务：帮助学生掌握和理解各类口语交际过程；引导学生养成在交际前思考自己要说的内容和形式的习惯；引导学生学会相互尊重以及在交流过程中相互理解；尽可能多地让学生熟悉各类社交场合和相关礼仪，如不同社交活动的程序和要求，以及在特定场合中哪些话是应该说的、可以说的和不能说的；使所有学生通过课程获得机会和资源以发展口语交际能力等。

显然，尽管口语交际的教学有着不容置疑的现实针对性，但是，并不是说可以把日常口语原封不动地搬到课堂中来，进入教学的口语交际应该是有教学意义的。

4. 口语交际能力

关于口语交际能力的构成，王志凯、王荣生在《口语交际教例剖析与教案研制》一书中，分别从语用学和心理学角度进行了阐述。[2] 从语用学角度来说，口语交际能力涉及语用策略、口语交际规则的运用以及对语境的判断、适应、利用和改造能力；从心理学角度来说，口语交际能力由口语表达能力与口语领会能力构成。

徐冰鸥、朱晓民把口语交际能力分为两个层次，即核心能力层和实现能力层。[3] 核心能力层是指思维能力，实现能力层包含口语能力和交际能力。口语能力指发音能力、表达能力、倾听能力等；交际能力包括识别语境能力、应对能力、策略运用能力、体态语的运用与理解能力等。

李明洁认为口语交际能力的核心是人们在口语交际中的元认知监控能力，他将口语交际能力分为倾听、记忆、表达和应对四大类能力。[4]

《义务教育语文课程标准（2022 年版）》将在“总目标”中指出的关于口语交际的内容进一步序列化、系统化地落实到了“表达与交流”的学段要求中。教材文本也正是从倾听、表达、交流、态度和习惯等方面提供了口语交际课程的基本内容。

（二）第一学段“口语交际”课程的学段要求

下面先对有关口语交际的几个关键概念做简要解释。

倾听，即细听，认真地听。在口语交际过程中，话语接收者需要仔细听话语发出者的语言，从中获取有用的信息。

表达，即把思想情感表示出来。口语交际的表达则是指话语发出者运用口头语言的形式将某种特定的交际意图准确地传递出去。

交流，是指话语双方利用口语相互传播、交换信息的过程。这一过程不仅包括倾听和表达的输入与输出，还包括对输入信息的处理。

---

① 倪文锦、谢锡金：《新编语文课程与教学论》，185～188 页，上海，华东师范大学出版社，2006。
② 王志凯、王荣生：《口语交际教例剖析与教案研制》，15～24 页，南宁，广西教育出版社，2004。
③ 徐冰鸥、朱晓民：《口语交际能力的构成及特征》，载《语文建设》，2006（9）。
④ 李明洁：《口语交际课程要教什么》，载《语文教学通讯·初中刊》，2005（9）。

态度和习惯，指为保证交际的顺利进行，还要注意交际过程中的礼仪，如礼貌大方、认真倾听、文明得体等。

按上述几个方面我们将《义务教育语文课程标准（2022年版）》第一学段中关于口语交际的学段要求整理成表7-1。①

表7-1 第一学段“口语交际”课程的学段要求

倾听	表达	交流	态度和习惯
能认真听他人讲话，努力了解讲话的主要内容	听故事、看影视作品，能复述大意和自己感兴趣的情节 能较完整地讲述小故事 能简要讲述自己感兴趣的见闻	积极参加讨论，敢于发表自己的意见	学说普通话，逐步养成说普通话的习惯，有表达交流的自信心 与他人交谈，态度自然大方，有礼貌

从数量上来看，倾听、交流方面各有1条要求，表达方面有3条要求，态度和习惯方面有2条要求。从目标程度来看，多使用“努力”“能”等表示一般水平的字词，重点是激发学习兴趣和参与热情。下面做具体分析。

1. 倾听

第一学段对倾听的要求是“能认真听他人讲话，努力了解讲话的主要内容”，要求并不高。这是由于提炼信息需要话语接收者在听的过程中对所接收到的信息进行处理，属于思维层面的话语理解，这对第一学段的学生而言具有较大难度。因此，使用“努力”这种表示一般水平的词语，旨在重点培养学生听的意识和习惯，让学生感受这种思维过程。

2. 表达

这一学段提出了表达的两种形式——复述和讲述。“复述”即用自己的话把所得信息表述出来。这一学段的学生能够提炼、归纳所给的材料，对大意和情节进行复述即可，对材料的完整性不做要求。“讲述”即叙述、述说，在表达过程中注重对基本元素的完整呈现和对具体细节的详尽描述。这一学段的学生能够完整地讲述小故事、简要地讲述自己感兴趣的见闻即可。

在进行复述和讲述的训练时，本学段以小故事、感兴趣的见闻以及影视材料为主。这充分考虑到了低年级学生思维发展的特点。贴近生活的见闻、情节生动的故事以及能够调动多种感官的影视作品更容易被学生理解和喜爱，以此作为训练的材料能够更好地吸引学生的注意力，调动学生的积极性，使学生产生进行口语交际的愿望。

另外需注意的是，这两项表达能力目标的表述均为“能”而非“学”。根据《幼儿园教育指导纲要（试行）》在语言方面的目标及内容的表述，学前教育阶段已对儿童进行了语言表达能力的训练，到了小学阶段，小学生一般已具备一定的表达能力。所以，第一学段的表达训练主要基于已有能力在难度上做进一步提升。

3. 交流

交流主要以讨论为主，教师应鼓励学生积极参与并勇敢交流。讨论是两个或两个以上的人

① 中华人民共和国教育部：《义务教育语文课程标准（2022年版）》，8页，北京，北京师范大学出版社，2022。

就某个问题交换意见或进行研讨的一种活动。[①] 学生在进行讨论时，要有良好的交际习惯和快速反应能力。在这一学段，《义务教育语文课程标准（2022 年版）》只提出了“积极参加讨论”“敢于发表自己的意见”等要求，未从具体的交流技能方面提出更高的要求。这是因为讨论对学生的能力要求较高，第一学段的学生还不具备相关能力。教师应帮助学生树立交流的参与意识，培养学生参与交际的热情和自信，为之后的交际练习奠定态度和习惯方面的基础，这更为重要。

4. 态度和习惯

《义务教育语文课程标准（2022 年版）》主要是从以下两个方面对态度和习惯提出要求的：第一，语言使用方面的要求，让学生学习使用普通话，这是“口语交际”课程的最基本要求，学生在养成讲普通话的习惯的过程中，会产生热爱祖国语言文字的情感；第二，对交际过程中的态度的要求，如交谈要大方有礼、倾听要认真、表达要自信等。第一学段的学生处于意识形成期和习惯养成期，良好的态度和习惯有利于交际的顺利进行，有利于他们快速融入新的集体环境，也为未来的社会交往打下基础。

总体来看，第一学段对口语交际能力的要求不高，重点在于培养学生良好的口语交际习惯，树立正确的口语交际态度，鼓励学生积极地参与口语交际活动。

二、教材框架

（一）教材内容的总体情况

教材中的“口语交际”是与“语文园地”“习作”等板块平行的独立板块，通常位于各单元的课文之后、“习作”板块之前。总体来看，“口语交际”课程为独立、完整的体系，系统性强。一般每册书设置 4 个“口语交际”板块，六年级上册设置了 3 个，共 47 个板块，涉及不同的交际主题，呈梯度分布，有利于学生口语交际能力的提升。

第一学段的语文教材共有 16 个口语交际板块，我们对教材文本中的标题和小标签进行了提取和梳理，总结出了第一学段语文教材中“口语交际”板块的主要内容及目标维度（见表 7-2）。

表 7-2　第一学段“口语交际”板块的主要内容及目标维度

册次	单元	标题	小标签	目标维度
一年级上册	第一单元	我说你做	1. 大声说，让别人听得见	态度和习惯
			2. 注意听别人说话	态度和习惯
	第四单元	我们做朋友	说话的时候，看着对方的眼睛	态度和习惯
	第六单元	用多大的声音	1. 有时候要大声说话	态度和习惯
			2. 有时候要小声说话	态度和习惯
	第八单元	小兔运南瓜	大胆说出自己的想法	态度和习惯

① 王志凯、王荣生：《口语交际教例剖析与教案研制》，159 页，南宁，广西教育出版社，2004。

续表

册次	单元	标题	小标签	目标维度
一年级下册	第一单元	听故事，讲故事	1. 听故事的时候，可以借助图画记住故事内容	倾听
			2. 讲故事的时候，声音要大一些，让别人听清楚	态度和习惯
	第三单元	请你帮个忙	礼貌用语：请，请问，您，您好，谢谢，不客气	态度和习惯
	第五单元	打电话	1. 给别人打电话时，要先说自己是谁	表达
			2. 没听清时，可以请对方重复	倾听
	第七单元	一起做游戏	一边说，一边做动作，这样别人更容易明白	表达
二年级上册	第一单元	有趣的动物	1. 吐字要清楚	表达
			2. 有不明白的地方，要有礼貌地提问	态度和习惯、交流
	第三单元	做手工	1. 按照顺序说	表达
			2. 注意听，记住主要信息	倾听
	第五单元	商量	1. 要用商量的语气	表达
			2. 把自己的想法说清楚	表达
	第六单元	看图讲故事	1. 按顺序讲清楚图意	表达
			2. 认真听，知道别人讲的是哪幅图的内容	表达
二年级下册	第一单元	注意说话的语气	1. 说话的语气不要太生硬	表达
			2. 避免使用命令的语气	态度和习惯、表达
	第三单元	长大以后做什么	1. 清楚地表达想法，简单说明理由	表达
			2. 对感兴趣的内容多问一问	态度和习惯、交流
	第五单元	图书借阅公约	1. 主动发表意见	交流
			2. 一个人说完，另一个人再说	态度和习惯
	第八单元	推荐一部动画片	1. 注意说话的速度，让别人听清楚	表达
			2. 认真听，了解别人讲的内容	倾听

表 7–2 从语境和目标两个方面呈现了第一学段的教材中口语交际的基本内容，并按倾听、表达、交流、态度和习惯四个目标维度对小标签中的内容进行了分类。

（二）基本特点

1. 营造贴近学生生活的交际语境

第一学段的口语交际活动以学生——“我”为活动的中心，从学生身边的常见事件和话题出发，均与贴近学生生活经验的小事有关，凸显了交际的实用性。例如，一年级上册设计了以“我说你做”和“我们做朋友”为主题的口语交际活动，选取低学段学生最常见的游戏和交朋友场景展开练习。这主要是考虑到了一年级学生的实际需要，他们刚步入小学，急需适应新的学习和生活环境，在班级中找到新朋友。以游戏作为交际活动的载体，是因为游戏是学生最喜爱的活动形式，在课上进行游戏能够激发他们的兴趣，在真实的活动当中锻炼学生的口语交际的能力。

2. 侧重培养学生良好的口语交际态度和习惯

通过分析表 7–2 的目标维度，我们发现一年级的教材对口语交际的“态度和习惯”要求较多，提出“看着对方眼睛”“声音要大一些，让别人听清楚”等具体的交际要求，强调学生要养成交际习惯，同时鼓励学生大胆说，激发学生的自信心。二年级的教材中的八个活动对“态度和习惯”的要求与一年级相比有所减少，但仍围绕交际态度展开，逐步增强对交际能力的要求。由此可见，在口语交际能力方面，第一学段着重培养学生的交际态度和习惯，对倾听、表达和交流的能力要求不高。

3. 注重培养学生听的方法和习惯

教材为学生提供了听的技巧，如借助图画、听记主要内容等。可以看出，第一学段对听的结果要求不高，能达到对所听到的信息尽力了解的要求即可，更多的是培养学生听的意识和教授听的方法，培养学生认真听的习惯。

4. 注重培养基本的口语表达技能

第一学段将敢于发表观点的表达自信作为重要的培养任务，同时关注对最基本的口语表达技能的指导和训练。教材中提到了语气、语速、吐字、发音等，恰当使用上述知识能够使表达更具感染力。吐字发音清楚、准确能够吸引对方的注意力，促进交流的正常进行；语气、语速合理且有变化可增强话语的表达效果，维持对方的注意力。这些都是学生应掌握的最基本的口语表达技能。

5. 鼓励学生积极主动地参与交流

第一学段的口语交际活动对学生交流能力的要求较少，着重培养学生的参与意识，凸显重在参与的特点。如二年级上册的第一单元和下册的第三单元提出：对于感兴趣的内容，要敢于并有礼貌地提问，鼓励学生主动参与到感兴趣的话题讨论中，将自己的观点与他人分享。

三、教材研读

（一）教材呈现

下面以统编版小学语文教材一年级下册第七单元“口语交际”板块“一起做游戏”为例展开研读（见图 7-1）。

图 7-1 一年级下册第七单元中的“口语交际”

教材中的“口语交际”板块由课题、文字表述、插图和小标签四部分构成。根据标题“一起做游戏”可知，这一单元的口语交际的话题是邀请他人做游戏，意在让学生在游戏中进行交流，学习相关的知识与技能。

（二）教材研读及分析

1. 创设真实的、生活化的情景语境

情景语境是语用学中的概念，是指语言行为发生时的具体语境，主要包括时间、地点、场合、话题和交际参与者。

教材主要在标题和插图中为口语交际教学提供了真实的情景语境。标题简洁明了地提出了交际话题。插图描绘了具体的教室游戏场景：一个女生站在黑板前，她被眼罩蒙住了眼睛，在身后男生的指挥下尝试将手中的“鼻子”贴纸准确地贴在指定位置。他们后边还有两个女生，扎两条辫子的女生正在邀请另一个女生加入他们的游戏队伍，一起做游戏，但另一个女生显得很犹豫和胆怯，因为她不知道游戏规则。这个场景清晰地交代了口语交际活动的情景语境：地点在教室，时间可能是一堂活动课或者是一个课间，交际参与者是班里的同学。

“一起做游戏”这个活动符合第一学段学生的特点。教材以同班同学为交际对象，以学生熟悉的班级环境为交际语境，采用学生最喜爱的游戏形式引导学生进行口语交际，凸显了语境的生活性、真实性。

2. 提供适宜的训练内容

教材在文字表述部分（包括插图中的文字）明确提出学生需要练习的内容是“邀请”。插图中的对话告诉师生，这个口语交际活动涉及三方面内容：第一，邀请同学加入游戏；第二，向同学介绍游戏规则；第三，正式做游戏，即一人发出指令，另一人根据接收的指令完成动作。

3. 明确教学目标

教材利用了插图、小标签等形式，帮助师生明确了口语交际训练应当达成的目标。

插图中的对话为学生做了正确的交际示范：首先，做出游戏邀请；其次，针对不会游戏的回答表示没关系，继续邀请对方加入游戏；最后，为对方讲解规则，尽力打消对方的顾虑。双方的回答均符合合作原则中的关系准则，即话语之间具有关联性。这是本活动的第一个学习目标。

知识链接：
话轮

教材中的小标签，既是教师进行教学指导的依据，又是对学生练习口语交际的提示。“一起做游戏”这一活动中的小标签提示学生：“一边说，一边做动作，这样别人更容易明白。”这是对表达能力的要求，强调要在表达过程中使用态势语。这是本活动的第二个学习目标，学生需要在口语交际活动中练习运用恰当的态势语辅助口语表达，以达到更好的交际效果。

拓展阅读

体态语

人们在直面交际中的手势、身势、眼神、面部表情以及本体、客体的空间位置关系，称为体态语。

作为口语交际中具有功能的组成部分，体态语对语言发生着重要的影响，起着巨大的辅助作用。……（a）体态语强调语言所传输的信息，例如口头上说某人心广体胖，同时两臂下垂，在身体两侧略略张开呈弧形加以夸大；（b）体态语重复语言所传输的信息，例如口头上要求肃静时，还要手心向下频频拍动；（c）体态语增加语言信息之外的信息……

体态语有时也独立地表意传情，并不依附于语言，比如在默不作声的情况下，挤眼示意默契，努嘴指示方向……这种超脱语言的体态语，或许可能独立构成一个与语言系统并列的严密的信息传播系统。

…………

体态语交际功能和语言交际功能都是人类的本能，是人类遗传密码之中的神秘物。以体态语为主要手段的非语言系统与语言系统一道，建构了言语交际这一信息的积极交流过程。①

通过上述分析发现，教材的四个组成部分都包含相应的与口语交际相关的知识或目标。标题和插图更能体现情景语境，前者多是话题语境，后者则多是包含对象、时间、地点等内容的情景语境。文字表述着重为师生的教与学提供活动内容。小标签是口语交际目标的集中体现，为实际教学提供方向和程度上的指导。

探究与思考

1. 阅读语用学理论的相关文献，探讨将语用学理论应用于口语交际教学的必要性和可行性，以及如何在第一学段的教学中合理运用该理论。

2. 尝试总结出口语交际教学和听说教学的内涵之间的区别。

3. 选择第一学段教材中的一个口语交际活动文本，进行教材分析，并在这个基础上交流教学思路。

① 刘焕辉：《言语交际学基本原理》，548～550页，南昌，江西教育出版社，1997。

第二节　第二学段“口语交际”的课程理解与教材分析

一、课程理解

（一）第二学段“口语交际”课程的学段要求

根据《义务教育语文课程标准（2022 年版）》，第二学段对口语交际的学段要求转向更注重训练学生的口语交际技能和策略，且要求有所提高。表 7-3 是对《义务教育语文课程标准（2022 年版）》中第二学段“口语交际”课程的学段要求的梳理。[①]

表 7-3　第二学段“口语交际”课程的学段要求

倾听	表达	交流	态度和习惯
学会认真倾听，听人说话时能把握主要内容	能简要转述 能清楚明白地讲述见闻，说出自己的感受和想法 讲述故事力求具体生动	能就不理解的地方向人请教，就不同的意见与人商讨 根据不同的场合，尝试运用合适的音量和语气与他人交流	能用普通话交谈 有礼貌地请教、回应 能主动参与日常生活中的文化活动

从数量上来看，对表达、态度和习惯的要求最多，共有 3 条；其次是交流，共有 2 条；对倾听方面的要求有 1 条。

从内容上来看，第二学段继续培养学生口语交际的能力——倾听、表达；同时，提高了在真实语境中交流的要求，如“就不同的意见与人商讨”“根据不同的场合，尝试运用合适的音量和语气与他人交流”等；对交际时的态度、习惯也提出了更高的要求。

（二）具体分析

1. 倾听

第二学段第一次使用了“倾听”一词。听与倾听的要求不同，倾听更强调“听”这一行为的心理投入，通过感知理解来获取声音背后的意义。在倾听能力上，从第一学段的“努力了解讲话的主要内容”到第二学段的“听人说话时能把握主要内容”，从“努力了解”到“能把握”，要求提高了，程度加强了。

知识链接：
倾听

2. 表达

知识链接：
复述、讲述、转述

表达方面主要强调了讲述和转述两种形式。就讲述而言，第二学段中讲述的内容仍然是见闻和故事两种，但难度有所提高。讲述见闻时要求“清楚明白”且说出“感受和想法”。讲述故事时要求在保证完整的前提下尽力做到“具体生动”，这对学生使用的语气、音量、语调、表情、动作等提出了更高的要求。相比第一学段的“简要讲述”难度更大，且提出了明确的表达内容与要求。在讲述活动中，学生需

① 中华人民共和国教育部：《义务教育语文课程标准（2022 年版）》，10 页，北京，北京师范大学出版社，2022。

要对事件进行更深层的思维加工，从而产生自己的想法并将其表达出来。可见，第二学段的“口语交际”课程对学生的主观认识有所关注，强调表达过程中内在思想的输出过程。

就转述而言，由复述变为转述，要求呈阶段性上升。转述是将一人的话说给另一人听，其中涉及了人称转换等口语交际技能。由于其第一次出现在口语交际要求中，因此教材只要求做简要转述。

3. 交流

知识链接：
讨论、请教、商讨

第一学段重在培养学生与他人沟通的积极性，第二学段则重点培养学生的交流能力，变化较大。从形式上来看，第一学段要求“讨论”，到第二学段则要求“请教”和“商讨”。“请教”即请求人指教，其中包含了请教的礼貌态度和指示语的使用等内容。“商讨”即商量讨论，这是对第一学段的“积极参与讨论”的进一步要求。《义务教育语文课程标准（2022 年版）》特别强调了语用情境，即“根据不同的场合”。与第一学段相比，在培养学生积极、自信态度的基础上，第二学段更着重锻炼学生在真实情境中的交流能力。

4. 态度和习惯

第二学段特别强调学生要能主动参与日常生活中的文化活动，从而发展自己的口语交际能力，这是从交际态度方面提出的具体要求。

二、教材框架

（一）教材内容的总体情况

第二学段的教材中的“口语交际”板块的特点是：第一，情境内容与学生的生活密切关联，但不局限于身边的小事；第二，在注重口语交际态度和习惯养成的同时，更加关注口语交际能力的形成以及方法与策略的指导。第二学段的教材共有 16 个“口语交际”板块，表 7-4 对教材中标题和小标签进行了梳理，呈现了第二学段“口语交际”板块的主要内容及目标维度。

表 7-4 第二学段“口语交际”板块的主要内容及目标维度

册次	单元	标题	小标签	目标维度
三年级上册	第一单元	我的暑假生活	1. 选择别人可能感兴趣的内容讲	态度和习惯
			2. 借助图片或实物讲	表达
	第四单元	名字里的故事	1. 把了解到的信息讲清楚	表达
			2. 听别人讲话的时候，要礼貌地回应	态度和习惯
	第七单元	身边的“小事”	1. 清楚地表达自己的看法	表达
			2. 汇总小组意见时，尽可能反映每个人的想法	表达
	第八单元	请教	1. 有礼貌地向别人请教	态度和习惯
			2. 不清楚的地方及时追问	倾听

续表

册次	单元	标题	小标签	目标维度
三年级下册	第一单元	春游去哪儿玩	1. 说清楚想法和理由	表达
			2. 耐心听别人讲完，尽量不打断别人的话	态度和习惯
	第二单元	该不该实行班干部轮流制	1. 一边听一边思考，想想别人讲的是否有道理	倾听
			2. 尊重不同的想法	态度和习惯
	第七单元	劝告	1. 注意说话的语气，不要用指责的口吻	表达
			2. 多从别人的角度着想，这样别人更容易接受	态度和习惯
	第八单元	趣味故事会	1. 运用合适的方法，把故事讲得更吸引人	表达
			2. 认真听别人讲故事，记住主要内容	倾听
四年级上册	第一单元	我们与环境	1. 围绕话题发表看法，不跑题	倾听
			2. 判断别人的发言是否与话题相关	表达
	第三单元	爱护眼睛，保护视力	1. 小组讨论时，注意说话的音量，避免干扰其他小组	态度和习惯
			2. 不重复别人说过的话。如果想法接近，可以先表示认同，再继续补充	交流
	第六单元	安慰	1. 选择合适的方式进行安慰	交流
			2. 借助语调、手势等恰当地表达自己的情感	表达
	第八单元	讲历史人物故事	1. 用卡片提示讲述内容	表达
			2. 使用恰当的语气和肢体语言，可以让讲述更生动	表达
四年级下册	第一单元	转述	1. 弄清要点，转述时不要遗漏主要信息	表达
			2. 注意人称的转换	表达
	第二单元	说新闻	1. 准确传达信息	表达
			2. 清楚、连贯地讲述	表达
	第六单元	朋友相处的秘诀	1. 根据讨论的目的，记录重要信息	倾听
			2. 分类整理小组意见，有条理地汇报	表达
	第七单元	自我介绍	对象和目的不同，介绍的内容有所不同	态度和习惯

（二）基本特点

1. 围绕以学生为中心的“小社会”创设语境

第二学段的口语交际活动将语境逐渐扩大至学生所处的“小社会”中，不再局限于学生自身。这一学段有不少讲故事类的活动，与第一学段相比更具生活性，都需要从实际生活中取材、整理。如“名字里的故事”“身边的‘小事’”引导学生着眼于他们所生活的学校群体和家庭群体，在活动过程中与更多的人进行交流。例如，三年级下册第二单元以学校生活的实际问题为起点，将交际语境聚焦到班干部的轮换制度上，组织学生展开讨论。这一活动设置在三年级第二学期初，恰巧是班委会的选举时间，与实际需求吻合，实践性强。围绕确定班级制度这一语境开展口语交际活动，主题性较第一学段更加鲜明，社会性有所增强。

2. 注重使学生树立“礼貌意识”

第二学段的口语交际的目标中突出“礼貌”一词，侧重对礼貌原则、对象意识的培养。与他人交流要将心比心，要求学生逐渐摆脱以自我为中心的意识，学习站在对方的立场上思考和交流。经过第一学段的训练，学生的口语交际意识和能力均得到一定提高，这时需要强调礼貌原则，在交际过程中给予对方尊重，使交际顺利、圆满地进行。

3. 强调表达能力的培养

培养表达能力是这一学段的重点目标，要求学生说清楚、说准确。一方面，教材关注到表达效果，对其程度做出明确规定。“清楚”是学段要求中的高频词语，可见在表达过程中不仅要注重完整性，还要关注到细节和准确性；另一方面，教材继续引导学生学习表达技巧，如使用体态语等，其目的仍然是帮助学生提高语言表达能力，将语言信息清楚、准确地传达出去。

4. 培养学生“学会倾听”

相比第一学段，第二学段在听的结果方面要求有所提高，应达到“学会倾听”的程度，即能够记录信息，提升语义理解能力，对所听内容做出初步判断和思考等。例如，四年级上册第一单元“我们与环境”中，提出“判断别人的发言是否与话题相关”的学习要求，实质上是对语义理解力的锻炼。经过第一学段的学习，学生能够了解大致信息；在第二学段，学生则需要进一步筛选和梳理已接收到的信息，获取主要内容，并掌握句子间的逻辑关系，以及句子与话题间的内在关系。

5. 关注“交流能力”

从主动参与交流进一步关注到具体交流能力的提高。例如，四年级上册的第六单元，重点锻炼学生在“安慰”这一具体情境中的交流能力，并引导学生“采用合适的方式”。但怎样的方式才是“合适的方式”，教材并未做进一步的详细解释和规定，具体的方式可能会涉及交际态度的，如对象意识、目的意识、角色意识等。

三、教材研读

（一）教材呈现

下面以统编版小学语文教材三年级下册第七单元的“口语交际”板块——“劝告”为例展开研读（见图 7-2）。

口语交际

劝　告

有一个同学，下课时坐在楼梯的扶手上往下滑。高年级同学看到了，劝他别这么做。

你觉得那个同学更有可能接受谁的劝告？为什么？

如果遇到下面这些情况，你会怎样劝他们？

◇ 有同学乱穿马路。

◇ 表哥喜欢玩电脑游戏，一玩就是一整天。

◎ 注意说话的语气，不要用指责的口吻。

◎ 多从别人的角度着想，这样别人更容易接受。

图 7-2　三年级下册第七单元中的“口语交际”

看到题目“劝告”后，应联想到三个问题：第一，劝告的原因，即劝告的背景；第二，劝告的对象，即需要劝告的对象以及双方是什么关系；第三，劝告的方法，即运用什么表达技巧、表达什么内容等。该板块中的四个部分对上述三个问题进行了解答。

在形式上，第二学段的教材中的“口语交际”板块有如下内容：课题侧重引出话题语境，文字表述重点列出活动的主要内容及步骤，插图形象地呈现具体化的情景语境，小标签则依旧对口语交际要求做出规定和提示。

（二）教材研读及分析

在内容上，通过以上对第一学段的教材分析，我们已经对口语交际教材文本的主要形式有了初步认知。以下内容以教材文本为例，侧重研读第二学段的教材的特征。

1. 交际情境扩大化

语境是口语交际的重要构成要素。教材关注到这一点，并结合学生的实际生活，设置了与他们关系较为紧密的交际语境。第二学段口语交际的话题主要是围绕学生的学校生活和社会生活设定的。

如“劝告”这一题目，向师生明确交代了交际活动的话题。文字表述部分的第一段则用简短的两句话交代了劝告的具体语境——时间发生在课间十分钟，地点在教学楼的楼梯口，话题是坐楼梯扶手下滑的危险行为，交际对象是一名同学。

插图承接第一段文字，展现了劝告的三种不同表达方式，合力构成完整的情景语境。此外，第三段文字也为学生营造了两种不同的语境，一个是同学在校外违反规则，另一个是表哥在家里长时间玩电脑游戏。尽管具体语境有所不同，但均是发生在学生身边的家庭群体或学校群体事件，相比第一学段的语境范围在一定程度上扩大了不少。

2. 从认知和应用层面关注学生的交际习惯

文字板块共设置了两个活动，分别在文字表述的第二、第三段做出规定。

活动一：“你觉得那个同学更有可能接受谁的劝告？为什么？”继续将活动分解，大致可以划分出三个步骤：第一，阅读三幅插图，想象例子中的劝告场景；第二，思考三个场景各会产生什么效果，经过对比分析判断哪种劝告方式最有效；第三，形成自己的认识，清楚地表述自己的判断依据。通过分析三种不同的劝告话语，学生能够在交际互动过程中逐渐形成对正确劝告方式的认识：在劝告时不仅要端正交际态度和习惯，还要注意表达方式的选择以及语言的使用。

活动二：“如果遇到下面这些情况，你会怎样劝他们？”其实质是创设情境，进行劝告练习。基于上一活动，学生已经学习到一些劝告的知识，活动二将情景语境进行了调整，以检查学生是否掌握了必要的口语交际知识，能否举一反三地解决实际问题。

3. 提出明确的交际原则

“劝告”活动主要列出两条提示，以小标签形式出现，凸显了口语交际活动所需要的理论知识。

第一，“注意说话的语气，不要用指责的口吻”。这是对表达能力中得体准则的具体要求。语气能够反映出一个人当下的态度，正确地使用语气能够促进交际的顺利进行。劝告是用语言打动对方，使对方赞同自己的观点，从而使对方改变原先的行为。指责是批评对方的过错，于改变行为无益。因此，在劝告时应格外注意语气，要以理服人。同时，这一要求也符合礼貌原则中的得体准则。指责的语气会使对方感到羞愧、难过等，有损对方的颜面。得体准则要求减少表达有损于他人的观点，礼貌对待他人。

第二，“多从别人的角度着想，这样别人更容易接受”。这是从口语交际的态度层面提出的要求，是对礼貌原则中同情准则的具体化。同情准则是指减少自己与他人在感情上的对立，尽量减少双方的反感，使双方互相同情。教材要求学生站在他人的立场上考虑问题，了解并尝试理解对方的想法，实现与交际对象共情，以适合对方的方式礼貌地与之交流。

拓展阅读

表达中的得体准则

得体准则（Tact Maxim）：减少表达有损于他人的观点。

（a）尽量让别人少吃亏；

（b）尽量让别人多受益。

例如：

（14）a. 把我的行李带走！　　　　礼貌程度低

b. 我希望你把我的行李带走。　　　　↓

c. 能把我的行李带走吗？

d. 不知是否方便把我的行李带走。　　　　礼貌程度高

在同等条件下，以上话语的礼貌程度呈递增趋势。从听话人的角度来说，话语（14a）具有很强的驱使性，听话人受益最少，受损最多，因而很不礼貌；反之，对于（14d），听话人有更多的选择自由，因而这句的礼貌程度高。该准则是以听话人为出发点，进行礼貌判定的。[①]

探究与思考

1. 讨论：在口语交际课程设计和教学中，如何更好地关注到学生的个体差异？

2. 将5～8册教材中口语交际的内容属于故事类的活动汇总到一起，并指出它们在活动形式和学习内容方面的不同，分析其中呈现出的教学梯度。

3. 从第二学段口语交际的话题中，任选某一内容的教案（或教学实录）进行分析，反思教学环节以及师生活动，给出评价与建议。

---

① 何自然、冉永平：《新编语用学概论》，101～102页，北京，北京大学出版社，2009。

第三节　第三学段“口语交际”的课程理解与教材分析

一、课程理解

（一）第三学段“口语交际”课程的学段要求

《义务教育语文课程标准（2022年版）》对第三学段的口语交际进一步提出了要求：在交际过程中的理解与尊重对方，在讨论过程中敢于发表自己的意见，表达有条理，语气、语调适当；短暂准备后做独立发言，还特别强调了“注意语言美，抵制不文明的语言”。

将《义务教育语文课程标准（2022年版）》中口语交际的目标和内容按倾听、表达、交流、态度和习惯四个维度进行梳理，得到表7–5。①

表7–5　第三学段“口语交际”课程的学段要求

倾听	表达	交流	态度和习惯
听人说话认真、耐心，能抓住要点	表达有条理，语气、语调适当 能简要转述 能根据对象和场合，稍作准备，作简单的发言	参与讨论，敢于发表自己的意见，说清自己的观点	与人交流能尊重和理解对方 注意语言美，抵制不文明的语言

（二）具体分析

1. 倾听

与第二学段相比，从“把握主要内容”到“抓住要点”，对倾听能力的要求进一步提高。第三学段着力于进一步培养学生处理所听到的信息的能力。

2. 表达

首先，对表达的逻辑、语气、语调等方面提出具体要求。其次，进一步培养学生的转述能力，强调要能抓住重点简要转述。最后，增加了即兴发言的要求，即兴发言，关键在于“即兴”，即发言者受到当时具体情境的影响，在短时间内明确交际意图，整理思路形成交际内容，通过口头语言的形式表达出来。这就要求发言者应具备快速反应的能力。学生在发言之前需要考虑到当时的对象、场合、时间长度等因素，相比“讨论”这种形式，难度加大。

知识链接：
即兴发言

3. 交流

交流，强调双向互动和信息的往来交互，具有情境性。为此，交际双方必须具有交际的意识、能力和习惯。教师在进行口语交际教学时，应提供具体的语用实践情境，培养学生倾听、表达和应对的能力。第三学段，对学生参与讨论、发表见解、根据对象和场合进行简单发言等方面，提出了更高要求。

① 中华人民共和国教育部:《义务教育课程标准（2022年版）》，12～13页，北京，北京师范大学出版社，2022。

4. 态度和习惯

在这一方面，与前两个学段相比，教材的要求进一步提高了。在交流时不但要通过外显行为表现出礼貌、自然的态度，而且要从内心深处尊重他人的人格，理解对方的立场，从自我表现到学会站在他人的角度考虑他人的想法。在倾听时除了认真，还要有耐心，这是教材第一次出现“耐心”这一要求。在语言的使用方面，教材提出使用文明用语，抵制不文明的语言，重视培养学生的语言修养和审美素养。

知识链接：语言美

二、教材框架

（一）教材内容的总体情况

第三学段语文教材中共有 15 个“口语交际”板块，我们根据教材文本中的标题和小标签进行了梳理，表 7-6 呈现的是第三学段“口语交际”的主要内容及目标维度。

表 7-6　第三学段“口语交际”课程的主要内容及目标维度

册次	单元	标题	小标签	目标维度
五年级上册	第一单元	制定班级公约	1. 发言时要控制时间	态度和习惯
			2. 讨论后作小结，既总结大家的共同意见，也说明不同意见	交流
	第三单元	讲民间故事	1. 讲故事的时候，可以适当丰富故事的细节	表达
			2. 讲故事的时候，可以配上相应的动作和表情	表达
	第六单元	父母之爱	1. 选择恰当的材料支持自己的观点	表达
			2. 尊重别人的观点，对别人的发言给予积极回应	态度和习惯
	第八单元	我最喜欢的人物形象	1. 分条讲述，把理由说清楚	表达
			2. 听人说话能抓住重点	倾听
五年级下册	第一单元	走进他们的童年岁月	1. 认真倾听，交流时边听边记录	态度和习惯
			2. 根据整理的记录有条理地表达	倾听
	第二单元	怎么表演课本剧	1. 主持讨论时，要引导每个人发表意见	交流
			2. 尊重大家的共同决定	态度和习惯
	第七单元	我是小小讲解员	1. 列提纲，按照一定的顺序讲述	表达
			2. 根据听众的反应，对讲解的内容作调整	表达
	第八单元	我们都来讲笑话	1. 避免不良的口语习惯	态度和习惯
			2. 用心倾听，做一个好的听众	倾听
六年级上册	第二单元	演讲	1. 语气、语调适当，姿态大方	表达、态度和习惯
			2. 利用停顿、重复或者辅以动作强调要点，增强表现力	表达
	第四单元	请你支持我	1. 先说想法，再把具体的理由讲清楚	表达
			2. 设想对方可能的反应，恰当应对	交流
	第六单元	意见不同怎么办	1. 准确把握别人的观点，不歪曲，不断章取义	倾听
			2. 尊重不同意见，讨论问题时，态度要平和，以理服人	态度和习惯
	第七单元	聊聊书法	1. 有条理地表达，如分点说明	表达
			2. 对感兴趣的话题深入交谈	交流

续表

册次	单元	标题	小标签	目标维度
六年级下册	第一单元	即兴发言	1. 提前打腹稿，想清楚先说什么，后说什么，重点说什么	表达
			2. 注意说话的场合和对象	态度和习惯
	第二单元	同读一本书	1. 引用原文说明观点，使观点更有说服力	表达
			2. 分辨别人的观点是否有道理，讲的理由是否充分	倾听
	第五单元	辩论	1. 听出别人讲话中的矛盾或漏洞	倾听
			2. 抓住漏洞进行反驳，注意用语文明	交流、态度和习惯

（二）基本特点

1. 围绕学生所处的“大社会”创设语境

第三学段口语交际的语境继续扩展至以学生为中心的“大社会”范畴，关注社会上的热点话题，内容较为集中，主题性强。如五年级下册第七单元的“我是小小解说员”这一活动，为学生创设了解说员的角色，模拟讲解过程，将语境放大到社会范围中。在活动开始前，学生要广泛搜集资料，整理并列出提纲，还要配以图片、影像辅助讲解。具有复杂性的资料本身和活动前的准备过程都体现着综合性的特点。

2. 态度和习惯的目标强调尊重

第三学段口语交际的目标特别强调“尊重”，既有对不同的观点的尊重，又有对发言人的尊重。尊重是从他人的立场出发考虑事情，与礼貌相比要求更高，这一变化与学生的年龄特征有关。皮亚杰认为7～11岁的儿童经历着脱自我中心的过程。第三学段的学生不再过度以自我为中心，能够更好地考虑他人，理解尊重的含义，并对如何尊重有了一定的认识。

知识链接：
尊重

3. 倾听能力要求“会倾听”

在上一学段的基础上，本学段对倾听能力的要求也有所提高，在记住所听内容要点的基础上还要进行批判性思考，并为接下来的交流奠定内容基础。例如，在辩论活动中，学生要认真倾听，记录关键信息，并找出对方的矛盾点，以此作为反驳对方的突破点，使辩论更具针对性。

4. 表达能力要求“说得有条理、有依据”

这是对第二学段表达能力要求的进一步提升。从活动类型来看，第三学段侧重采用主题讨论的形式进行口语交际练习。这类活动必然涉及不同观点和意见的碰撞，如何将自己的观点完整地呈现出来就是学生需要锻炼的重点。因此，教材设置了“表明观点并说明理由”的表达目标。如在六年级下册的“即兴发言”活动中，要求学生提前打腹稿，想清楚表达的先后顺序，意在锻炼学生组织内部语言的能力。

5. 交流能力要求“交流不同观点”

第三学段交流能力的培养以多交际对象的活动为主，强调基于对方的观点或表现有目的地交流。如讨论后再总结，即对前一段的讨论内容进行梳理和综述，既包含对他人观点的提炼，又包含对自己看法的表达。这一活动意在锻炼学生的品评能力，学生需要在倾听的过程中判断并思考话语的真实度和有效度，获取有用信息并以一定的标准整理出来，同时又要针对梳理后的信息形成自己的认识，运用适合的方式表达出来，其实质就是评价的过程。

三、教材研读

（一）教材呈现

下面以统编版小学语文教材六年级上册第六单元的口语交际活动“意见不同怎么办”为例展开研读（见图 7-3）。

本次口语交际活动的具体情境主要蕴含在题目、第一段文字表述和中间的表格当中。该单元以问句为题，交代了口语交际活动的话题是如何处理意见不统一的情况的。

第三学段“口语交际”板块的组成部分与前两个学段一致，仍由四部分组成。题目体现了口语交际活动的话题；表格综合了时间、地点、对象、场合等具体情景语境要素；文字表述更加突出体现口语交际的活动内容，清晰地交代了活动步骤；口语交际的目标要求则集中于小标签模块中，为师生提供了明确的方向性的指导。

口语交际

意见不同怎么办

对生活中的很多事情，大家的意见会有分歧，需要协商才能解决。如，遇到下面这样的情况，应该怎么办呢？

事　例	有关方面的人
爆竹声声辞旧岁，银花朵朵贺新年。噼里啪啦的爆竹、五彩缤纷的烟花，给人们带来浓浓的年味和喜庆气氛，但也在环保、安全等方面带来很多问题。一些城市在燃放鞭炮方面的政策也在不断摇摆。那么，春节到底该不该燃放烟花爆竹呢？	普通市民 消防队员 环卫工人 鞭炮厂工人 ……
十几年前，我国南方某市为了拓宽城市道路，不顾很多人反对，砍掉了道路两边生长了几十年的大树。这件事在当地引起了热议。有人认为，为拓宽城市道路，促进经济繁荣，砍树是值得的；有人认为，砍树容易栽树难，政府应该另想办法发展交通，不应该砍树——要路还是要树呢？	司机 交通运输局工作人员 道路附近居民 生态环境局局长 ……

分小组，选择一则材料进行讨论。讨论时，小组成员分别选择一个角色，从这个角色出发阐述对这个问题的看法。听到不同意见，要换位思考，积极沟通。

◎ 准确把握别人的观点，不歪曲，不断章取义。
◎ 尊重不同意见，讨论问题时，态度要平和，以理服人。

图 7-3　六年级上册第六单元中的“口语交际”

（二）教材研读及分析

1. 情景语境扩大化、社会化

题目下方的第一段文字进一步向学生抛出话题“意见不同怎么办”。短短一行文字仿佛在与学生直接沟通，将他们引入意见不同的语境当中。

表格为师生提供了具体的案例，并标清了各事例的相关人员，明确了具体的场合、话题、时间及交际对象。第一个事例是关于在节日期间燃放烟花爆竹的，第二个事例是关于修路和护树的。

通过对情景语境的分析，我们能够发现这一活动着眼于社会事件，关注了环境保护、经济发展、社会安全等具体的社会问题。口语交际活动虽然还在教室中进行，但是每个学生都将自己置身于教材提供的情景语境中，扮演着不同的社会角色，交际对象是社会中的人。

2. 活动内容呈现梯度性

教材的文字表述部分的第一段直接点明这一活动的训练内容是协商。这个单元为学生设置了讨论会的活动形式，以意见分歧为话题，锻炼学生的协商能力。

讨论之前需要做好三件事：第一，确定各小组成员；第二，阅读表格中的事例，确定每组选择的材料；第三，每个学生都要挑选自己感兴趣的角色。在讨论过程中，学生要从所代表的角色的立场出发阐述想法；同时还要认真倾听，多从他人的角度思考不同的观点，积极且礼貌地进行交流。由于讨论时的两点要求在之前的活动中作为口语交际目标出现过，学生应当已经掌握了相应的能力，因此，在这个活动中，将其归入口语交际内容部分，巩固以往所学，不作为目标出现，实际上这也体现了“口语交际”板块在内容及目标维度的梯度。

3. 口语交际教学目标与课标紧密结合

小标签部分提示了具体、详细的口语训练目标与要求，为教师的教学和学生的学习提供有效指导。

“准确把握别人的观点，不歪曲，不断章取义。”这是通过活动所要达到的倾听目标。学生要以在前两个学段形成的认真耐心倾听的习惯和详细记录所听内容的能力为基础，还要进一步对对方表述的内容生成整体的认识，避免歪曲和片面的情况发生，确保提炼观点的准确性。

“尊重不同意见，讨论问题时，态度要平和，以理服人。”显然，这个目标是对口语交际态度的规定。“尊重”是第三学段的主要目标，它强调站在他人的立场考虑他人，综合他人看重的要素，理解他人与自己在观点上的分歧。在交流过程中，应当始终保持平等的观念、平和的态度，尽量用道理说服他人接受自己的观点。

整体而言，第一条是从口语交际的能力层面做出的要求，第二条则是从口语交际的态度和习惯层面设置目标，与该学段的学段要求和教材特点大致相符。

四、教材主线

打破学段分层，整合各学段的教材特点，从纵向的角度观察教材对口语交际内容的编排，可以发现教材中存在两条主线：语境主线与能力主线。

（一）语境主线

第一条是口语交际语境主线，以学生为中心向四周散射，由最贴近学生的实际生活的话题开始，逐渐扩展到学校这个“小社会”，最后扩大到与学生联系较紧密的“大社会”环境（见图7-4）。第一学段的语境生活性极强，都是学生亲身经历的情境，利于学生尽快熟悉并走进口语交际活动，轻松学习。第二学段的语境生活性渐弱，主题性增强，以学生感兴趣的或接近生活经验的情境为主，以话题的形式开展活动。第三学段的主题性更强，语境扩大到与学生有一定联系的社会生活范围，主要以讨论的形式进行交际练习。

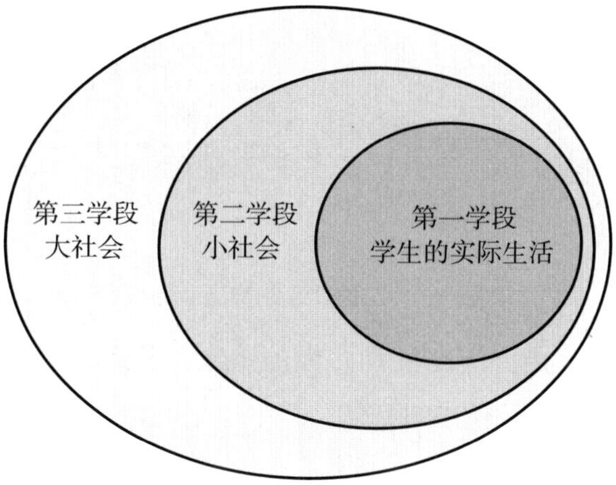

图 7-4　语境主线

（二）能力主线

第二条是口语交际能力主线，具体又可以划分为倾听、表达、交流、态度和习惯四个维度。这个主线在各学段呈现逐层递进、螺旋式上升的阶梯特点，各维度亦存在相同特征。

图 7-5 展示的是各学段倾听能力线，由“能听”提升至“学会倾听”，再到认真、耐心地听，表现了对学生倾听能力要求的不断提升，学生在习得倾听能力后将其逐步内化，以实现能够恰当运用倾听方法，达成倾听目标的要求。

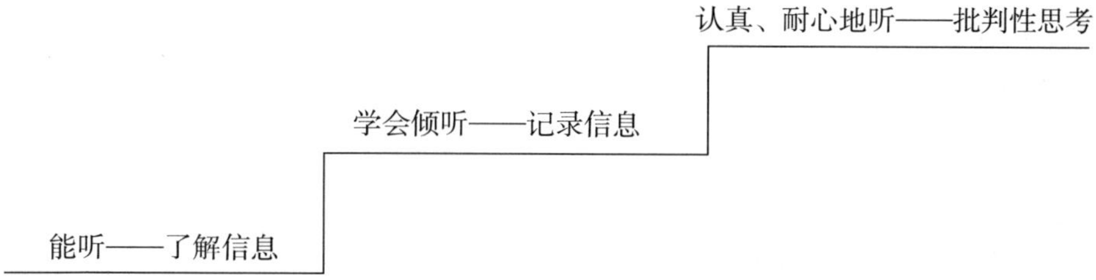

图 7-5　口语交际的倾听能力线

如图 7-6 所示，表达能力线由第一学段的“敢于发表”到第二学段的“说清楚”，最终发展为第三学段的说得“有条理”。

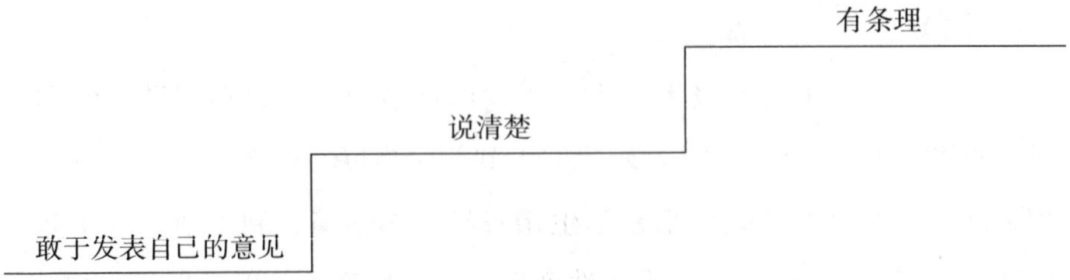

图 7-6 口语交际的表达能力线

图 7-7 是各学段对交流能力线的呈现，它的梯度不够清晰，但在难度上仍能够发现其层级梯度：培养主动交流的意识，学会根据不同目的选择不同的交流方式——交流不同的观点。

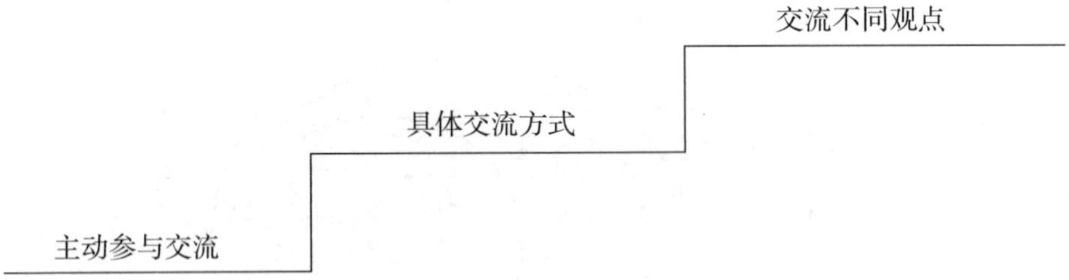

图 7-7 口语交际的交流能力线

图 7-8 梳理的是各学段口语交际态度和习惯的线索，从个人交际中的自信，发展到与他人交流中的礼貌，最后上升到对交际双方的尊重，其中也呈现出明显的层级性。

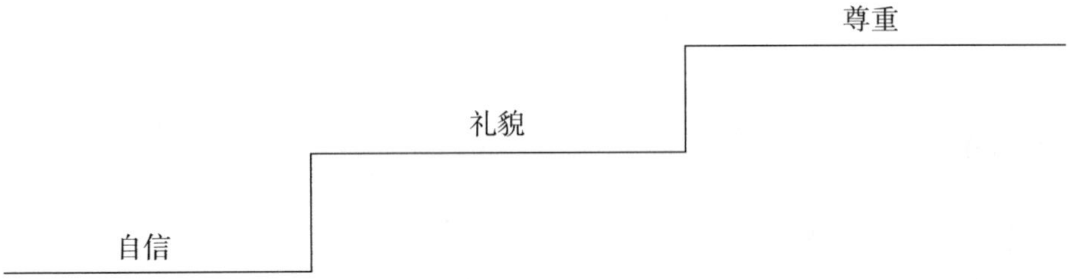

图 7-8 口语交际的态度和习惯线

探究与思考

1. 利用观察、访谈等方法调查小学口语交际课堂教学现状，发现并总结所存在的问题，尝试寻找解决办法。

2. 以教材中“口语交际”板块的活动为研究对象，将这些活动进行分类，清晰阐述分类依据。在此基础上，思考这些活动是否符合口语交际的特征，探究更有效的教学策略，并为教材中口语交际活动的设计提出建议。

3. 小组共同设计一个口语交际活动。围绕交际话题，以图文的形式呈现出相应的题目、文字表述、插图（表格）、小标签等文本内容，并做出教学设计。

第八章

“梳理与探究”的课程理解与教材分析

【知识地图】

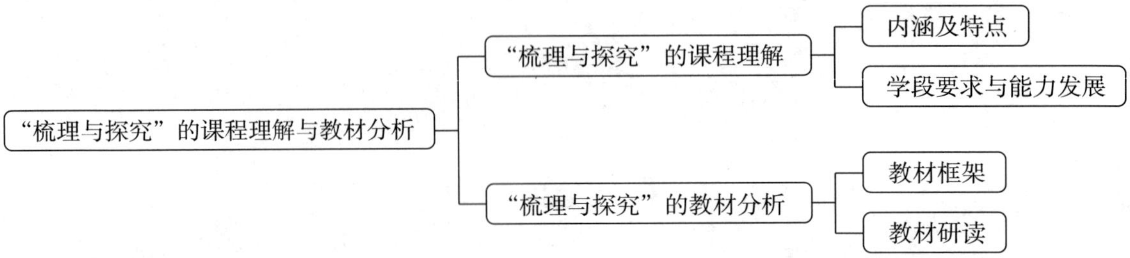

【学习目标】

◆ 掌握并理解《义务教育语文课程标准（2022 年版）》针对“梳理与探究”提出的学段要求。

◆ 把握语文教材中“梳理与探究”的课程内容，能够进行分析和解读。

◆ 能运用所学知识组织语文综合性学习和跨学科学习活动。

第一节　“梳理与探究”的课程理解

一、内涵及特点

（一）内涵理解

《义务教育语文课程标准（2022 年版）》在“学段要求”的设置上撤销了“综合性学习”板块，增设了“梳理与探究”板块，但这并不意味着弱化了综合性学习的内容，而是赋予了综合性学习更丰富的内涵。“其一，原‘综合性学习’板块的绝大部分要求都归入‘梳理与探究’板块中，但突出了梳理、探究等学习过程，重在引导学生学会学习。其二，将综合性学习的某些活动样式、学习要求辐射到识字与写字、阅读与鉴赏、表达与交流等语文实践活动中，大大拓展了综合性学习的空间和价值，例如，第一学段‘梳理与探究’中的识字学习，要求‘观察字形，体会汉字部件之间的关系，梳理学过的字，感知汉字与生活的联系’。这也是综合性学习。”①

“综合性学习”（含“跨学科学习”）是达成“梳理与探究”课程目标的基本途径。关于“综合性学习”的内涵，国内学者从不同视角进行了广泛的探讨，有的认为它是一种“学习方式”，有的认为它是一种“课程形态”，也有的认为它是一种“教学形态”或“学习形态”（见表 8–1）。

表 8–1　语文综合性学习内涵理解的几种取向和观点

取向	代表	观点
学习方式	郑国民、阎苹、刘永康等	语文综合性学习是一种立足于语文课程基础之上，通过学生自主地开展语文实践活动以促进其语文素养的整体推进和协调发展的学习方式②
	杨九俊、姚烺强	语文综合性学习重在学科内外的联系，重在学习过程，注重激发学生的创造潜能，能较好地整合知识与能力，是在综合性人才的时代要求下，顺应了语文课程改革与发展趋势而提出的一种语文学习方式③
课程形态	熊梅	综合性学习作为一种相对独立的课程组织形态，它是超越了传统单一学科的界限而按照水平组织的原则，将人类社会的综合性课题和学生关心的问题以单元的形式统整起来，通过学生主体的、创造性的问题解决学习过程，有机地将知识与经验、理论与实际、课内与课外、校内与校外结合起来，以提高学生综合解决问题的能力，促进知情意行和谐统一的发展。它强调从外在的内容形式转化为内在实际的结果，实现从内容到形式、从手段到结果的统一④
	刘淼	语文综合性学习是以语文学科为依托，以语文学科与其他学科、学生生活与社会生活之间的整体性联系为主线，以问题为中心，以活动为主要形式，借助综合性的学习内容和综合性的学习方式促进学生发展语文综合素养的一种课程组织形态⑤

① 郑国民、李宇明：《义务教育语文课程标准（2022 年版）解读》，88 页，高等教育出版社，2022。
② 郑国民、阎苹、刘永康等：《中学语文教学研究》，263 页，北京，中国广播电视出版社，2004。
③ 杨九俊、姚烺强：《小学语文课程与教学》下册，581 页，南京，南京大学出版社，2013。
④ 熊梅：《当代综合课程的新范式：综合性学习的理论和实践》，69 页，北京，北京教育科学出版社，2001。
⑤ 刘淼：《当代语文教育学》，239 页，北京，高等教育出版社，2005。

续表

取向	代表	观点
教学形态	靳彤	语文综合学习是语文课程中一种相对独立的教学形态。它以语文课程的内部整合为基点，强调语文课程与其他课程的整合，强调语文学习与生活的整合，强调语文学习与实践的整合，强调多种学习方式的整合，以促进学生语文素养的整体推进和协调发展①
学习形态	王文彦、蔡明	语文综合性学习是基于学生的直接经验，密切联系学生自身生活和社会生活，体现对语文知识的综合运用的学习形态②

显然，语文综合性学习是一个内涵极其丰富的意义系统：首先，语文综合性学习强调以“语文”为基点，包括语文学习、语文知识应用等；其次，语文综合性学习的主体是学生，课程目标设计应以学生为主体；最后，语文综合性学习的途径主要是实践活动，应注重在实践中学语文，在实践中用语文。

“跨学科学习”是语文综合性学习中的重要组成部分。为此，《义务教育语文课程标准（2022年版）》在“课程内容”部分专门设置了“跨学科学习”这一拓展型学习任务群，“旨在引导学生在语文实践活动中，联结课堂内外、学校内外，拓宽语文学习和运用领域；围绕学科学习、社会生活中有意义的话题，开展阅读、梳理、探究、交流等活动，在综合运用多学科知识发现问题、分析问题、解决问题的过程中，提高语言文字运用能力”③。

（二）基本特点

“梳理与探究”课程是以语文综合性学习（含跨学科学习）的方式呈现的，具有如下特点。

1. 语文性

语文性是语文综合性学习的基本前提。语文综合性学习涉及自然、社会、生活等多方面内容，实现学科整合，加强语文课程与其他学科的沟通，是语文综合性学习的主要作用之一。但需明确的是，强调学科整合，提倡开放、多元，并不等于弱化语文本体。语文综合性学习始终以语文学科学习为根本，以全面提高学生的核心素养为落脚点，在整个学习过程中体现语文的工具性与人文性，体现语文的综合运用，体现听、说、读、写能力的整体发展，体现语文课程与其他课程的联系。

2. 综合性

综合性是语文综合性学习的基本特征，包括学习目标的综合、内容的综合、形式的综合等多个方面。在学习目标方面，语文综合性学习既包括识字与写字、阅读与鉴赏、表达与交流这几个方面的综合内容，又包括“知识与能力”“过程与方法”“情感态度与价值观”三个维度目标的综合内容。在学习内容方面，语文综合性学习广泛地涉及自然、社会、科学、文化等多方面内容。在学习形式方面，语文综合性学习既是对书本学习与实践活动的综合，又是对接受学习与体验学习的综合；既是对课内学习与课外探究的综合，又是对个体学习与合作学习的综合。

---

① 靳彤：《语文综合性学习理论与实践》，24页，北京，中国社会科学出版社，2007。

② 王文彦、蔡明：《语文课程与教学论》，185页，北京，高等教育出版社，2002。

③ 中华人民共和国教育部：《义务教育语文课程标准（2022年版）》，34页，北京，北京师范大学出版社，2022。

3. 实践性

实践性是语文综合性学习的突出特点。语文综合性学习强调书本学习和实践学习的紧密结合，引导学生关注自然、社会、世界，理论联系实际，学以致用；注重学生在实践中学语文，注重学生亲身经历学习的过程，强调无论是查阅资料这样简单的活动，还是为当前社会问题出谋划策等复杂的活动，都应是学生由自身的内在需要或是求知欲望而引发的一种学习实践，学生要主动获取相关知识，解决相关问题。

4. 自主性

语文综合性学习突出强调自主性，注重学生的自主参与，鼓励学生自主选择学习目标、学习内容和学习方式，鼓励学生自行制订活动方案、组织活动过程、展现活动成果。在这整个活动过程中，学生既是语文综合性学习的决策者，又是语文综合性学习的实施者。此外，教师是整个综合性学习过程中的共同参与者，其主导性的发挥体现在对全局的宏观调控及对学生学习的积极主动性的调动上。

5. 开放性

语文综合性学习的开放性体现在内容、途径、过程、结果等多个方面上。内容上的开放，指的是语文综合性学习并不局限于对教材中间接经验的学习，还包括学生在实践过程中获得的直接经验以及科学的学习方法、正确的学习态度及价值观等。途径上的开放，是指开展语文综合性学习的场所是多样的，可以是学校、家庭，也可以是社区、自然界及社会生活等。过程的开放，指的是师生可根据自身的需求和爱好对活动过程进行调整，从资料的收集到过程的设计，再到方法、手段的应用，均应从师生的实际出发，留有足够的展示个性特点和发挥才能的空间。结果的开放，表现在展示活动结果的形式具有多样性，学生可根据自己的实际情况，采用不同的形式来呈现学习成果，如调查报告、实物说明、诗歌、小品表演等。

总之，语文综合性学习基于语文学科本身，强调书本学习与生活实践相结合、语文课程与其他课程相结合。学生在语文实践中进行综合学习，能使缺乏整合性的知识相互联系和融合，从而在综合运用中发挥知识的价值；能在更加广阔的领域中学习和运用语文知识，促进自身综合运用知识的能力的发展。语文综合性学习有利于从多方面培养学生的能力，有利于挖掘学生的创造潜能，有利于培养学生的合作精神和独立的人格。

拓展阅读

语文综合性学习的类型

一、学科综合型

它是以语文教材的单元或者题材为中心，由其他相关内容相配合的语文综合性学习，可分为两类：第一类是语文学科目标体系的综合，包括识字与写字、阅读、写作、口语交际知识的整合。第二类是跨学科的综合性学习。

二、观察实验型

综合性学习活动有体验性的特点，客观上要求学生经常从事一些实地的观察、实验等活动。

三、专题活动型

专题活动型语文综合性学习是以专题为纽带，把学生语文知识积累与社会生活实践有机结合起来，学生围绕专题观察生活、认识生活、创造生活，从中获得体验和感悟。

四、课题研究型

课题研究型语文综合性学习是以现代社会问题为基础，超越学科框架而组织起来的语文综合性学习。①

二、学段要求与能力发展

（一）“梳理与探究”学段要求

《义务教育语文课程标准（2022年版）》对“梳理与探究”做出了不同的学段要求（见表8-2）。②

表8-2 “梳理与探究”的学段要求

第一学段	第二学段	第三学段
1. 观察字形，体会汉字部件之间的关系。梳理学过的字，感知汉字与生活的联系 2. 观察大自然，热心参加校园、社区活动，积累活动体验。结合语文学习，用口头或图文等方式整理、表达自己在活动中的见闻和想法 3. 对周围事物有好奇心，能就感兴趣的内容提出问题，结合其他学科的学习和生活经验交流讨论，尝试提出自己的看法	1. 尝试分类整理学过的字词。尝试发现所学汉字形、音、义和书写的特点，帮助自己识字、写字 2. 学习组织有趣味的语文实践活动，在活动中学习语文，学会合作。结合语文学习，观察大自然，观察社会，积极思考，运用书面或口头方式，并可尝试用表格、图像、音频等多种媒介，呈现自己的观察与探究所得 3. 能提出学习和生活中的问题，有目的地搜集资料，共同讨论，尝试运用语文并结合其他学科知识解决问题	1. 分类整理学过的字词，发现所学汉字形、音、义和书写的特点，发展独立识字能力和写字能力 2. 感受不同媒介的表达效果，学习跨媒介阅读与运用，初步运用多种方法整理和呈现信息 3. 初步了解查找资料、运用资料的基本方法。利用图书馆、网络等渠道获取资料，解决与学习和生活相关的问题。尝试写简单的研究报告 4. 策划简单的校园活动和社会活动，对所策划的主题进行讨论和分析，学写活动计划和活动总结。对自己身边的、大家共同关注的问题，或影视作品中的故事和形象，通过调查访问、讨论演讲等方式，开展专题探究活动，学习辨别是非、善恶、美丑

通过表8-2的具体内容可以发现，一方面，关于“梳理与探究”的学段要求突出了梳理、探究等学习过程，并通过这样的过程突出培养学生的参与意识、问题意识，以及观察能力、解决问题的能力。如关于问题意识和解决问题能力的培养方面：第一学段，鼓励学生保持好奇心，要求学生“能就感兴趣的内容提出问题”，并针对问题能“尝试提出自己的看法”；第二学段要

① 杨世碧:《语文综合性学习的类型》，载《语文建设》，2004（10）。

② 中华人民共和国教育部:《义务教育语文课程标准（2022年版）》，8～13页，北京，北京师范大学出版社，2022。

求“能提出学习和生活中的问题”，且“有目的地搜集资料，共同讨论，尝试运用语文并结合其他学科知识解决问题”；到了第三学段进一步提高了要求，不仅要运用好基本方法，利用好图书馆、网络等获取资料去解决问题，还要围绕大家共同关注的问题设计专题探究活动。

另一方面，“梳理与探究”课程渗透到了“识字与写字”“阅读与鉴赏”“表达与交流”等课程内容的实践活动中。如三个学段的第一条内容都是围绕识字与写字展开梳理和探究的；而“用口头或图文等方式整理、表达自己在活动中的见闻和想法”“运用书面或口头方式，并可尝试运用表格、图像、音频等多种媒介，呈现自己的观察与探究所得”“尝试写简单的研究报告”等，则在“梳理与探究”学习活动中与学生表达交流能力的发展融为一体；至于在解决问题过程中搜集资料、获取资料等则是发展阅读能力的实际体现。

（二）“梳理与探究”学习中儿童各项能力的发展

“梳理与探究”学习活动的意义和价值，从大的方面来说有如下几点：第一，可以在一定程度上实现因材施教，适应学生的不同兴趣、特长及个性发展的需要；第二，可以拓宽学生的知识视野，培养学生的创新精神和创造能力；第三，可以丰富学生生活，促进知识整合以及学校教育与社会生活的融合。下面从以下几个方面做进一步分析。

1. 培养学生的问题意识和解决问题的能力

问题意识是学生在学习过程中通过对所学内容积极主动地思考、探究、感知，发现问题、提出问题的个性倾向。解决问题即按照一定的目标，应用各种认知活动、知识技能等，经过一系列的思维操作使问题得以解决的过程。运用语文并结合其他学科知识去发现学习和社会生活中的问题，并在尝试解决的过程中发展学生的核心素养，是“梳理与探究”学习活动的重要指向。《义务教育语文课程标准（2022 年版）》围绕问题意识和解决问题的能力的培养，在每个学段都做出了具体要求。

2. 培养学生的参与意识和观察能力

语文是与社会生活紧密相关的实践性课程，学生的语文学习要与自然、社会、生活建立联系。为此，教师必须培养学生的参与意识，引导学生主动参与，发展学生的社会责任感和观察能力。观察是人们增长知识、认识世界的重要途径。观察能力是人们思维、想象、理解、表达等能力发展的基础和前提，观察能力的形成与发展对于学生来说具有重要的意义。“梳理与探究”学习活动特别强调对参与意识和观察能力的培养。如“观察大自然，热心参加校园、社区活动，积累活动体验”“结合语文学习，观察大自然，观察社会，积极思考”“策划简单的校园活动和社会活动”等。

3. 注重提升学生的表达与交流能力

表达与交流能力，从语文学习的角度来讲，就是指用语言来表达自己的思想、情感，进而与人交流的一种能力。这里的语言主要是指口头语言和书面语言。“梳理与探究”学习活动对这一方面的具体要求是运用书面或口头方式，利用多种媒介，呈现自己的观察与探究所得。

4. 重视培养学生搜集和运用信息的能力

当下，信息时代的发展促使学生需要不断地更新自己的知识储备，在这个过程中，搜集和处理信息的能力就格外重要。教师在“梳理与探究”学习活动中，要培养学生利用多种手段、通过多种途径来获取信息，并根据需要恰当地处理和利用信息的能力，使学生学会综合运用语文知识完成自己的课题，初步具备信息搜集和处理的能力。

5. 培养学生的合作与实践能力

合作能力是合作意识、相关知识、合作技能、合作品质的总和，指为了达成共同目标，个体间的相互配合和协调行为中所蕴藏的个性心理特征。“梳理与探究”学习活动对学生合作能力的要求体现在：第一学段要求对提出的问题能够“交流讨论”；第二学段要求“在活动中学习语文，学会合作”，对提出的问题“共同讨论”；第三学段要求“对所策划的主题进行讨论和分析”，“对自己身边的、大家共同关注的问题，或影视作品中的故事和形象，通过调查访问、讨论演讲等方式，开展专题探究活动”等。上述要求，意在让学生掌握与人沟通、交流、合作的技巧，同时培养组织、协调的能力。

实践能力即在真实情境中学语文、用语文的能力。“梳理与探究”学习活动是以学生的实践为主线的，强调学生要将所学到的语文知识运用到实际生活中去，并在运用的过程中提高自身的实践能力。无论是“梳理学过的字，感知汉字与生活的联系”，还是“尝试运用语文并结合其他学科知识解决问题”，以及“策划简单的校园活动和社会活动”等，都强调了要让学生通过实践获得真实体验，学会处理实际生活中的各种问题。

探究与思考

1.“梳理与探究”的学段要求主要强调了哪些方面？各个学段的要求有何区别？以图或表格的方式将上述内容呈现出来，并与大家交流。

2. 收集近几年有关“跨学科学习”的研究论文进行学习，讨论在语文课程中开展“跨学科学习”的价值，依据《义务教育语文课程标准（2022 年版）》中“跨学科学习”任务群的学习内容，尝试为第三学段的学生设计一个跨学科学习活动。

第二节 “梳理与探究”的教材分析

一、教材框架

“梳理与探究”的学习内容主要体现在统编版小学语文教材中的“语文园地”和“综合性学习”板块，以及“综合性学习”单元中，下面以“综合性学习”板块和单元为主展开讨论。教材共安排了3个“综合性学习”板块，分布在第二、第三两个学段，三、四、六年级各有1个，且都安排在下学期。此外，还安排了2个“综合性学习”单元，位于五年级下册和六年级下册。

如表8-4所示，“综合性学习”的主题分别是：“中华传统节日”“轻叩诗歌大门”“遨游汉字王国”“奋斗的历程”“难忘小学生活”。这些主题充分体现了在生活中学语文、用语文的思想。“综合性学习”所在单元的语文要素中的学习任务提示，也对师生开展综合性学习活动具有指引作用。整体来看，教材紧扣《义务教育语文课程标准（2022年版）》中有关“梳理与探究”的学段要求，巧妙地将学科知识的逻辑顺序和学生的认知发展顺序进行了结合，将知识积累的要求与能力训练的要求进行了细化，使得每个学段都有关于知识的积累的不同程度的能力训练，学生能够通过多种形式的活动来建构知识、发展能力、获得体验，形成情感态度与价值观。下面按学段分析（见表8-3）。

表8-3 语文教材中“综合性学习”的分布及内容

册次	单元	主题	语文要素
三年级下册	第三单元	中华传统节日	1. 了解课文是怎么围绕一个意思把一段话写清楚的 2. 收集传统节日的资料，交流节日的风俗习惯，写一写过节的过程
四年级下册	第三单元	轻叩诗歌大门	1. 初步了解现代诗的一些特点，体会诗歌表达的情感 2. 根据需要收集资料，初步学习整理资料的方法 3. 合作编小诗集，举办诗歌朗诵会
五年级下册	第三单元	遨游汉字王国	1. 感受汉字的趣味，了解汉字文化 2. 学习搜集资料的基本方法 3. 学写简单的研究报告
六年级下册	第四单元	奋斗的历程	1. 关注外貌、神态、言行的描写，体会人物品质 2. 查阅相关资料，加深对课文的理解 3. 习作时选择合适的方式进行表达
	第六单元	难忘小学生活	1. 运用学过的方法整理资料 2. 策划简单的校园活动，学写策划书

（一）第一学段的“梳理与探究”学习

第一学段的教材中虽然没有明确的“综合性学习”的板块或单元，但通过研读就会发现教材中有不少有关的学习内容。如课后题中反复提示学生要联系实际学语文、合作交流学语文、通过自己阅读和查找资料学语文。此外，“语文园地”中“我的发现”“展示台”等也都非常注重学生动手动脑、互相合作的能力培养，意在引导学生从课内拓展到课外，发展语文能力。这些都是“综合性学习”的内容，只不过没有集中呈现。

（二）第二学段的“梳理与探究”学习

第二学段的教材中有两个“综合性学习”板块，分别安排在三年级下册的第三单元和四年级下册的第三单元，主题分别是“中华传统节日”和“轻叩诗歌大门”。

从教材编排设计上来看，两个“综合性学习”板块都采用了“分布式”的编排方式，即教材首先在单元页点明综合性学习的任务，其次将具体的任务分散在每一篇课文的后面，最后引导学生在交流汇报过程中展示“综合性学习”的成果。如此一来，综合性学习训练便渗透在了该单元的各个组成部分当中。

从学习内容来看，单元内的阅读课文与“综合性学习”板块在内容上是互相勾连的。不但在内容上相关，综合性学习内容也是单元阅读后对学生情感态度、价值观感染的一种延伸和拓展。学生能够以阅读课文为基础，自然地由课内向课外深化拓展，将在课文学习中获得的知识与能力延伸到综合性学习中，依托这个活动，学生的听、说、读、写的综合能力能够得到整体提高。

从学习目标上来看，教材将该阶段的综合性学习定位于培养学生的合作能力、与人交流能力以及收集资料的能力，目的是让学生掌握基本的语文综合性学习知识，形成必备的基本能力，为以后的语文综合性学习打下基础。

（三）第三学段的“梳理与探究”学习

第三学段的教材中有 2 个“综合性学习”单元，分别是安排在五年级下册第三单元的“遨游汉字王国”和六年级下册第六单元的“难忘小学生活”。此外，六年级下册第四单元还有一个“综合性学习”板块，主题为“奋斗的历程”。

与第二学段相比，第三学段的综合性学习突破了以课文为主体的单元结构，围绕专题、任务、活动，以“大综合”的方式编排，为专题型综合学习。其中，除了学习专题和必读材料要予以落实以外，学习的具体内容、方式、方法，学习成果的呈现方式等，师生拥有相当大的自主空间。

在内容选择上，也充分体现了《义务教育语文课程标准（2022 年版）》的要求。“利用图书馆、网络等渠道获取资料，解决与学习和生活相关的问题”“尝试写简单的研究报告”“策划简单的校园活动和社会活动，对所策划的主题进行讨论和分析，学写活动计划和活动总结”等目标内容在第三学段的“综合性学习”板块、单元中都得到了一定程度的体现。如五年级下册第三单元的“遨游汉字王国”，教材提供了研究性报告的范例，并以批注的方式教给学生撰写研究报告的方法。

在学习目标上，第三学段更加注重培养学生的表达、合作、交流等综合能力，且更加强调应用解决问题的方法。同时加大难度，要求学生学会通过各种途径充分收集资料，对收集完的资料要加以整理，对整理完的资料还要进行深入分析。此外，第三学段更加注重学生的自主实践，更加在意学生语文实践能力的习得。其目的是培养学生的合作精神，培养策划、组织、协调和实施的能力，特别是语文的综合运用能力，把听、说、读、写能力的培养放在整个学习活动中。

二、教材研读

（一）教材呈现

统编版小学语文教材五年级下册安排了以“汉字”为主题的综合性学习单元（见图 8–1），意在提高学生的文化自信的同时，引导学生在具体的语文实践活动中发展策划和开展活动、查找和运用资料的能力，进而提高学生的语文的综合运用能力，促进学生的全面发展。

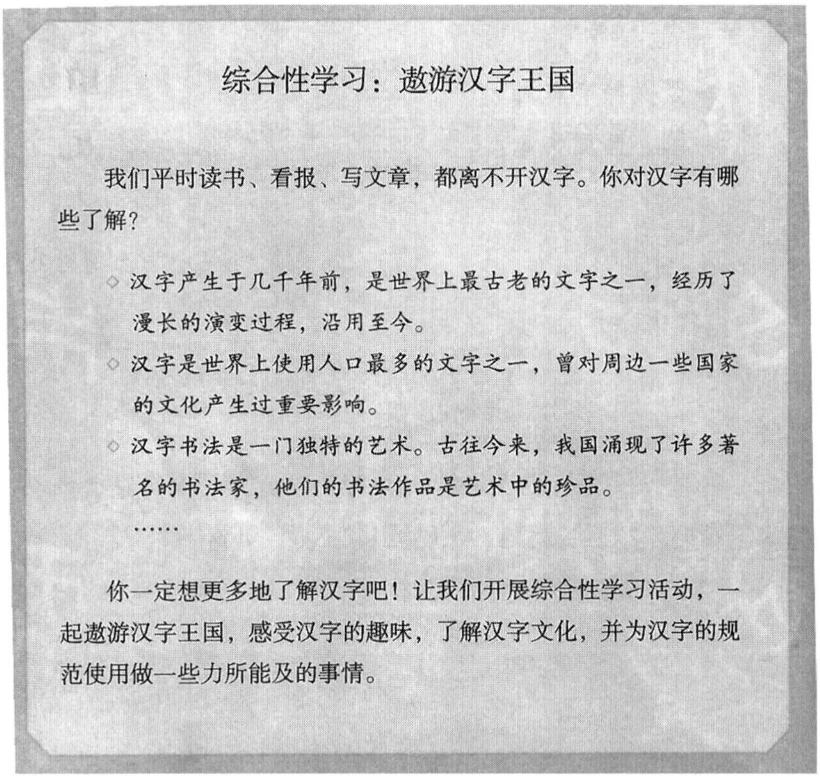

综合性学习：遨游汉字王国

我们平时读书、看报、写文章，都离不开汉字。你对汉字有哪些了解？

◇ 汉字产生于几千年前，是世界上最古老的文字之一，经历了漫长的演变过程，沿用至今。

◇ 汉字是世界上使用人口最多的文字之一，曾对周边一些国家的文化产生过重要影响。

◇ 汉字书法是一门独特的艺术。古往今来，我国涌现了许多著名的书法家，他们的书法作品是艺术中的珍品。

……

你一定想更多地了解汉字吧！让我们开展综合性学习活动，一起遨游汉字王国，感受汉字的趣味，了解汉字文化，并为汉字的规范使用做一些力所能及的事情。

图 8–1 五年级下册中的“综合性学习”单元

与第二学段不同，本单元综合性学习的编排设计突破了以课文为主体的单元结构，采用综合专题、任务、活动的编排方式。

单元页点出了本单元的学习目标与内容：感受汉字的趣味，了解汉字文化；学习搜集资料的基本方法；学写简单的研究性报告。该综合性学习单元的题目点明了学习的主题——“遨游汉字王国”。文字提示点明了学习任务——“开展综合性学习活动，一起遨游汉字王国，感受汉字的趣味，了解汉字文化，并为汉字的规范使用做一些力所能及的事情”。

上述学习目标与内容在本单元中又设置为两个板块（见图 8–2），即“汉字真有趣”和“我爱你，汉字”。每个板块的内容主要由两部分构成：“活动建议”——明确学习任务，提出学习方式，为综合性学习活动的展开提供选择参考；“阅读材料”——围绕板块主题提供若干阅读材料，学生可以在学习“阅读材料”的基础上，再根据“活动建议”搜集更多的材料开展综合性学习活动。

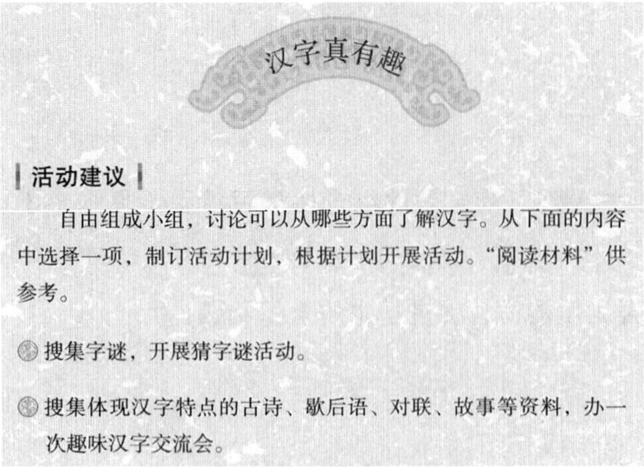

汉字真有趣

活动建议

自由组成小组，讨论可以从哪些方面了解汉字。从下面的内容中选择一项，制订活动计划，根据计划开展活动。“阅读材料”供参考。

◎ 搜集字谜，开展猜字谜活动。

◎ 搜集体现汉字特点的古诗、歇后语、对联、故事等资料，办一次趣味汉字交流会。

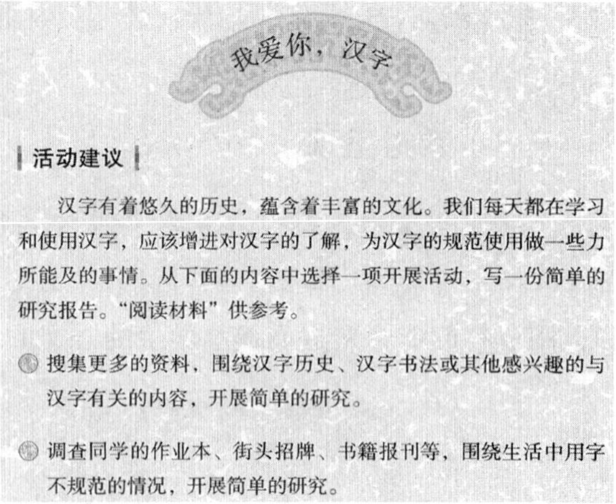

我爱你，汉字

活动建议

汉字有着悠久的历史，蕴含着丰富的文化。我们每天都在学习和使用汉字，应该增进对汉字的了解，为汉字的规范使用做一些力所能及的事情。从下面的内容中选择一项开展活动，写一份简单的研究报告。“阅读材料”供参考。

◎ 搜集更多的资料，围绕汉字历史、汉字书法或其他感兴趣的与汉字有关的内容，开展简单的研究。

◎ 调查同学的作业本、街头招牌、书籍报刊等，围绕生活中用字不规范的情况，开展简单的研究。

图 8-2 五年级下册中的“综合性学习”单元设置的两个活动建议

（二）教材研读

1. “汉字真有趣”板块

“活动建议”明确了该板块的学习任务和学习目的：“自由组成小组，讨论可以从哪些方面了解汉字。从下面的内容中选择一项，制订活动计划，根据计划开展活动。”从目标和任务的设计来看，体现了高度的自主性和开放性。

为达成这个目标，教材提供了两条活动建议：“搜集字谜，开展猜字谜活动”“搜集体现汉字特点的古诗、歇后语、对联、故事等材料，办一次趣味汉字交流会”。

为了能够顺利开展这两项活动，搜集资料必不可少，教材接着提供了查找图书、网络搜索和请教别人三种搜集资料的方法，为学生查找资料提供了方法与路径。

1 字谜七则

① 画时圆，写时方。冬时短，夏时长。

② 一块土，两人站，中间隔条线，两人看不见。

③ 有人不是我，有马飞跑过，有水能养鱼，有土庄稼活。

④ 右边有，左边无。后面有，前面无。哥哥有，弟弟无。周家有，李家无。

⑤ ⑥

⑦ 相传唐伯虎曾在街头卖画。一天，他挂出一幅水墨画，上面画着一只黑狗，十分可爱。唐伯虎对人们说：“这是一则字谜，想购买者，需要付三十两银子，如果猜中谜语，就分文不收。”大半天过去了，无人猜中。这时，有一位年轻人说：“我猜中了。”唐伯虎请他说出谜底，他却笑而不答，取下画来便走。

唐伯虎望着这位年轻人的背影，哈哈一笑，说：“猜中了！他猜中了！”

你能猜出这是什么字吗？

图 8-3 《字谜七则》

最后，教材围绕主题为学生提供了 5 篇阅读材料。至于这些阅读材料的作用，板块的活动建议里特别指出——“‘阅读材料’供参考”。所提供的 5 篇阅读材料与活动任务、活动建议相契合，分别为《字谜七则》《门内添“活”字》《有意思的谐音》《“枇杷”和“琵琶”》以及《有趣的形声字》，尽显汉字的有趣和神奇之处，以激发学生对汉字文化的兴趣和热爱之情。

知识链接：
字谜、歇后语、谐音

《字谜七则》为大家展示了一些字谜范例，包括文字谜、画谜等，其中①②③④是文字谜，⑤⑥⑦是画谜。字谜是中国特有的一种游戏形式，学生在感兴趣的“猜字谜”游戏中可以认识到汉字是音、形、义的结合体，进而感受到汉字的趣味性（见图 8-3）。

《门内添“活”字》是一则关于汉字构造的故事，展现了汉字作为表意文字的独特魅力（见图 8-4）。

2 门内添“活”字

传说东汉时的杨修是猜谜高手。有一次，曹操命人造一座花园，花园造好之后，曹操去看，也没说好坏，随手在花园的门上写了一个“活”字。众人不解其意，于是去请教杨修。杨修心领神会，对众人说：“门内添‘活’字，乃‘阔’字也，丞相是嫌你们把花园的门造得太宽大了。”众人听后便把花园的门重修了，曹操见后非常高兴。

图 8-4 《门内添“活”字》

《有意思的谐音》介绍了谐音歇后语，使学生感受到汉字的神奇之处（见图 8-5）。

3 有意思的谐音

- 外甥打灯笼——照旧（舅）
- 梁山泊的军师——无（吴）用
- 四月的冰河——开动（冻）了
- 咸菜烧豆腐——有言（盐）在先
- 隔着门缝吹喇叭——名（鸣）声在外

图 8-5 《有意思的谐音》

《“枇杷”和“琵琶”》告诉我们汉字存在同音多字的现象，提示我们在生活中注意同音字的使用（见图 8-6）。

4 “枇杷”和“琵琶”

古时候，有人送枇杷给朋友，可他在礼单上把“枇杷”错写成了“琵琶”。朋友笑道：“‘枇杷’不是此‘琵琶’，只恨当年识字差！”旁边有人应声道：“若使琵琶能结果，满城箫管尽开花。”

图 8-6 《“枇杷”和“琵琶”》

《有趣的形声字》对汉字中所占比例最大的形声字进行了字形分析和字义说解，揭示了形声字的造字规律（见图 8-7）。

5　有趣的形声字

在汉字王国里，形声字是重要的一员。数千年来，我们的祖先不断地创造形声字，光是在甲骨文中，就有许多象形字向形声字演变的例子。

这是星星的“星”。天上三光日月星，在甲骨文里，日和月都只用一个形体来表示，星星的特点是数量多，所以一开始用三个相同的形体来表示，以便跟日、月相区别。但问题是，这些简单的形体能表示的事物太多了，三块石头、三个拳头……谁说一定就是星星呢？于是，古人就在原来的字形上加了一个声符“生”。强化了字音，就能把“星”和其他事物区分开来了。

这是凤凰的“凤”，繁体字写作“鳳”。凤凰是古代传说中的神鸟，它的样子有点儿像今天的孔雀，头上有冠，身后拖着漂亮的长尾巴。尽管如此，表示“凤”与表示其他鸟的字形也较难分清。古人想出了办法：在原来的字形上增加了一个部件“凡”，用来标示字音。这样一来，“凤”字有了声符“凡”，原来的象形字就变成了形符，是不是象凤凰之形，已经变得不重要了。

“星”和“凤”有共同的特点：它们原来都是象形字，有着鲜明的图画文字特征。汉字毕竟不是绘画，而是文字符号，字形经过演变，象形的特征一旦弱化，就不容易辨认出来了。因此，古人在象形字的基础上增加声符，创造了新的形声字。

还有一种形声字，是在象形字的基础上增加形符创造出来的。

你猜到了吗？这是蜀国的“蜀”。相传古蜀国有一位先祖，名叫蚕丛，是养蚕的专家。“蜀”字最开始就是蚕的象形，上部像蚕首，下部像蚕蜷曲的身子。但这个字与其他象形字的区分度还不够大，古人给它增加了一个部件“虫”，强化了它的类别。有了“虫”充当形符，原来的象形字就自然而然变为声符了。

你看出来了吗？这是祭祀的“祭”。最早的字形描述古代的血祭，画的是一只手杀牲祭祀，把血滴在盆里。后来古人觉得这样表意还不够充分，就给它增加了表示祭祀的部件“示”。这样，就产生了一个“示”充当形符、原来的象形字变为声符的形声字。

形声字是不是很有趣？

本文作者王宁，选作课文时有改动。

图 8-7　《有趣的形声字》

2. “我爱你，汉字”板块

“活动建议”明确了该板块的学习目的：“增进对汉字的了解，为汉字的规范使用做一些力所能及的事情。”具体的学习任务为：“从下面的内容中选择一项开展活动，写一份简单的研究报告。”

接下来，教材提供了两个可供选择的活动内容：搜集更多的资料，围绕汉字历史、汉字书法或其他感兴趣的与汉字有关的内容，开展简单的研究；调查同学的作业本、街头招牌、书籍报刊等，围绕生活中用字不规范的情况，开展简单的研究。

随后，教材围绕主题为学生提供了 5 篇阅读材料。对于这些阅读材料的作用，板块的活动建议仍然强调——“‘阅读材料’供参考”。这 5 篇阅读内容是：《汉字字体的演变》《甲骨文的发现》《书法欣赏》《制定国家通用语言文字法的必要性》《关于“李”姓的历史和现状的研究报告》。

《汉字字体的演变》以“日、月、车、马”四个字为例，以表格的方式呈现几千年来汉字的演变过程，让学生了解汉字悠久的历史和汉字的形体演变（见图 8-8）。

图 8-8　《汉字字体的演变》

《甲骨文的发现》讲述了一则真实的故事，告诉我们殷商时期刻在龟甲和兽骨上的甲骨文是我国现存的最早的文字，可见汉字拥有着悠久的历史（见图 8-9）。

十九世纪七八十年代，河南安阳小屯村的村民在田间劳作时，发现一些带有刻痕的龟甲、兽骨，称它们为龙骨。他们不知道这是古代的遗物，将较大的龙骨卖给了药铺，将小的龙骨丢弃了。药铺将龙骨碾成粉末用作治疗创伤的药材。龙骨上的刻痕因无人知道是极有价值的殷商时期的刀刻文字，而常被村民打磨掉。

1899 年，一次偶然的机会，这些龟甲、兽骨上的刻痕，引起了清代国子监①主管官员王懿荣的注意。王懿荣平时酷爱收藏古董，精通金石之学②。经过仔细研究，他认为这些龙骨上的刻痕是一种比篆书更早的文字。

后来，人们把刻在龟甲或兽骨上的文字叫作甲骨文，我国学术领域由此又多了一门新学科，叫“甲骨学”。

图 8-9　《甲骨文的发现》

《书法欣赏》是“楷书”“草书”以及“行书”的书法展示，表现了汉字书法的艺术美（见图 8-10）。

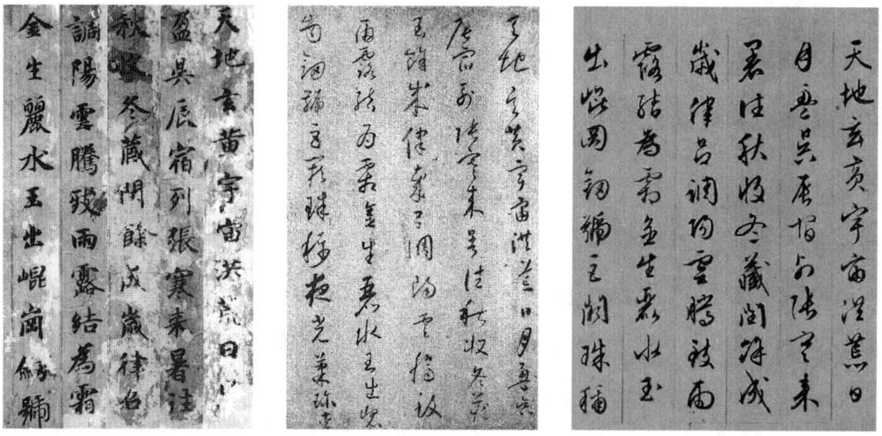

图 8-10　《书法欣赏》

《制定国家通用语言文字法的必要性》一文语言概括了制定国家通用语言文字法的必要性。

教材中呈现的最后一个阅读文本是《关于“李”姓的历史和现状的研究报告》（见图 8–11）。这是一个研究报告的范例，旨在教给学生撰写研究性报告的基本方法。

5 关于“李”姓的历史和现状的研究报告

一、问题的提出

我们学校有不少同学姓李，我有好几个邻居也姓李。“李”姓是怎么来的？历史上姓李的名人有哪些？现在的“李”姓是不是我国人口最多的姓氏？带着这些问题，我对“李”姓的历史和现状作了一次研究。

二、研究方法

1. 查阅书籍和报刊。

2. 询问身边的人。

3. 其他方法。

三、资料整理

类别	内容
来源	传说皋陶曾任尧帝的大理官（掌管刑罚的官职），其子孙以官名“理”为姓氏。后来的“李”姓大多来源于此。唐代时，“李”为国姓。一些姓徐、安、杜、郭、麻、鲜于的武将，因立功被皇帝赐“李”姓。
历史名人	战国时期的李冰父子主持修建了都江堰水利工程；汉代的李广抗击匈奴，威名远扬；隋代的李春是著名的桥梁专家，举世闻名的赵州桥就是他设计并参加建造的；唐代的李白被誉为“诗仙”；宋代的李清照是一位词人，有“千古第一才女”之称；明代的李时珍编写了我国古代药物学巨著《本草纲目》；近现代的李大钊是中国共产党的创始人之一……
现状	据统计，2018年全国户籍人口中，王、李、张、刘、陈五个姓氏的数量占据前五名。其中，“王”姓和“李”姓的数量均超过一亿，并且“王”姓比“李”姓略多。

四、研究结论

1. 传说，“李”姓来源于上古时代的官名。唐代时，有些姓氏改为“李”姓，这可能为后来“李”姓人口的增长奠定了基础。

2. 历史上，“李”姓名人辈出。有水利专家李冰父子、军事将领李广、桥梁专家李春、“诗仙”李白、词人李清照、药物学家李时珍、革命领袖李大钊……他们在各个领域都闪耀着光芒。

3. 2018年，我国户籍人口最多的姓氏是“王”姓，“李”姓排名第二。

这份研究报告给了我许多启发……

图 8–11 《关于“李”姓的历史和现状的研究报告》

图 8–11 中可见，该研究报告在标题之下的正文部分，有“问题的提出”“研究方法”“资料整理”“研究结论”四个部分。每个部分在正文的一侧都有批注，通过批注的形式为学生提供相应的方法与策略。如关于“标题”的批注是“研究报告的标题要体现研究的主要内容”；关于“问题的提出”，批注是“写出研究目的”；关于“研究方法”，批注是“写清楚研究方法”；关于“资料整理”，批注是“把搜集到的资料整理出来”；最后，在“研究结论”部分，批注是“对资料进行简要的概括和分析”。

在上述文本的最后，出现了一个提示，内容是：“这份研究报告给了我许多启发……”以第一人称方式引导学生学习这则研究报告范例，了解撰写研究性报告的方法，进而可以根据自己的调查收获撰写一份简单的研究性报告。

（三）教材分析

1. 突出综合性学习的自主性

《遨游汉字王国》是任务驱动型的综合性学习，分设为“汉字真有趣”和“我爱你，汉字”两个板块。每个板块下设有“活动建议”，为师生活动的开展提供参考，给师生以引导又未有强制规定之意，体现了综合性学习的自主性。

“阅读材料”部分是教材提供的阅读内容，是引导学生查找相关材料的例子，能为学生开展综合性学习引路，学生可以先研读“阅读材料”，再发散思维，进行关联性学习，从而深入开展活动。

总之，教材除了对学习专题和必读材料予以落实外，对学习的具体内容、方式、方法以及学习成果的呈现方式等都没有设限，突出了师生教与学的自主权，目的是培养学生的合作精神，培养他们自主策划、组织、协调和实施的能力。

2. 体现出综合性学习的综合性

这一综合性主要体现在学习目标与内容上。在“遨游汉字王国”这个综合性学习单元里，通过阅读资料，学生可以从中获得更多关于汉字学的知识；在探究过程中，学生可以习得更多的学习方法，发展他们听、说、读、写的语文综合能力。通过整个活动，学生不仅能对汉字特点和汉字文化有所了解，还能对汉字产生兴趣，增加文化自信。可以说这个活动是“知识与能力”“过程与方法”“情感态度与价值观”三个维度的综合。

具体来讲，该单元基于“汉字”这个主题，设计了制订计划、收集和阅读关于汉字的材料、策划和组织活动、写简单的调查报告等多种活动内容，以听、说、读、写贯串整个活动过程。通过这些活动，不仅可以发展学生的语文综合运用能力，同时可以使他们在组织策划能力、合作精神、分析能力、交际能力等多方面获得锻炼和提高。

3. 学习任务安排和活动流程设计具有整合性和阶段性

教材中每个板块下的“活动建议”都明确了阶段性的学习任务。“汉字真有趣”中提出的学习任务是“自由组成小组，讨论可以从哪些方面了解汉字。从下面的内容中选择一项，制订活动计划，根据计划开展活动”。“我爱你，汉字”板块中提出的学习任务则是从所提供的两项内容中“选择一项开展活动，写一份简单的研究性报告”。从“制订活动计划，根据计划开展活动”到“开展活动，写一份简单的研究报告”，体现出了程序性和阶段性。

同时，本次综合性学习的设计也体现出整合性和关联性。“汉字真有趣”和“我爱你，汉字”两个板块，既相对独立又相互关联。两个板块都围绕着各自的主题和任务展开，且各有侧重。前者侧重培养学生收集资料的能力，让学生学习搜集资料的方法；后者侧重于学习活动的开展以及成果的展示，学写研究性报告。但这两个活动又都统一在“汉字”这一大的主题下，两个活动任务在内容、方法和意义上存在密切关联。

4. 注重学习方法的习得

“汉字真有趣”板块中，教材在“活动建议”部分提供了查找图书、网络搜索和请教别人三种具体的搜集资料的方法。其中，“网络搜索”更是紧跟时代，为资料的搜集提供了更便捷的渠道，学习个体能够通过该渠道获得更多学习资源。在搜索信息、获取知识的同时，习得了相关方法。“我爱你，汉字”板块则呈现了一则研究性报告的范例，且具体备注了撰写研究性报告的要点。学生基于以上内容的学习，不但可以获得丰富的汉字知识，了解汉字特点和文化，还可以培养其收集资料的基本方法和研究性报告的撰写能力。

学生在习得学习方法、发展能力的过程中，应以教材的提示和教师的指导为“抓手”。语文综合性学习既注重学生的自主参与，也强调教师的指导作用。在开展综合性学习的过程中，教师也应积极参与其中，在适当的时候为学生提供指导意见或技术支持，如为学生指导活动的途径，推荐参考书目，指导学生如何收集、调查、获取资料，和学生一起参加汇报交流等。

探究与思考

1. 围绕下列话题进行讨论和交流：①语文综合性学习的教材编写特点；②语文综合性学习的开展对于教师而言所遇到的挑战。

2. 以小组为单位，参照教材中综合性学习的设计，每个小组确定一个主题，设计一次语文综合性学习。